国家社科基金项目“中国补充性货币监管研究”(16CJY067)

U0497967

Research On Supervision And Regulation Of China's Complementary Currency

中国补充性货币监管研究

蒋海曦 ◎ 著

西南财经大学出版社

中国·成都

图书在版编目(CIP)数据

中国补充性货币监管研究/蒋海曦著.—成都:西南财经大学出版社,2022.12
ISBN 978-7-5504-5659-4

Ⅰ.①中… Ⅱ.①蒋… Ⅲ.①货币管理—研究—中国
Ⅳ.①F822.2

中国版本图书馆 CIP 数据核字(2022)第 224911 号

中国补充性货币监管研究

ZHONGGUO BUCHONGXING HUOBI JIANGUAN YANJIU

蒋海曦 著

责任编辑:林 伶
责任校对:李 琼
封面设计:墨创文化
责任印制:朱曼丽

出版发行	西南财经大学出版社(四川省成都市光华村街 55 号)
网　　址	http://cbs.swufe.edu.cn
电子邮件	bookcj@swufe.edu.cn
邮政编码	610074
电　　话	028-87353785
照　　排	四川胜翔数码印务设计有限公司
印　　刷	四川五洲彩印有限责任公司
成品尺寸	170mm×240mm
印　　张	17.75
字　　数	262 千字
版　　次	2022 年 12 月第 1 版
印　　次	2022 年 12 月第 1 次印刷
书　　号	ISBN 978-7-5504-5659-4
定　　价	88.00 元

作者简介 /

蒋海曦 女，金融学博士后，新加坡国立大学访问学者。现为西南财经大学副教授。先后获得文学学士，管理学硕士，经济学博士学位。先后在国内外报刊发表学术论文40余篇，出版专著3部，主持国家社科基金项目、国家博士后基金项目以及省、市、校级项目等30余项，获教学研究及科学研究奖项10余项。2020年12月，获得西南财经大学教学创新大赛一等奖，西南财经大学思政教学案例大赛一等奖。主要研究方向：马克思及中国特色社会主义金融与资本理论；中外金融与资本理论比较；补充性货币理论与运作研究。

前言

长期以来，金融领域存在许多未解之谜。其中，“货币之谜”是理论界与实践界一直关注的重大课题。货币是何时开始产生的？货币的出现，是否与其法定性共生？为什么货币的内涵在众多经济学家眼中是不同的“哈姆雷特”？在以人工智能、大数据、互联网为代表的当代高新技术的催化下，经济社会上出现了各种前所未有的、形态各异的、不同类型的货币形式。这些货币形式对经济社会将产生何种影响？它们可能对经济社会造成何种冲击？这些问题，都是我们亟待解决的。

值得注意的是，货币金融现象是极其重要的经济现象，货币金融是经济运行的润滑剂与催化剂，这已经成为世界各国学者的共识。然而，自学者们对货币金融现象的研究伊始，人们的注意力基本上都聚焦在法定货币与相应的金融领域方面。货币与金融领域产生的风险，也仅仅被视为法定货币及其金融活动所形成的风险。故而，各国所采取的货币金融措施以及风险防范对策，也仅限于法定货币及金融运行的框架之内。现在看来，这在理论与实践上都是存在缺陷的。如果不从更高的层次、更广的视野、更多的角度去研究货币金融问题，特别是货币金融的监管问题，不仅无法解释为什么多年来世界各国每年投入越来越多的人力、财力、物力、精力和时间来研究货币与金融的运行原理，制定货币金融政策，致力于防范货币金融风险，结果全球金融危机却一次比一次猛烈，一次比一次破坏性更大，甚至造成更多的国家因货币金融风波而直接破产等现象；而且无法解决“百年未有之大变局”中大量诸如比特币、火币、Q币、狐狸币等新形式货币造成的更大的金融冲击，从而导致经济社会出现严重危机等诸多问题。

实际上，在过去的理论和实践中，人们忽视了货币体系中极重要的部分，即补充性货币部分，把货币体系仅看成由法定货币组成的体系。即便是国际货币体系，人们也只将其看成由不同国家法定货币的种类、机制等组成的体系。这给理论研究蒙上了“眼罩”，将实践探索引入了“死胡同”。应该看到，货币体系应是由法定货币与补充性货币两大类货币共同构成的体系，其货币与金融的运行，在现实生活中也是在这两大类货币及相应的金融领域内实现的。这个规律，在今天必须予以揭示。补充性货币所存在的历史远比法定货币存在的历史悠久，且会伴随法定货币运行终生。如果能从这个视角看待货币金融问题，特别是货币金融的风险问题，我们的经济政策将更为准确有效，对经济社会的发展会产生更积极的作用。

多年来，理论界未有系统研究补充性货币诸多问题的成果，特别是补充性货币的监管问题的成果。近年来，一些碎片化的研究，难以对经济社会产生较深远的影响。本专著是第一次系统研究补充性货币相关问题特别是监管问题的研究成果。在本专著成稿之前，笔者就收集了大量资料，对国内外相关问题研究作了较详尽的考察。经过两年的预研，本项目于2016年6月通过国家社科基金项目（16CJY067）的立项。经过4年的研究，国家社科基金项目结项之后，几经修订及完善，先后耗时约10年时间，终成此书。

本专著的完成，得益于笔者长期的探索和思考，得益于同行专家的启发与鼓励，得益于这个奔放的年代给予的鲜活材料和实践，谨以此书作为回报。综观当代社会，数字经济成为经济社会的主导力量，补充性货币将以更为鲜活的身姿活跃其中。但愿本专著能够为中国经济乃至世界经济的发展贡献应有的理论力量。

蒋海曦

2022年10月

目录

第一章　导论

一、研究背景及目的

随着当代经济社会的高速发展，各种货币问题层出不穷。现实的情况使得我们必然将补充性货币特别是补充性货币的监管问题提上议事日程。

20 世纪 70 年代以来，全球性的金融危机或经济危机更加频繁，影响更为深远。但是，人们往往按照传统的思维将它们置于法定货币框架，去研究其形成的条件、影响的因素、引发的后果、监管的途径及方法等问题。实际上，在法定货币框架之外，补充性货币对当代金融危机或经济危机也起着很大的推波助澜作用。补充性货币是指对法定货币的职能进行补充或替代的一切交易媒介。为了探究补充性货币的监管问题，以弥补相关方面的研究缺憾，我们经过约 2 年的预研后，于 2016 年 6 月申报了“中国补充性货币监管研究”课题，获得国家哲学社会科学规划办公室的批准立项。全体课题组成员在预研的基础上，夜以继日，辛勤劳作，虚心向专家们请教，认真与同行交流，又经历了 3 年多的努力，终于使该课题得以完成。但愿此课题能为国家安定、民族振兴、社会发展、人民幸福贡献自己的力量。

当代中国乃至世界正面临高新技术对经济社会的强大冲击。大数字技术、云计算技术、人工智能技术、分布式技术、5G 技术等不断地涌现和发展，标志着我们进入了全新的科技化时代。以数据作为关键生产要素的数字经济形态正在崛起，具有互联网化、智能化、普惠化特征的现代金融新模式已经突破了过去传统金融模式的框架。科技创新、维护金融安全和赋能实体经济发展成为新的发展方向和社会关注的焦点，也对我们提出了更严的要求和更高的目标。例如，尽管近几年互联网金融给金融市场带来了翻天覆地的变化，但也日益形成了新的更复杂的金融风险。与此同时，伴随着新冠肺炎疫情的全球扩散、俄乌两国的武装冲突、金融科技的巨大冲击、数字经济的飞速发展，全球的金融环境越来越恶劣，金融活动越来越频繁，金融形态越来越复杂，金融产品越来越多样，金融要素越来越分散。数字经济催生出数字金融创新，也衍生出数据隐私、数字货币、平台经济等各种新的监管命题，亟须我们完善和优化现有的金融监管的框架设计，以适应数字经济时代的新变化。金融数字化的颠覆性变革给全球经济金融体系都带来了前所未有的影响，金融风险发生的可能性和产生的破坏力也进一步加大。因此，设计和构建更高效、更完善的新监管框架和监管方案是历史的必然，也是时代的需要。

2017 年 4 月 25 日，中共中央政治局就维护国家金融安全进行了第四十次集体学习。习近平总书记发表重要讲话，对国内外经济金融形势和风险进行透彻分析，作出科学判断，针对当前推进金融改革、防范金融风险、服务实体经济、维护金融安全，提出六项任务。习近平总书记强调，维护金融安全，是关系我国经济社会发展全局的一件带有战略性、根本性的大事。习近平总书记重要讲话为维护金融安全指明了方向。中共十九大提出，要通过深化改革，进一步化解金融风险，并把化解金融风险作为中国 2018 年三大任务的首要任务。甚至到 2019 年 1 月，中共中央仍然把化解系统性金融风险作为重要任务，提出要“加强金融风险监测预警和化解处置”。习近平总书记在中共中央政治局第十三次集体学习时也强调要“平衡好稳增长和防风险的关系，增强金融服务实体经济的能力，坚决打好防范化解包括金融风险在内的重大风险攻坚战”。2020 年 10 月 31 日召开的国务院金融稳定发展委员会专题会议强调，“当前金融科技与金融创新快速发展，必须处理好金融发展、金融稳定和金融安全的关系”。2021 年 3 月，“十四五”规划和

2035 年远景目标纲要提出要打造数字经济新优势，稳妥推进数字货币研发，同时强调了保障金融风险安全的工作方向。2022 年 1 月 17 日，习近平主席在北京出席 2022 年世界经济论坛视频会议并发表题为《坚定信心 勇毅前行 共创后疫情时代美好世界》的演讲，强调在时代之变和世纪疫情相互叠加，世界进入新的动荡变革期背景下，国际经济金融机构要发挥建设性作用，我们要凝聚国际共识，增强政策协同，防范各类系统性风险，促进世界经济稳定复苏。2022 年 2 月 8 日，中国人民银行、市场监管总局、银保监会、证监会印发《金融标准化“十四五”发展规划》（以下简称《规划》），以贯彻落实《中华人民共和国国民经济和社会发展第十四个五年规划和 2035 年远景目标纲要》和《国家标准化发展纲要》精神，统筹推进“十四五”时期金融标准化发展。《规划》提出要用标准化辅助现代金融管理；完善金融风险防控标准，健全金融业综合统计标准，推进金融消费者保护标准建设，加强标准对金融监管的支持。

其实，当代金融风险的形成，除了法定货币及相关因素之外，已有相当大的部分是受到补充性货币的冲击所致。

在一些学者看来，从 20 世纪 70 年代开始，伴随着记账货币及信用货币特别是当代补充性货币的兴起，“货币的创造大量落在个人和银行手上了，不再完全由国家机构掌握”①，“除了受制于国家的政策和法规外，货币是要怎么增加似乎完全不受限制”②。在国际上，许多新类型的补充性货币正在迅猛发展。特别值得关注的是诸如比特币之类的补充性货币，已在不少国家得到普遍的承认及运用。一些专家甚至认为：“世界上存在着 600 多种数字货币，未来还会涌现更多的币种”，“比特币是未来最有可能胜出的数字货币”③。比特币这类新型的补充性货币形式也很快成为人们私下投资套利的金融手段和工具。早在 2013 年 11 月 19 日，比特币与人民币的兑换比例就高达 1：8 000。尽管近几年

---

① 哈维. 资本社会的 17 个矛盾［M］. 北京：中信出版集团，2017：18.

② 哈维. 资本社会的 17 个矛盾［M］. 北京：中信出版集团，2017：20.

③ 李涛，丹华，邬烈瀚. 区块链数字货币投资指南［M］. 北京：中国人民大学出版社，2017：115.

其兑换比例有所波动，但其价格的上涨幅度也在不断刷新历史纪录。比如 2017 年 12 月 16 日，比特币的价格飙升至 1. 92 万美元并达到历史新高，随后又快速回落。2018 年在经历了价格持续大幅下跌，市场一度低迷之后，2019 年 6 月又再度突破万元大关。截至 2022 年 7 月 10 日 10 点，比特币最新的价格为 21 457. 50 美元，市场总值为 4 094. 68 亿美元，24 小时交易量为 251. 83 亿美元①。比特币市场行情的反复震荡和大幅度无序波动，引起了全球的长期持续关注。这不仅是投资者预期和投资回报之间博弈的结果，更体现了金融市场参与主体市场风险意识的变化，以及金融活动频率加快、金融市场参与客体之间的作用加剧，造成金融风险加剧的现实。

当前，全球对补充性货币的重视程度越来越高，一些专家更是认为，当代补充性货币“可能取代物理货币的主流地位”②，这表明了补充性货币在全球经济中的重要性。在欧洲，早在 2015 年 10 月，欧盟法院就作出了关于虚拟货币税法的裁决；在美国，关于数字货币的立法也已经基本完善。美国证监会（SEC）在 2017 年 3 月 11 日否决了比特币 ETF 的上市申请。其陈述的否决原因在于“由于比特币是加密数字货币，如何监管包括 SEC 在内都是丈二和尚摸不着头脑”；但科技金融专家却预言，“最终 SEC 会批准比特币 ETF 上市交易”。还有一些学者指出，“以比特币为例，从全球范围来看，在不少国家比特币属于经济生活的热点，资金、人才、技术不断向其集中”③。显然，比特币及其他新型补充性货币的存在和发展，已经成为新时代全球金融发展的一个趋势，并与世界社会与经济有着千丝万缕的联系，开始占据越来越重要的地位。

2008 年，由美国次贷危机引发的全球金融危机爆发。尽管我国政府成功地消解了此次危机对我国造成的负面影响，并且较好地缓解了长期以来由于经济发展不平衡造成的外汇储备过多的压力，但补充性货币

---

① 数据来源：http://www.benmuji.cn/news/20220714679.html.

② 刘志坚. 2017 金融科技报告［M］. 北京：法律出版社，2017：26.

③ 黄振东. 从零开始学区块链［M］. 北京：清华大学出版社，2018：21.

的高速发展及迅猛扩张所带来的严重的经济社会问题，却不得不令人担忧。2015 年 6 月，作为受补充性货币影响极大的中国股市面临重大冲击，引起全球关注，受到中国高层领导和有关部门的高度重视。2019 年 7 月 18 日，杭州互联网法院对一项持续了近六年的财产侵权案件进行了最终判决，首次在司法层面上认定了比特币属于虚拟财产的属性，这标志着补充性货币的存在和发展也得到了法律体系的关注。但由于缺乏系统的司法评判法案、标准化的处理流程及专业的司法仲裁者，很多与比特币及其他形态的补充性货币有关的各种纠纷案件还悬而未决，由补充性货币造成的各种金融风险和潜在金融危机仍在不断积累。根据专家们的研究，在补充性货币冲击下所形成的货币危机会给实体经济造成更大的危害，还会诱发企业倒闭、劳动者失业以及通货膨胀加剧等严重问题，从而进一步催化银行危机、国际收支危机乃至经济危机的爆发[①]；补充性货币的扩张和发展会进一步恶化原有法定货币错配的叠加效应[②]；补充性货币的扩张会造成货币危机叠加，形成诸多金融风险，从而会更广泛、更迅速地冲击金融市场。由此可见，当代补充性货币对金融风险的推波助澜作用是客观存在的。因此，对补充性货币的监管问题，的确应当被我们高度重视。

目前，为了更好地发挥补充性货币的积极作用，占领全球金融高地，同时加强对补充性货币的监管，有效降低金融风险，有关部门实施了两种方案。第一种方案是将补充性货币的发行权掌握在国家政府手中，以强有力的“中心化”行政力量来管理和稳定新型法定货币及补充性货币的发行、交易和流通。2016 年 1 月 20 日，中国人民银行宣布在当前的经济新常态形势下，应积极探索，争取早日推出法定数字货币[③]。2016 年 6 月 27 日，第十三届全国人大第二十一次会议审议了《中华人民共和国民法总则（草案）》的议案，其中对公民包括补充性货币在内的网络虚拟财产、数据信息等新型民事权利诉求作出了新的规

① 张伟. 货币危机之谜［M］. 北京：中国金融出版社，2018：49-51.

② 王幸平. 货币错配叠加效应［J］. 财经，2012（1）.

③ 中国央行：争取早日推出数字货币［EB/OL］. 人民网，2016-01-20. http://finance.people.com.cn/n1/2016/0120/c1004-28071616.html.

定。这表明了在中国，公民对补充性货币的诉求成为其正式的权利。2017 年 2 月，中国人民银行正式成立与补充性货币相适应的数字货币研究所，并继续大力研发法定数字货币，旨在促进未来法定数字货币的开发、标准化、规范、推广和采用，用以改善金融市场的生态环境、提高金融运行效率、维护金融安全稳定、提升金融参与主体的福利和效用。据《经济参考报》报道，中国人民银行于 2019 年 8 月 2 日召开了 2019 下半年重点工作部署的视频会议，强调 2019 年下半年的其中一项重点工作就是要因势利导发展金融科技，加快推进我国法定数字货币研发步伐，跟踪研究国内外虚拟货币发展趋势，继续加强互联网金融风险整治。据统计，截至 2019 年 8 月，中国人民银行数字货币研究所共申请了 74 项涉及数字货币的专利①。2019 年 9 月，据《中国日报》报道，我国中央银行数字货币的研发已顺利进入闭环测试。2019 年年底，数字人民币相继在深圳、苏州、雄安新区、成都及未来的冬奥场景启动试点测试。2020 年 1 月 2 日至 3 日，中国人民银行工作会议在北京召开。会议强调，2020 年我国将进一步加强金融科技研发和应用，建立健全金融科技监管基本规则体系，做好金融科技创新监管试点工作，继续稳步推进法定数字货币研发②。2020 年 10 月，上海、海南、长沙、西安、青岛、大连 6 个数字人民币试点测试地区启动。2022 年 3 月 2 日，第三批数字人民币试点地区名单进行了更新披露。数字人民币试点地区除了此前形成的“10+1”格局（深圳、苏州、雄安、成都、上海、海南、长沙、西安、青岛、大连、北京冬奥会场景）外，还新增了天津、浙江（杭州、宁波、温州、湖州、绍兴、金华等）、福建（福州、厦门等）、广州、重庆等地区。2022 年 7 月 24 日，第五届数字中国建设峰会数字人民币产业发展分论坛在福州海峡会展中心举行，由新大陆、华为共同发起倡议的“数字人民币产业联盟”正式成立。该联盟是按照“平等自愿、统一规划、合理分工、权利义务对等、开放共享”的原则

---

① 经济参考报：央行已获 74 项数字货币专利，将加快法定数字货币研究［EB/OL］. 搜狐网，2019-08-05，http://www.sohu.com/a/331544781_100189678.

② 央行：2020 年继续稳步推进法定数字货币研发［EB/OL］. 新浪财经，2020-01-05，https://finance.sina.com.cn/blockchain/roll/2020-01-05/doc-iihnzahk2066048.shtml.

组成的互利型非独立社团组织，旨在对接数字中国战略，推动数字人民币新基建创新发展，促进数字人民币产业发展、联合技术攻关、技术与知识资源共享。截至目前，联盟共有37家成员单位，其中包括多家大型国有银行。这些事实充分说明，我国数字人民币试点场景和覆盖范围日益扩大，数字人民币的使用民众越来越多，发展势头强劲迅猛。

由此可见，我国已经将新型法定货币及补充性货币的开发和研究工作，作为当前乃至未来较长时期金融发展的重点。而如何防控补充性货币带来的各种相应的风险，也是我们在研究补充性货币的同时，需要重点关注和解决的问题。

不难看出，第一种方案是一种可持续的长期性方案，其主要的优点在于我们在未来对补充性货币的探索过程中，可以不断总结经验，找到补充性货币存在的风险痛点，并随时根据未来的实际情况和国际宏观金融发展趋势灵活调整方案，与时俱进。但缺点是这种探索的过程存在未来的不确定性，也没有现成的成功范例和经验借鉴，投入成本高且收效周期较长，甚至会有失败的可能。更重要的是，当前各国政府都在积极投入对新型货币包括补充性货币的研发，谁能首先取得研发的最新进展和成果，谁就能在未来的国际金融市场上获取巨大的市场份额和压倒性的决胜权。因此，在研发法定数字货币及补充性货币方面，我国面临众多强大的竞争对手，被迫要凭借自身的综合国力与它们展开“赛马式”的激烈竞争，这将是一次漫长的、高风险的、高投入的、博弈式的消耗性考验。

第二种方案是直接采取强制性的行政命令，在国家层面严令禁止补充性货币在本国的扩张和发展，以保持本国金融市场的稳定，且在短期内有效规避外来风险。我国的金融市场发展起步晚、金融监管体系尚不健全、市场的抗风险能力较弱，相较于发达国家更脆弱，更需要审慎应对补充性货币在中国金融市场的渗透和扩张。因此，为了有效抵御以比特币为代表的补充性货币的交易和扩张对中国金融市场造成的巨大冲击，中国人民银行等七部委于2017年9月发布了《防范代币发行融资风险的公告》，在强调禁止比特币发行（Initial Coin Offering）的同时，还将为虚拟货币提供交易、兑换、定价、信息中介等服务列为禁止项。随后，国内最大的三家补充性货币交易所——火币网、OKCoin 和比特币中国相继宣布关停场内交易，比特币至此彻底退出中国市场。值得强调的是，虽然比特币在中国的发展受到了阻碍，但在国际经济早已一体化，特别是人民币强力走向国际化的背景下，在未来比特币及其他形式的补充性货币或将再次涌入中国的金融大门。实际上，从专家的研究数据来看，随着 2017 年上半年中国政府对数字货币功能的肯定以及数字技术、区块链分布式技术的飞速发展，补充性货币在未来必然会对中国的社会经济发展产生巨大的作用和影响。如果单纯依靠国家行政命令将补充性货币拒于国门之外从而达到规避风险的目的，其效果必将随着金融国际化进程和补充性货币发展趋势的不断加快而逐渐被削弱，甚至带来巨大的负面效应。显然，当前我国实施的第二种补充性货币监管方案，尽管在短期内具有较明显的优势，效果立竿见影；但是从长期来看，随着中国金融市场与国际金融市场的“同步式”发展，这种方案存在较大的弊端。所以，当我们探索出更高效、更安全、更优越的补充性货币监管方案后，中国逐步放开对补充性货币的严令限制，也是历史的必然。鉴于此目标，我们亟须积极探索出比现有的补充性货币监管方案更高效、更安全、更优越的路径和措施，以在保证金融市场稳定健康发展的前提下，充分发挥补充性货币的自身优势和能动性，实现社会效用和福利的提升。

如前所述，补充性货币已给中国乃至国际社会带来了持续性的巨大冲击。一些学者认为，基于区块链技术的补充性货币是一种金融领域的大爆炸式创新，将会对市场造成破坏，直接影响甚至威胁到经济社会特别是金融领域的安全，因而对其的监控及管理显得十分重要和必要①。但是，当前在补充性货币的理论与实践方面还存在不少悬而未决的问题，这给我们对其实行有效监管带来很大的困难。这些问题主要表现在：①对补充性货币的内涵、类型认识不清且研究较少，故而难以对其实施监管。例如，补充性货币究竟是什么，目前理论界还并没有统一的

---

① 阿齐兹迪斯，等. 金融科技和信用的未来［M］. 孟波，陈丽霞，刘寅龙，译. 北京：机械工业出版社，2017：234.

认识。有的学者认为补充性货币是一种“货币替代”或“替代性货币”，可以替代法定货币的全部或部分职能。有的学者则认为，补充性货币就是指虚拟货币，而数字货币就是虚拟货币，也是补充性货币。一些学者在补充性货币的类型划分上，只将其虚拟形式归为补充性货币，而忽略了它的实体形式。一些学者只将与网络技术联系的货币形式归于补充性货币，而忽略了补充性货币早期的非网络联系形式。个别学者还把当代法定货币的新形式如法定数字货币作为补充性货币。②对补充性货币的监管内容缺乏研究。尽管一些学者认为补充性货币历史悠久，但传统的观点认为，补充性货币只是1891年由阿根廷商人Siluio Gesell提出“加印”理论之后才出现的。现有的文献仅对与补充性货币相关，但不等同于补充性货币的虚拟货币的监管有些研究。如对虚拟货币发行的监管、回赎的监管、持有的监管、流通的监管、法律的监管等方面有若干研究成果，但专门论述补充性货币的监管方面，理论与实践上基本上还是空白的。因此，对补充性货币监管的研究还任重道远。③在补充性货币对经济社会的冲击方面缺乏研究。对补充性货币对中国乃至世界其他各国经济社会产生冲击的机制、原因、危害等方面，目前也还缺乏研究。例如，一段时间以来，理论界只认为人民币国际化对中国经济发展及国际社会有重要意义，但对人民币国际化的作用机制与补充性货币的作用机制的密切相关性、补充性货币会通过银行国际化对人民币国际化的实现途径产生影响这些现实还缺乏认识。特别需要强调的是，在当代社会，补充性货币对经济社会产生冲击的根源、影响、危害等问题，我们也都还缺乏认识。④补充性货币监管的方法及手段十分欠缺。补充性货币历史较长，类型繁多，对经济社会的影响及负面冲击具有突发性和隐蔽性。特别是随着互联网为代表的高新技术的突飞猛进，许多补充性货币的新形式通过互联网大面积覆盖式地扩散，对经济社会的冲击更为迅速和广泛。但是，由于当代补充性货币监管在理论及实践方面的局限，现实的、传统的监管方法与手段已难以适用，所以我们对不断涌现出的补充性货币的监管方法及手段必须与时俱进，并不断自我创新和完善。⑤可借鉴的国际经验较少。当代补充性货币在一些西方国家已很流行，特别是以比特币为代表的补充性货币得到了不少国家的承认和运用，一些国家还通过立法对其进行保护。可是，即使在国外，研究补充性货币的理论成果也不多，研究其监管的理论成果亦几乎没有。故而我们能借鉴的国外经验十分有限。⑥如何处理好补充性货币的监管和控制与充分发挥其积极作用两者之间的关系，目前尚未有比较满意的解决方案。尽管补充性货币的出现给经济社会带来很大风险，但也有很大的积极作用。例如，当前出现的币众筹现象，就是初创企业以项目内生的代币作为投资者回报的一种创业融资方式，它使标的物从发行的股份变成了补充性货币，很受初创企业青睐。但是，如果它的发行方式采用非法币的形式，则可能在全球范围内融资为企业带来很大的好处的同时，又可能给社会造成极大的风险。因此，一些学者认为"币众筹蕴含的风险较大，投资前一定要再三斟酌"[1]。可见，如何处理好补充性货币监管及充分利用补充性货币的优势之间的关系，值得我们认真关注。

应该认为，补充性货币特别是有别于传统的，基于电子商务、互联网及区块链技术的补充性货币，具有"双刃剑"意义。它"有可能提供一种实现实体经济供需均衡的更优逻辑与路径，但也可能作为投机性特别强的资产，引发风险"[2]。显然，解决中国补充性货币监管的诸多问题，是当今中国金融安全及经济社会的稳定和发展所必需的。因此，本书旨在针对补充性货币监管方面的若干问题进行研究，以期为中国金融体制的深化改革和实现现代化尽一点绵薄之力。

二、补充性货币的内涵、边界、演进历史、特征和分类

什么是补充性货币？要回答这个问题，我们必须要从货币发展史的角度进行剖析和研究。

---

① 李涛，丹华，邬烈瀚. 区块链数字货币投资指南［M］. 北京：中国人民大学出版社，2017：192.

② 黄卓，王海明，沈艳，等. 金融科技的中国时代：数字金融12讲［M］. 中国人民大学出版社，2017：12.

人类的文明史，也是书写货币的发展和演进的历史。人类的一切经济活动，都离不开交换（交易）的发生。随着交换（交易）活动的日益频繁，交易商品结构、数量、质量的改变、增加和提升，货币应运而生，成为人类文明发展的产物，也是不可或缺的必需品。早在公元前4000年，美索不达米亚的苏美尔人就将货币隐藏在一套由陶筹代符组成的复杂计数法中。较之于上古的中国和古印加的结绳计事，他们的货币体系被认为是现存记录最完整、最先进、最精心的古代货币体系。这些陶筹的形状和尺寸各异，代表不同类型和数量的交换商品，如面包用有锯齿的圆锥体记录，油用椭圆体记录，啤酒用平行六面体记录等。公元前3000年，交易逐渐从最初用黏土筹码记录，发展到后来用芦苇在黏土板上雕刻代符，让记录变得更加高效。由此，由三维物体构成的古代记账体系逐渐演变为由二维符号组成的新体系，古巴比伦的楔形文字也由此诞生。

公元前2000年，在古巴比伦城邦统治者的管理下，人们的交换主要是以类似临时凭证的虚拟货币——谢克尔银（shekel）作为价值尺度进行的。根据《埃什南纳法令》，谢克尔为当时的重量单位，而1谢克尔银相当于15塞拉的猪油、300塞拉的草木灰、600塞拉的盐和大麦、360谢克尔重的羊毛。当地人1个月的劳动价值是1谢克尔银，租赁一辆牛车（包括牛与车夫）一整天需要花费1/3谢克尔银。如果咬掉别人的鼻子，罚金为60谢克尔银。在当时，白银没有广泛流通，被小心地保存在寺庙的金库中。因此，更多的情况是，白银只是一种会计体系的记账手段和便于衡量价值的尺度工具。按照兑换比例，以谢克尔银为尺度，很多交易是以记录的方式刻在黏土板上，以信贷合约的方式完成的。这种以楔形文字在泥板上记录交易的方式，类似我们现在银行系统中的电子交易账本。这种以复杂的债务网络为基础、楔形文字记录的信贷合约，可以被认为是一种实物货币，但严格意义上，其本质是以谢克尔银为表现形式的虚拟货币的载体。

公元前2000年至公元前1000年，在中国古代的商周时期，贝壳成为财富的象征，商周的帝王经常把贝壳作为奖励赏赐给有功的下属，称为“赐朋”。公元前2000年，古埃及法老们用黄金铸造太阳神阿蒙的雕塑、法老的面具，还将黄金做成各种饰物、器皿、祭品和陪葬品。在古埃及文明的影响下，黄金崇拜扩散到两河流域、埃及半岛、希腊半岛等地区。公元1世纪，罗马帝国流通着各种各样的货币。

人类历史上曾经被作为支付工具使用过的事物如表1.1所示。

表1.1 曾被用作支付工具的事物汇总

序号	地区	事物	说明
1	古美索不达米亚	贵金属制成的条状物	现代的中央银行也使用
2	北非、古代中国、地中海地区	盐	Salary 的来源
3	古印度、古代非洲	牛	
4	古罗马、古希腊、现代印度部分地方	奴隶	
5	古代墨西哥	可可豆、纺织物	
6	古代中国、马尔代夫	玛瑙贝壳	
7	非洲奴隶贸易市场	珠子	
8	圣克鲁斯群岛、所罗门群岛	羽毛	
9	巴布亚新几内亚	犬牙	
10	斐济	鲸牙	
11	太平洋雅浦岛	巨型、难以移动的石盘	
12	非洲部分地区	刀、铁戒指、手镯	
13	西非的蒂夫族部落居住地	铜棒	
14	加州腹地的卡罗克人居住地	啄木鸟的头骨	
15	苏美答腊岛	人头骨	
16	19世纪泰国暹罗的部分城市	赌场筹码	
17	美国殖民地	贝壳念珠珠串、烟草或库存烟草的收据	
18	战俘集中营	香烟	不受通货膨胀影响，一旦价值暴跌，人们会立即使用

资料来源：欧瑞尔，等. 人类货币史［M］. 北京：中信出版社，2017.

上述可知，综观人类社会的交换（交易）活动，在不同地区、不同时代，充当一般等价物的事物形态各异，并不稳定。有的等价物在流通过程中容易被损坏，有的笨重不便使用，有的数量有限，于是它们逐渐被淘汰。

在中国，从父系社会到夏商时期，贝壳、珠玉、刀、铲、弓箭、皮、牛、马等，都曾经在不同地区充当过一般等价物。到商代（公元前1600—公元前1046年），贝壳成为固定的、主要的一般等价物（货币形态）。贝壳也有各种材质，而铜贝被认为是中国最早的铸币。自商代开始，社会进入了国家发行货币的时期，国家货币制度已经建立。而从世界范围看，古代中国和古代西亚地区，是人类最早使用货币的地区，且至少在公元前18世纪，即3 700年前，国家统一发行的法定货币就已经产生，且明确了货币的计量单位。

以大家都常用的物品作为货币的好处在于，任何交易者都可以用这种实物与其他商品交换，在带来交易便利的同时，也带来了计量的准确。但作为交换比率的计量基准，实物货币也有其自身的缺陷。一方面，实物货币的供给数量会随季节和气候的变化而出现大幅度的增减，总量也会随着人口增加和经济发展而改变。特别是这种商品如果出现极度短缺，就会造成市场的瘫痪。在历史上，粮食很长时间都曾经作为实物货币，但在出现自然灾害或发生战乱时，粮价飞涨，人们不再出让手中的粮食，就会使交易出现阻滞。在殖民地时期的东非，当代居民有用家畜作为货币的习惯，由于家畜被赋予了交换价值，随之出现了过度保存家畜的倾向，以致给生产和生活都带来了负面的影响。另一方面，实物货币有保质问题，比如粮食、布匹、可可豆等都不宜长期存放，时间久远就会出现霉变和损耗。实物货币的先天不足，决定了它们最终会被其他的货币载体所取代。此外，随着商品交换的频繁和地域的扩大，实物货币价小体大、不易携带和分割，从而逐渐被贵金属货币（金、银、铜币等）取代。

金属货币最初由私人铸造，到公元5世纪，由于希望获得铸币税，同时也维护货币的成色，（欧洲）国家收回了铸币权，于是铸币就作为流通手段，以超过其内在价值的面值流通。而中国直至明朝中叶前，政府都没有铸造金银币，也不用金银作为流通手段，而是采用价值更低的铜钱。

但是，值得我们注意的是，虽然贵金属作为货币载体具有天生的优势，如价值高、易于分割、方便保存和携带等，但并没有立即取代所有的实物货币。在一些古代文明地区（如古埃及、古印加等）中，在黄金、白银被广泛使用的同时，也存在着小麦、可可豆、方形布等实物货币。究其原因，除了有宗教信仰、文化差异等因素外，贵金属货币也存在自身的一些缺陷。第一，贵金属货币不便于小额交易。第二，贵金属的开采进度和数量有限，存在流动性不足的情况。第三，贵金属本身有使用价值，当金属材质的价格超过票面价值时，金属货币就会退出流通，造成“钱荒”。第四，经济不景气或危机时，人们出于避险考虑，会大量挤兑贵金属货币，导致货币紧缩和流动性不足，加速经济的衰退。

纸币具有不受资源限制、可以发行任意数量的优势，因此，在贵金属货币带来种种流通和兑换问题后，纸币迅速兴起和发展。在纸币制度下，不再有作为货币的金银流通。国家将纸币作为本位货币，直接发行并强制流通。此时，纸币已经脱离了与金属货币的兑换关系，只剩下代表国家信用的符号功能。当国家信用足够强时，就能够发行毫无内在价值的纸币。

然而，在纸币信用时代，纸币的发行被代表国家的中央银行垄断，企业与民众没有货币的发行权。20 世纪 90 年代开始，就有过多次独立于政府、私人发行数字货币的实验，但由于设计缺陷、黑客攻击、信用质疑方面的问题，最终均以失败告终。2008 年比特币的诞生标志着人类货币发展历史进入了全新的数字化阶段。

从上述货币发展史中，我们不难发现，法定货币与货币产生并不是同步的。法定货币是产生于国家形成以后。国家是在生产力发展到一定阶段，在私有制的基础上，随着阶级的产生而产生的。在原始社会，生产力水平很低，生产资料公有，没有私有制，没有阶级，没有剥削和压迫；因而没有也不需要有一个供统治阶级用来统治其他阶级的国家机器。当时，社会的公共事务，如组织共同劳动、解决争端、制止个人越权、监督用水、执行宗教职能和解决对外冲突等问题，由氏族部落的全体成员来解决，或者由大家选成一定的机构，被赋予全权，代表共同利益，执行自己的社会职能。因此，在生产力水平很低的原始社会，没有国家，也就没有法定货币；但是，在原始社会就已经有了交换（交易），也有了一般等价物（货币）。那么，这就出现了一个问题：在法定货币没有产生之前存在的货币，是属于什么货币范畴呢？

前文已述，这些原始社会或古代的货币类型多样，且具有实物货币、贵金属货币或虚拟货币（谢克尔）的不同形态。这些货币具有的特点有：第一，区域性。可以发现，在不同的地区，流通使用的货币是有明显差异性的，区域间存在明显的障碍，很难统一。第二，阶段性。在不同的时期、不同的阶段，流通使用的货币也会有变化，会随着人们对这种货币的接受程度而进行调整。第三，具有独立的价值尺度。这些等价物或者货币自身可以作为衡量其他商品价值的标准。第四，非中心性化。这些货币并不是由国家或领导阶级强制发行或规定流通的，而是人们在交换活动中逐渐自发认可并普遍接受产生的。因此，在其流通的特定时期和区域内，这种货币的信用依赖于人们对其接受和认可的程度、使用频率、普及范围等。由于这些货币先于法定货币产生，且能补充与替代法定货币部分甚至全部职能，我们将这些货币定义为补充性货币。

也即是说，在法定货币产生之前的所有非法定货币，都可以看作补充性货币。随之，新的问题又产生了。在法定货币产生之后，补充性货币是否就消失了呢？

答案是否定的。众所周知，法定货币是由一国政府发行，由官方认可并强制流通的主权货币。一个国家的法定货币通常只有一种。在货币的发展历史中，法定货币的形态也先后经历了实物形态→贵金属形态→纸币形态→虚拟形态。在法定货币产生之后，其他类型的补充性货币并没有完全退出历史舞台，而是继续与法定货币并存。比如，在经历了物物交换和金属货币阶段后，具有较高商业信用的银行（或其雏形）开始发行可兑换的银行券，又被称为内部货币。一些信用好的企业也开始发行商业票据，商业票据的流通执行了货币的职能。随着市场的发展，更多私人部门的金融工具获得了越来越高的流动性，也能够执行货币的职能，私人货币种类大大拓展。由此可见，法定货币及各种补充性货币共存，构成一个多元化的货币系统。它们就像两条互相交织缠绕的线，共生于整个货币体系之中，且在某些特定的时期，还会互相转化。从货币的种类和规模来看，补充性货币体系的组成成员，要远比法定货币庞大复杂得多。补充性货币也正是由于其多样性，更体现出其强大的适应能力和生命力。不同形态、不同类型的补充性货币，也具有与某些法定货币相似或不同的职能和特点。在某些特定的时期（如自然灾害、战争时期）或区域，当法定货币无法正常运行时，这些补充性货币的流通和使用能起到有效的补充和替代作用，保证经济社会的正常秩序和稳定发展。如2008年的金融危机，使全球对法定货币的价值产生了不信任和悲观情绪，才促使大量补充性货币（如比特币）兴起。由此可见，货币发展史也充分印证了“货币史上充满了多元货币”（Kuroda，2008）这一事实。

因此，本书所提及的补充性货币，是指补充与替代法定货币部分职能的所有货币形式，包括物理形态（实物形态）的补充性货币和虚拟形态（电子形态）的补充性货币。

如图1.1所示，我们把货币体系分为法定货币和补充性货币两大类。法定货币和补充性货币都有实体形态和虚拟形态两类。其中，补充性货币在自身的演变过程中，分别经历了金属补充性货币、社区货币（实体和虚拟两类）、信用支付手段、密码支付手段四种形态。我们认为，补充性货币的发展历史要比法定货币的发展历史更长，也经历了从低级到高级、从简单到复杂的形态演进过程。且在其发展演进的过程中，还伴随着与法定货币可能发生的角色地位转化、暂时的迂回倒退等现象。补充性货币体系的组成成员众多，形态复杂各异，在初级发展阶段，主要是以贵金属、实物或者实体社区货币的形式出现。在这一发展阶段，这些补充性货币看得见、摸得着，且一般在某些特定时期（如自然灾害、战争时期等）或在某一特定区域内使用广泛，以补充或替代补充性货币。在中级发展阶段，补充性货币的主要形式更多表现为虚拟社区货币和信用支付手段，其主要特征是以网络为载体，强调虚拟空间范围内用户之间的互动联系和信用借贷关系。在高级发展阶段，补充性货币以更复杂的密码学技术为基础，以实现更高效率的智能化支付为目标，更多呈现出类比特币的泛信用虚拟数字货币的特点。

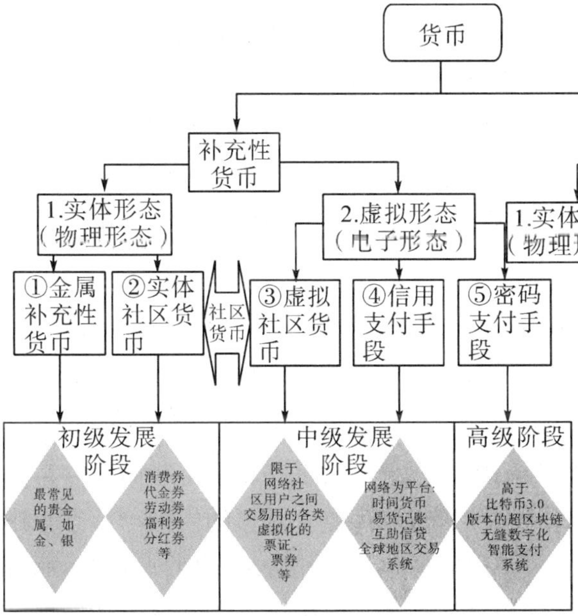

图 1.1　货币体系

资料来源：笔者自行绘制。

由于补充性货币的种类繁多，要研究对其进行有效监管的问题，难度很大。不同类型、不同形态的补充性货币，呈现出不同的特点；因此，监管的方法、途径、力度都会有较大差异。此外，处于不同发展阶段的补充性货币也需要不同的监管方法和实现途径，不能一概而论。鉴于此，我们在探讨补充性货币具有普遍性的监管机理后，又着重关注了处于初级、中级和高级发展阶段的几种具有典型代表性的补充性货币，并在随后的研究中，分别有针对性地探讨了这几种补充性货币的监管方法和策略，以求解决实际问题。

三、研究框架、内容及方法

（一）研究框架

本书以中国补充性货币监管为对象，根据中国的特殊国情，借鉴国际经验，对补充性货币相关内涵、国内外相关研究成果的梳理、中国补充性货币的监管现状、中国补充性货币监管与国有商业银行国际化的关系、中国补充性货币监管的机理分析、中国补充性货币监管的传导路径、中国补充性货币的监管方法、中国补充性货币的监管与金融监管的关系、补充性货币发展的国际经验借鉴以及中国补充性货币监管未来的前景等方面作了阐述。

本书对补充性货币监管的背景及目的进行了分析，揭示出当代补充性货币与金融风险的紧密联系。当前，补充性货币给经济社会带来强烈的冲击，引发了各国政府特别是中国政府对化解金融风险的密切关注，这也充分说明中国补充性货币监管具有的重要意义。我们在分析了各类货币形式的基础上，对补充性货币作为监管对象的内涵、形态等作了明确的界定，对理论界的若干研究成果作了比较和梳理。本书还通过对中国补充性货币发展与监管现状的分析，对中国补充性货币的发展沿革作了阐述，对金属补充性货币、实体信用货币、实体社区货币、虚拟社区货币、信用支付手段等各种类型的补充性货币的监管现状及发展历程作了分析，特别是总结了“中华红色经济之都”补充性货币的发展历程及监管经验。

本书分别对美国、欧盟、日本、新加坡等代表性国家或组织的经验作了归纳及分析。在对补充性货币的监管过程中，因为各个国家的具体国情不同，其监管模式必然会有差异。因此，本书对补充性货币的监管模式作了理论分析，并运用数理模型对补充性货币的监管模式进行了详细论证。对于中国补充性货币的监管机理，本书从广义与狭义的角度进行了分析，指出了补充性货币监管机理的实质，并提出了完善监管机制的对策建议。本书分析了当前中国补充性货币监管传导方面存在的问题，强调了商业银行国际化、人民币国际化在补充性货币监管传导中的重要作用。为了借鉴国际社会对补充性货币的监管经验，并解决如何对补充性货币进行监管的问题，本书对政策性风险及监管方法、技术性风险及监管方法、心理性风险及监管方法、经济性风险及监管方法、社会安全性风险及监管方法、其他风险及监管方法作了论述。为了测算补充性货币的监管效应，本书以典型的比特币为例，运用建立的数理模型及相应方法，对补充性货币在不同情况下的监管效应进行了一定的测试，从而为政府对补充性货币监管、宏观经济调控政策及其他方面的调整提供了参考依据。最后，本书对研究内容进行了总结，并对中国的补充性货币的发展趋势进行了展望，提出了根据中国的实际进行补充性货币监管的对策建议。

（二）研究内容

本书各部分具体内容如下：

第一章　导论。该部分阐述了本书的历史及现实背景、研究目的、研究内容及框架、研究方法及国内外相关的研究成果评述、可能的创新与不足。在当今社会，随着以互联网为代表的高新技术的迅猛发展，许多新型补充性货币的出现备受人们关注，并强烈地冲击着经济社会。由于我们当前对补充性货币的一些新类型、新形式的内涵认识不清，对补充性货币的监管内容的研究较为缺乏，对补充性货币冲击经济社会的机制不甚了解，因而对补充性货币的监管内容较缺失、监管机制认识不清、监管方法及手段较少，对国际相关监管经验总结不足等，从而无法对补充性货币进行有效监管。本书认为应运用多种方法，理论与实际结合，加强研究并提出解决方案，以达到消除补充性货币带来的金融风险及其他经济社会的风险之目的。

第二章　国内外相关研究成果评述。本书首先采用词汇查询及改进的检索策略，在 WOS 核心合集平台上对主题词为“currency”“money”和“coin”的相关文献进行检索，将 17 454 个文献引文用 Bibexcel 进行了文献计量分析，用实证的方法梳理了近年来国外关于货币热点问题的研究进展。同时从补充性货币的相关理论、典型补充性货币的实例、货币危机模型、现代货币监管四个方面进行了文献评述。

第三章　监管对象：补充性货币内涵分析。这一部分针对当今社会各种代表性的货币形式及相关范畴，分析了它们的属性及内涵，明确了补充性货币的监管对象及范围。本书认为，补充性货币可以补充或替代法定货币的部分职能，但不一定具有法定货币的全部职能，它却可以具有法定货币没有的新职能；补充性货币具有实体及虚拟两种形态，当今社会以虚拟形态为多见；在一定条件下，法定货币与补充性货币可以相互转化；代用货币属于补充性货币与法定货币之间的过渡形态；电子货币本质上是物质形态法定货币的信息化和虚拟化，不属于补充性货币的范畴。本书还认为，以实体信用卡为代表的泛信用货币在大多数情况下属于补充性货币的范畴，而虚拟信用卡则完全属于补充性货币。虚拟货币有别于电子货币，完全属于补充性货币范畴。一般的非法定数字货币属于补充性货币，而未来一般的数字货币中所包含的密码学理论、区块链技术、电子货币技术等，将在补充性货币的发展中起着更为关键的作用。法定数字货币与一般数字货币有重大区别，前者是法定货币，后者是补充性货币。能源币有两种意义，第一种意义的能源币属于法定货币，第二种意义的能源币属于补充性货币。阶段性货币在其不同的发展阶段发挥着法定货币或补充性货币的作用。易货贸易尽管与补充性货币联系较密切，但既不属于法定货币范畴，也不属于补充性货币范畴。广义和狭义的代币券具有较大的信用风险，它们属于补充性货币的范畴。金融工具属于补充性货币范畴，对它们的监管在当代社会更具有意义。准货币也是补充性货币的具体形式。劳动券属于补充性货币范畴，而绿色货币则是法定货币。清晰地认识各种货币的内涵，对中国补充性货币的监管具有基础性的意义。

第四章　中国补充性货币的发展及监管现状。本章对中国早期及当代补充性货币的发展及监管作了研究，认为补充性货币的历史悠长。本书对新中国成立之前的补充性货币的发展及监管作了概述，认为在商品经济较为发达的时期，补充性货币才会对经济社会造成较大冲击，从而可能引发危机，这时必须对其进行监管。同时，分析了“中华红色经济之都”的补充性货币的实践，总结了当时苏区对补充性货币的监管经验。本书还对当代中国的实物补充性货币及虚拟补充性货币的发展现状和监管现状作了探讨。认为在实物补充性货币中，金属补充性货币的作用和影响有限，监控意义不大；而实体信用货币正在被虚拟信用货币取代，对其监管已较成熟；实体社区货币发行范围有限，且受到国家相关法律限制，监控较好。在中国，虚拟补充性货币发展势头迅猛，形成了很大的监管难度。虚拟社区货币、信用支付手段等，在中国的发展有限，受到较严的监管。对于密码支付手段这类补充性货币，如比特币等，由于国际环境的影响，投机性强，加上其他国家的开放许可、技术含量高、发展迅猛等特点，容易造成监管困难，必须高度重视。

第五章 补充性货币监管的国际经验。该章以典型国家如美国、英国、日本、新加坡等国对补充性货币监管经验的阐述，总结了不同国家对补充性货币监管的特点及其经验。认为国际社会对补充性货币的监管经验是不断积累的。银行券发行应用的时期，西方国家加强了对补充性货币的监管。在当今社会，由于传统银行的革新成为必然趋势，具有无限发展潜力的补充性货币被引入了银行内部，迎合了世界金融市场的发展需求，创造出巨大的价值。正因如此，不少国家的商业银行都积极研发新的补充性货币，并尝试用新的方法对其进行监管。在美国，以花旗银行及美国银行为代表，它们对补充性货币的研发及监管十分重视，并将补充性货币的监管融入其运用研发之中。在常规性监管中，它们不断完善监管法规，形成了较完整的监管法规体系。英国及欧洲其他典型国家对补充性货币的监管，主要以常规性监管为主，并逐步完善健全了法律法规体系。但它们同时也已逐步注意到了技术性监管途径，并开始了跨时空监管及国际协议监管的尝试。日本政府相对于其他国家而言，对补充性货币的未来潜力持充分乐观的态度。许多商业银行开始自主研发补充性货币，对补充性货币的监管力度不大。它们将虚拟补充性货币运用于银行国际化，取得了一定经验；同时，将常规性途径、超时空途径、技术途径结合起来对补充性货币进行监管，这种做法值得借鉴。新加坡政府对补充性货币的重视程度很高，其将补充性货币的运用与金融监管体系进行了合理匹配。政府与金融机构瞄准区块链技术及虚拟补充性货币，将其纳入国家实施国际化战略的重要内容。同时，它们对补充性货币的未来发展持较乐观的态度，对其采用的监管方式也较为自信。

第六章　中国补充性货币的监管模式及机理。本章着重介绍根据补充性货币的特点及他国经验，特别是补充性货币不同发展阶段的状况，应采用的合理有效的补充性货币监管模式。不同国家在人文、历史、市场、制度、传统习俗等方面均存在较大差异，因此对补充性货币的监管模式必然也存在差异。形成中国特色的补充性货币监管模式十分必要。经济学家们建立的三代危机模型也说明在补充性货币发展的不同阶段，其监管模式也会随之发生变化。补充性货币监管模式应有不同发展时期的适应性。中国补充性货币在不同的发展阶段，有着不同的特点，也对应于不同阶段下中国特定的人文、历史、市场、制度及传统习俗所决定的金融市场，这使得补充性货币与金融市场之间形成特定的作用力。此外，本章认为，补充性货币的监管机理分为广义和狭义两个方面。广义的补充性货币监管涉及一个国家乃至国际社会的监管，其机理更为复杂。狭义的补充性货币监管涉及具体的行业、单位或机构，其监管机理的作用直接、强烈。广义的补充性货币监管机理是涉及政策性、跨时空性、国际协议性及国际化方面的监管机理。而狭义的补充性货币监管机理是涉及行业层面及单位、机构层面的权力制衡、委托代理、机构优化等方面的监管机理。补充性货币的监管，其实质是对补充性货币引起货币乘数超常规放大的超大风险的监管。补充性货币的监管机理的实质，是对补充性货币影响法定货币的扩张的监管。广义的补充性货币监管机理包括常规性监管机理、国际协议监管机理、跨时空监管机理及国际化监管机理。常规性监管机理通过补充性货币运行中对常规性方法（如行政手法、法律法规运用）的反馈效果，不断对常规性手段的强度进行调整，以达到最佳监管的状态。国际协商监管机理在于当补充性货币运行信息传导到各协议国后，各协议国根据新情况做出新决策、形成新协议，并按新的协议进行监管，以此循环往复，达到监管的效果。跨时空监管机理主要对实体性补充性货币在各个国家运用信息化手段时进行监管并根据监管效果予以调整。而对于虚拟性补充性货币，则通过相关国家相互协调、信息化手段联网监控，并根据监管效果予以调整。中国商业银行的国际化是人民币国际化乃至其他领域国际化的重要环节，我们通过对中国商业银行国际化途径的探讨，应用相应的研究方法，剖析了对补充性货币进行国际化监管的形成机理。狭义补充性货币监管机理在于通过一些更直接、更微观的方式遏制补充性货币的冲击，形成权力制衡、委托代理、组织架构改善等机理。在企业及金融机构的权力制衡下，可以达到有效监管抗击补充性货币冲击的效果。通过企业或金融机构的委托代理形式，可以加强各层级的管理，也能形成补充性货币监管的良好效果。提升补充性货币的监管效果，还可以通过企业或金融机构组织架构的改善来实现。在组织架构改善机理的作用下，补充性货币的监管将更为有效。合理的所有权设置、发挥市场的约束作用、加快组织架构变革等均能提高补充性货币的监管效果。

第七章　中国补充性货币的监管方法。这部分分析了中国补充性货币可能引发的各种具体的风险，以及这些风险发生时应采取的相应措施及监管方法。认为这些风险主要表现为政策性风险、技术性风险、心理性风险、经济性风险及社会安全性风险等，而采用的相应措施及监管方法应达到风险回避、损失控制、风险转移及风险阻滞的目的，其监管方法也应是灵活的、综合的。中国国有商业银行对补充性货币可能带来的风险所采用的控制方法也应是综合的。补充性货币实行国内常规监管、国际协议监管、跨时空监管及国际化监管，应由多部门协调和配合。面对补充性货币造成的经济社会冲击及风险，要形成有针对性的监管对策与方法。补充性货币形成的具体风险主要有政策性风险、技术性风险、心理性风险、经济性风险、社会安全性风险等。根据政策性风险特点，应借鉴发达国家政策经验，立足中国实际，通过试点，形成稳定的政策。针对技术性风险，应当加强对补充性货币形成及运行的机理的高效管理，根据风险的不同情况，灵活探寻不同的解决方案和途径。心理性风险一般较难控制，要靠长期的努力来消除。面对经济性风险，应事先做好风险防范预案，对症下药，才能加以防范。同时，要通过制定相关的安全性防范措施，将补充性货币的安全性风险扼杀在萌芽状态，这是防范补充性货币安全性风险的有效方法。对于诸如企业风险、操作技术风险、国际互动风险、信息系统研发风险、金融衍生品交易风险等其他风险，应根据风险特点，采用有针对性的方法予以防范。

第八章　补充性货币的监管效应：基于比特币的分析。本章以人们最为关注的比特币作为典型，分析了补充性货币的监管效应。本章认为，可以以事件研究法及 GARCH 族模型作为测算补充性货币监管效应的手段。对补充性货币的监管，会对其产生显著影响，会使其在三者如价格等方面表现出不同反应，这即是监管效应。比特币价格受各个国家的政策影响，因此并不能反映其真正内在价值。采用事件研究法，实证分析不同国家在不同时期发布的政策特别是监管政策对比特币异常收益率和累积异常收益率的影响，同时结合 GRACH 族模型分析比特币日度收益率的波动情况，发现无论面对利好还是利空消息，比特币价格都会产生剧烈的波动。无论暴涨后暴跌或暴跌后暴涨，比特币的市场效应基本相同。这说明了以比特币为代表的补充性货币市场发展很不成熟，仍存在大量投机行为，蕴藏着巨大的潜在风险。因此，必须对补充性货币采用正确的监管方法，形成合适的强度及合理的监管机制。

第九章　结论、展望与对策。该章在前述内容的基础上，展望了补充性货币监管的发展趋势，并根据补充性货币运行的不同状况提出了相应监管对策。通过对中国补充性货币的监管背景、监管目的、监管对象、监管现状、监管途径、监管方法、监管机理、监管的国际经验及监管模式的研究分析，认为中国对补充性货币的监管还任重而道远，必须多方面、全方位地建立起中国特色补充性货币的监管体系。鉴于在未来社会，补充性货币将与传统法定货币长期共存的状况，认为其类型与形式将更为多样。补充性货币的社会性冲击主要的表现形式是增大经济危机的可能性，我们应当树立“传统法定货币+补充性货币”的多货币职能观，以形成对补充性货币冲击的防范意识。要尽快加强对补充性货币的理论研究，避免因现实与理论脱节而形成“理论空洞”。同时，对补充性货币要实行“疏堵兼备”的策略，减小其负效应，扩大其正效应。此外，还应尽早建立补充性货币风险防范系统，从多领域防范补充性货币可能带来的各种风险。

（三）研究方法

本书属于应用研究项目，将综合运用调查法、观察法、文献研究法、对比分析法、演绎归纳法、数学建模、案例研究法等研究方法，为形成本书的思想性及真理性服务。

四、可能的创新及不足

本书可能的新意主要体现在下列方面：

（1）系统地研究了补充性货币的相关问题。补充性货币的完整概念是近 10 年才提出来的，中外学者在补充性货币的内涵、特征、分类、作用、职能、对经济社会的影响，特别是给经济社会带来的风险等问题方面要么鲜有研究，要么得出的研究结论尚存在争议。尽管本书着重研究中国补充性货币的监管问题，但必然要涉及上述相关问题。因此，本书实际上是以中国补充性货币监管为主线，比较全面系统地对补充性货币的理论与实践进行了探索，当然也使补充性货币的监管问题得到了更为全面与系统的研究。

（2）在系统地研究补充性货币的监管问题方面，做了若干有新意的有益探索：①对当前中外现代货币理论文献进行了数据处理，对现有的研究成果进行了评述。②对本书的监管对象——补充性货币的各种形式及内涵，以及它们与法定货币的关系从历史与现实的两大维度作了系统分析。③对中国补充性货币的发展及监管现状从时间维度上进行了系统论证。本书在对 1949 年以前中国补充性货币的监管作了概述的基础上，着重对“中华红色经济之都”的补充性货币监管作了典型案例分析，得出了对当代中国补充性货币进行监管的五个方面的启示。同时，还较系统地对当前中国的实体性补充性货币及虚拟性补充性货币的监管现状作了分析。④通过对美国、欧盟、日本及新加坡等典型国家或组织的国际经验进行总结，对典型国际补充性货币监管效应进行比较，得到了对中国补充性货币进行有效监管的启示。⑤探索了中国补充性货币的监管模式。通过实证，以美国的补充性货币作为一个参照系，确定出当前中国补充性货币在初级阶段向中级阶段过渡的监管模式，并探索了中国补充性货币的监管机理及方法。本书从理论上论证了广义与狭义的补充性货币的监管机理，不同的监管机理亦不尽相同。本书认为，补充性货币的监管，一方面可以通过人民币国际化的传导，防止其风险；另一方面可以加强人民币的国际化，进而有利于中国商业银行的国际化。⑥本书认为，在补充性货币的监管中，运用多种方法是必需的，因此从不同方面分析了补充性货币的监管方法。⑦探索了补充性货币的监管效应。本书采用事件研究法及 GARCH 族模型，有效地测试了补充性货币监管效应。

（3）较为系统地梳理和挖掘了补充性货币的监管方法，特别是突出了补充性货币的技术监管方法，弥补了过去在这方面的研究不足。

本书存在的主要不足之处在于：

（1）本书抽象掉了补充性货币的非国际化途径的监管研究。这主要基于下列考虑：其一，物理形态的补充性货币在中国已很少见。如粮票、油票已基本绝迹，代金券等受到严格控制，且运用范围极小；社区货币基本没有出现等。其二，非物理形态的虚拟性补充性货币在中国受到市场及制度的限制。特别是以比特币为代表的虚拟性补充性货币在中国被明令禁止，无法有效地冲击金融市场。而其他网络或电子货币如 QQ 币、狗币、百度币等，不属于补充性货币，它们实质上是以法定货币为基础的代用券，不在研究之列。其三，普遍意义的经典补充性货币受到了较好的监管。最具代表性的是股票、债券及其市场，在中国对它们的监管已经积累了丰富的经验，相关市场的运行也已较为规范，其监管问题已有许多研究成果，故而不在本书之列。但即便如此，本书作为一项研究，课题组认为还是应在后续研究中加强这方面的研究。

（2）本书抽象掉了对补充性货币的特殊性监管问题的研究。由于补充性货币的种类达 5 000 余种，无法逐一研究其监管方法。故而本书注重于补充性货币监管的一般性、共性的研究。而对其各种具体的补充性货币的监管，留待以后的研究过程实施。

（3）本书一些地方数据无法更新。由于补充性监管问题是一个前沿问题，且补充性货币的种类多，涉及面广，故而数据相对而言难以搜集。尽管本书中的绝大部分数据是近两年的，但个别地方也借用了 2016 年的数据，使得研究过程存在一些遗憾。

（4）本书是否具有世界意义不能确定。尽管本书落脚点是“中国补充性货币监管研究”，但借鉴了国外典型国家监管经验，因此实际上是对补充性货币监管的一般性、共性的研究，理应视其具有世界意义。但毕竟中国与其他国家特别是西方发达资本主义国家的具体国情不同，故而其世界意义尚不能确定。

第二章　国内外相关研究成果评述

货币的发展是有规律可循的，补充性货币的存在，已有漫长的历史，然而国内外学者对其关注的时间不长，其理论研究更是严重滞后。为了有利于发挥补充性货币的积极作用，对国内外的研究状况进行探索是十分必要的。

一、国内外相关研究成果概述

在货币[①]的发展史上，一些学者认为，“使用统一货币有助于提升交易效率”[②]。然而，由于货币还具有许多其他的社会功能，因此在现实社会中不会存在统一的货币。正如美国学者大卫·沃尔曼认为的那样，在全球范围内使用同一种货币的情境，“是左翼乌托邦分子和科幻小说作家灌输给社会的幻想”[③]。因此，世界各国的法定货币无法统一为同一类货币，进一步的，现实社会的需要又促进了补充性货币的诞生。

补充性货币是对法定货币职能进行补充或替代的一种交易媒介。补

① 根据马克思的货币观，货币是固定充当一般等价物的特殊商品。这不仅包括资本主义商品经济发达时期存在的货币，也包括这之前漫长的简单商品经济及有交换的历史时期的货币或交换媒介。这方面的论述，可参阅相关文献。

② 卡斯特罗诺瓦. 货币革命：改变经济未来的虚拟货币［M］. 束宇，译. 北京：中信出版集团，2015：66.

③ 同②.

充性货币有多种类型。尽管它有实体形式与虚拟形式，但它不等同于虚拟货币。因为虚拟货币可以是法定实体货币的虚拟化，也可以是补充性货币的虚拟形式。现实中，人们往往将其混淆。而针对补充性货币的研究，国内外学者的研究成果较少。我们通过国际权威的最大数据库进行搜寻，发现在现代货币的研究中，关于补充性货币的研究力度还应进一步加强。

为了搜寻国外研究补充性货币的相关成果，我们对外国文献的研究数据全部来源于大型综合性引文索引数据库（Web of Science，WOS）。WOS 是目前全球规模最大、学科覆盖面最广的一个学术信息资源库，其中收录了各研究领域最具影响力的 8 700 多种 SSCI 和 SCI 核心学术期刊及文献。因此，使用 WOS 作为本书的数据来源，具有较强的学术典型性、权威性和说服力。由于考虑到专门研究补充性货币的文献可能太少，应尽可能增大搜索范围，故本书首先采用词汇查询及改进的检索策略，在 WOS 核心合集平台上对主题词为“currency”“money”和“coin”的相关文献分别进行检索后，再运用 Bibexcel 软件进行合并，共得到 66 109 条检索结果（检索时间跨度为 1950 年至 2018 年，具体检索日期截至 2018 年 7 月 8 日），下载其引文数据，并保存为 text 文本格式，保证 Bibexcel 能正确读取。同时，考虑到“currency”“money”和“coin”均为货币的英文对照词，在分别进行检索时会出现重复检索的情况，本书运用 Bibexcel 和 Visual C++对合并后的检索结果按照文章标题标签“TI”进行了编程去重处理，去重后得到 63 881 条检索结果。接下来再根据检索引文数据中的学科分类标签“WC”，再次运用 Visual C++编程去重，只保留学科分类为“Business \ Finance \ Economics \ Management”的检索引文数据，再次去重后余下 17 999 个检索结果。最后，根据文献类型标签“DT”，运用 Visual C++编程只保留文献类型为“article \ review”的检索记录，最终保留下 17 454 个检索引文数据。

本书将 17 454 个文献引文用 Bibexcel 按照检索标签“PY”进行描述性统计，发现除有 2 篇文献外，其他共 17 452 篇文献均集中发表在 2002 年至 2018 年 7 月 8 日这一时间段，这说明从 2002 年开始，学术界对以“货币”为主题的相关问题研究兴趣颇浓。图 2.1 显示了 2002 年至 2018 年[①]整个学术界被 SSCI 收录的以“货币”为主题的学术论文数量及其变化波动情况。根据图 2.1 所示，从 2002 年起，与现代货币研究相关的国际期刊论文数量基本呈现逐年增加的趋势，2008 年、2011 年、2015 年、2016 年的年发文量均出现较大幅度的增长，在 2017 年的论文年发文量更是达到 1 793 篇的最高年发文量。截至 2018 年 7 月 8 日，2018 年的发文量也已达到 652 篇，有望再创历史新高。同时，根据折线图中百分比的变化情况，可以将 2002—2018 年的发文情况分为 5 个阶段：①2002—2005 年的稳定期；②2005—2008 年的攀升期；③2008—2010 年的平稳过渡期；④2010—2014 年的波动期；⑤2014—2018 年的飞跃期。从图 2.1 的折线图可以看出，近年来发文量基本上呈现出逐年稳步上升的趋势，由此可见与当代货币相关的研究已经越来越成为全世界关注的焦点。

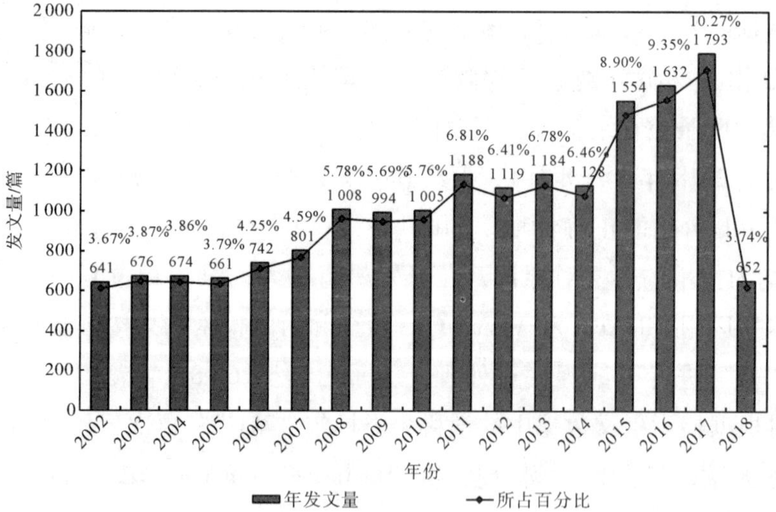

图 2.1　2002—2018 年学术界被 SSCI 收录的现代货币论文数量及所占百分比

如图 2.2 所示，2002 年以来境外有关现代货币研究的文献发表数量基本呈现逐年上升的趋势，2008 年、2011 年、2015 年均是发文量大

① 由于本书对文献的查询日期截至 2018 年 7 月 8 日，图 2.1 只显示了 2018 年 7 月 8 日为止的文献量。书中所有标注为 2018 年的数据，均指 2018 年 7 月 8 日止的数据。

幅度增长的典型年份，直至2017年更是达到年发文量共计1 686篇的峰值并持续至今。这说明境外学术界对现代货币相关问题的研究兴趣相当浓厚，有增不减。同时，2002年以来，中国境内的相关文献年发文量也基本上呈现出逐年递增的发展趋势，其中，2011年、2013年、2015年、2016年和2017年的年发文量增长得较明显，2016年和2017年发文量都达到了85篇的最大值。此外，将中国境内和境外的年发文量总体趋势进行对比可知，尽管境内外的发文量都呈增长趋势，但境内和境外的差距十分明显。从数量上来看，境外的总体发文量大，且增速明显，2017年较2002年增长了两倍多；境内的总体发文量基数小，虽然增速较快，但从发文规模来看，与境外的研究发展差距还在不断扩大。由此可见，中国境内学术界虽然对现代货币相关问题的关注度逐年增加，但仍需加大研究力度以缩小与境外学术界的差距。特别是专门研究补充性货币的文献，仍然太少，还得进一步努力。

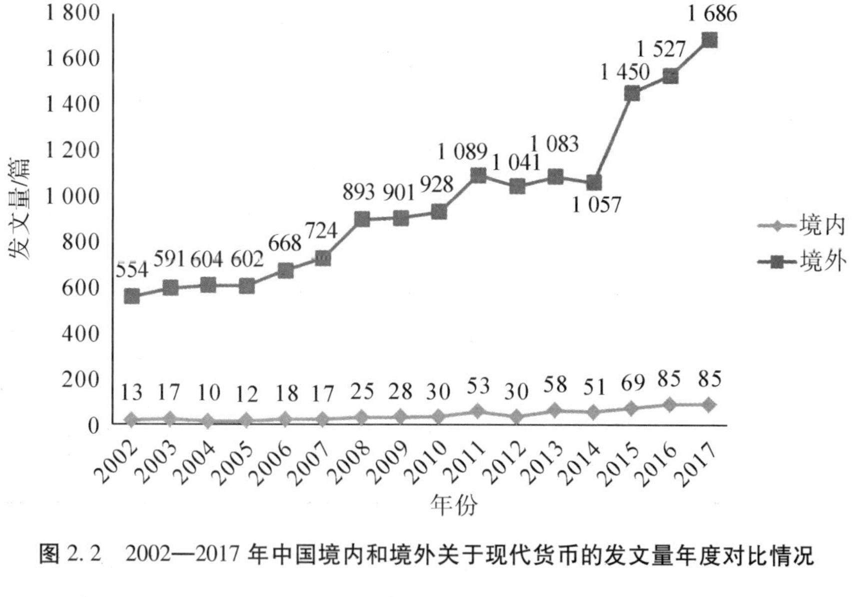

图 2.2　2002—2017 年中国境内和境外关于现代货币的发文量年度对比情况

本书运用Bibexcel软件和Visual C++语言将17 454篇文献样本中的关键词和文献摘要中所使用的高频词汇进行分组处理、聚类统计、共词分析和匹配，去掉搜索主题词“money、currency、coin”及没有实际意义的冠词，虚词、助词、连词、代词、介词以及数量词等，筛选出有意义的动词和副词，着重分析有明显意义的名词、形容词，从而得到2002年至2018年这16年间有关现代货币研究文献中使用的高频关键词使用频次数据。整理这些数据，有助于分析目前学术界对货币研究的现状、兴趣点、方向和热点，也能帮助我们了解有关现代货币特别是补充性货币的研究前沿动态和空白区域，从而预测未来的研究发展趋势。

整理2002—2018年关于现代货币研究的文献高频关键词TOP45见表2.1。

表2.1　2002—2018年关于现代货币研究的文献高频关键词TOP45

排名	关键词	频次	排名	关键词	频次	排名	关键词	频次
1	model(s)	2 392	16	dynamics	329	31	output(s)	212
2	policy(ies)	1 221	17	equilibrium	322	32	income	207
3	market(s)	1 166	18	determinants	316	33	firms	200
4	price(s)	807	19	liquidity	316	34	shocks	198
5	risk(s)	684	20	crisis	314	35	costs	197
6	rates	675	21	consumption(s)	297	36	integration	169
7	inflation(s)	657	22	investment	297	37	rules	166
8	returns	640	23	choices	284	38	efficiency	164
9	performance	488	24	exchange	257	39	perspectives	162
10	growth	485	25	expectations	256	40	preferences	162
11	information	444	26	uncertainty	249	41	stability	158
12	demand(s)	402	27	competition	241	42	incentives	147
13	country(ies)	400	28	credit	238	43	balance	121
14	trade	355	29	debt	236	44	currency options	120
15	volatility	342	30	management	224	45	fluctuations	116

随后，本书在专业理论知识的基础上，结合联想和聚类分析的方法，将表2.1的高频关键词按照最容易出现、最能反映主题内容的可能性分为政策分析、市场表现、市场风险3组。每组主题所包含的高频关键词则能够反映出有关现代货币研究的文献所研究的不同研究热点问题和研究方向。具体分组如表2.2所示。

表 2.2　现代货币研究文献中 TOP45 的高频关键词分组情况

组 1　政策分析			组 2　市场表现			组 3　市场风险		
排名	关键词	频次	排名	关键词	频次	排名	关键词	频次
1	model(s)	2 392	3	market(s)	1 166	5	risk(s)	684
2	policy(ies)	1 221	4	price(s)	807	15	volatility	342
13	country(ies)	400	6	rates	675	16	dynamics	329
30	management	224	7	inflation(s)	657	19	liquidity	316
33	firms	200	8	returns	640	20	crisis	314
37	rules	166	9	performance	488	26	uncertainty	249
38	efficiency	164	10	growth	485	34	shocks	198
39	perspectives	162	11	information	444	41	stability	158
42	incentives	147	12	demand(s)	402	45	fluctuations	116
43	balance	121	14	trade	355			
44	currency options	120	17	equilibrium	322			
			18	determinants	316			
			21	consumption(s)	297			
			22	investment	297			
			23	choices	284			
			24	exchange	257			
			25	expectations	256			
			27	competition	241			
			28	credit	238			
			29	debt	236			
			31	output(s)	212			
			32	income	207			
			35	costs	197			
			36	integration	169			
			40	preferences	162			

由表 2. 2 可见，当前学术界对现代货币研究所关注的主要有政策分析、市场表现和市场风险这三个热点研究方向，而以货币与市场行为为主要内容的相关问题更是炙手可热的研究方向。从高频关键词具体的分组情况来看，在市场表现研究方向，学者们都热衷于研究现代货币的价格波动、供求关系、通胀与平衡、投资与消费、交换与选择、借贷与信用、成本和回报、信息和预期等内容。在市场风险研究方向，学者们倾向研究现代货币的动态变化和价格波动等表现对具有脆弱性的市场可能造成的危机、冲击和不确定风险。在政策分析研究方向，学者们倾向于研究如何应用模型和实证方法，解决现代货币的动态表现和波动情况给市场主体（如公司、个人、国家政府等）带来的风险问题，并提出相应的市场规则、管理方法、激励机制、政策措施，使市场达到平衡，以提高现代货币在市场中的运行效率。

本书还从 2002—2018 年的所有文献样本的摘要中提取了典型高频词汇，这些高频词汇的出现频次虽然不及表 2. 2 中所列的关键词汇频次高，但在文献摘要中也属于排名前 100 的高频词汇。本书选取了 16 个出现频次接近或高于 100 次的文献摘要典型高频词汇（见表 2. 3），并根据这些典型高频词汇的专业意义，总结出当前学术界对现代货币研究热点内容的潜在变化趋势。由表 2. 3 可见，文献摘要中高频出现了有关新的货币名称和种类的内容（如 community currency 社区货币、complementary currency 补充性货币、bitcoin 比特币），出现了有关虚拟货币的选择方面的内容（如 virtual 虚拟、abnormal 不寻常的、portfolios 组合形式），出现了有关现代货币在市场上的整体表现趋势方面的内容（如 dispersion 扩散、mobility 动态性、devaluation 贬值、bubbles 泡沫、recovery 复苏、recession 衰退、plausible 合理的），出现了对人民币相关问题的讨论（如 Renminbi 人民币、inefficient 低效率、regulations 规制）。由此可以看出，目前学术界对现代货币特别是补充性货币的相关研究，已经逐渐出现了新的变化。但专门研究补充性货币的成果仍然较少，且研究不深入。可是，就整体情况看，有关新型货币的种类、特性、整体市场表现、对人民币的影响和与其的联系等问题，将会成为研究现代货币问题的新热点。

表 2.3　2002—2018 年关于现代货币研究的文献摘要中的典型高频词汇

序号	关键词	频次	序号	关键词	频次
1	community currency	259	9	plausible	110
2	devaluation	259	10	bitcoin	104
3	portfolios	239	11	bubbles	104
4	virtual	209	12	abnormal	103
5	recession	115	13	complementary currency	102
6	renminbi	115	14	recovery	102
7	dispersion	113	15	inefficient	99
8	mobility	110	16	regulations	99

二、补充性货币的相关理论评述

货币发行的国家化是一个历史现象。长期以来，人们都坚持“国家才有发行货币的权力”这一观点。希克斯认为，货币是“各种政府都知道要接管的商业经济的第一种产物”①。英厄姆提出，货币作为支付的一般性承诺植根于社会结构中，只有在官方的货币记账账户中才能兑现这种承诺，而国家才能有权威定义货币账户②。然而，补充性货币概念的提出及广泛的运用，颠覆了人们过去的认知。在现实生活中，它可以由私人、企业、非政府组织创造，可以由地方政府、社区创造，也可以由国家创造（但不是法定货币）。

补充性货币在理论上刚开始被学术界关注，学术界对其的研究历史并不长，自然对补充性货币的监管同样缺乏研究。但实际上，补充性货币本身却有着悠久的历史，也有学者提出了一些相近的概念。如 1891

① 希克斯. 经济史理论［M］. 厉以宁，译. 北京：商务印书馆，1969：59.

② INGHAM G. The Nature of Money［M］. Cambridge：Polity Press，2004：78.

年，阿根廷商人斯尔文·格塞尔（1891）就提出了“加印”货币概念，被加贴了“印花”的流通券被看成补充性货币的最早雏形。在1969年，V. K. Chetty（1969）提出“货币替代”的概念，认为货币替代在本质上表现为外币在货币职能上替代本币。与此同时，西方国家也开始出现了“替代性货币”“补充货币”“补充性货币”的概念，认为它们是对法定货币进行替代或补充的一种交易媒介，可以与法定货币并行。但是，国内外学者们对补充性的定义、称谓、内涵等问题的理解并不统一。关于补充性货币的相关理论较少，主要有加印货币说、社会分红论、货币非国家化论、阴阳互补论、内部货币论、多元货币论等。这些理论分别从补充性货币存在的历史必然性和合理性的角度，凸显了补充性货币的积极意义。19世纪90年代，斯尔文·格塞尔提出，通过采用在流通钞券上每月定期加贴“印花”以保持其价值的方法，能有效刺激消费。1936年，英国经济学家詹姆斯·米德提出，国家应该将从资本和土地中获取的利润以红利形式分给社会公众，旨在经济萧条期刺激消费，提升社会福利。1941年，弗里德里希·冯·哈耶克主张应开放私人货币市场，由私人供应货币，赋予个人或机构发行货币的权力，打破国家发行货币的垄断权，形成竞争性货币市场。1980年，新货币学派代表人物法马（Fama）认为，市场进步使得国家发行的纸币不再是唯一的交易媒介，私人部门发行的金融资产也会扩张交易媒介的种类，在完全竞争条件下货币将消失，商品交易将通过纯粹的账户系统来完成①。1998年，中国学者罗云贵提出，只要有闲置的生产力就可以发行货币。内部货币（inside money）理论的代表人物清泷信宏和穆尔（Kiyotaki& Moore，2002）认为货币的本质是流通的私人债务，债务人是货币的发行者，但只有具备“多边可转售性”（resaleability）的债务才能成为货币，因此需要有一个可靠机制来执行私人债务的承诺。他们认为，不论是国家还是社会，只要能够制定合适的货币制度并保证其平稳运行，就可能成为货币的发行者。2004年，党爱民提出“货币耗散

① FAMA E F. Banking in the Theory of Finance [J]. Journal of Monetary Economics, 1980, 6 (1): 39-57.

论”，认为社会可以代替国家政府补充不足的货币，以维持经济系统的正常运行。贝尔纳德·烈特尔则提出内外两种货币体系阴阳互补的设想，将法定货币比喻为阳性货币，补充性货币比喻为阴性货币，认为两种体系应该共生共存、互为补充。他宣称补充性货币将改变当今世界资源匮乏和竞争的局面，迎来富足的新时代①。

从上述相关理论可以看出，尽管学者们对补充性货币的定义、称谓、内涵的理解还尚未统一，但都从不同角度强调了补充性货币和法定货币共存共生、互相补充、共同促进社会福利提升的客观事实。这些理论为我们研究补充性货币的监管问题，奠定了研究基础。

三、典型补充性货币的实例

当前，全世界有 5 000 多种不同的补充性货币在实际运行，其名称、形式、特点、功能、运行方式均各有不同。前文已述，补充性货币可以分为金属补充性货币、社区货币（实体和虚拟两类）、信用支付手段、密码支付手段四种形态。黄金在货币发展史上，充当过法定货币，也充当过实体形态的金属补充性货币。具有代表性的社区货币有消费券、劳动券、保姆券、游戏币等。典型的信用支付手段有时间货币、易贷记账等。密码支付手段则以比特币、以太坊及类比特币的泛信用货币为代表。

社区货币又被称为地方货币，是指在一定区域内，以公益互助、扶贫济困、共享福利为目的，实现特定经济与社会功能的交易媒介。社区货币的发行者可以是国家，也可以是非政府组织、企业、社区甚至个人。社区的范围很灵活，可以是几个国家或者一个国家的范围，也可以是某一个城市或农村社区，是一个村、一个生产队甚至是几个人形成的小群体。消费券作为社区货币的代表，可以分为实体（纸质）消费券

① LIETAER B, DUNNE J. Rethinking Money: How New Currencies Turn Scarcity into Prosperity [M]. US : Berrett-Koehler Publishers, 2013: 96-98.

和虚拟（电子）消费券两类。实体消费券是以实体形式发放的消费券或其他实体载体的优惠或折扣凭证；电子消费券是以电子形式存在的用于消费抵扣金额或进行折扣的凭证。当经济不景气导致民间消费能力大幅衰退时，政府或者企业发放给民众消费券，作为民众未来消费时的支付凭证，期待借由增加民众的购买力与消费欲望的方式以振兴消费活动，甚而进一步带动生产与投资等活动的增加，加速经济的复苏。在金融危机等特殊时期，消费券正逐渐成为促销售、保增长的重要手段之一。虽然消费券是以促进消费为目的的，但也可作为社会救济工具之用。也可两者相混，既以振兴消费为目标，实施方式又如同社会救济。消费券只能用于购买商品，不能兑换成现金，一般都具有明确、短暂的使用期限和一定范围的适用商家，因此，它对于特定领域的支持更为精准直接，拉动消费的撬动效应更大，短期内会带动消费增长出现新高，特别是在消费券重点支持的领域会出现消费快速增长的局面。在文化旅游、餐饮服务、健身等价格弹性较大、跨期替代效应不明显的行业，发放消费券可以较好地刺激消费、推动消费市场复苏。此外，消费券带有货币的标记功能，可以记录每一笔消费数据，这便于政府对政策进行快速诊断、评估经济刺激政策效果，为政策灵活调整和实时优化相关政策提供决策依据。

全球第一张消费券诞生于奥地利的奥尔格小镇，当时被称为“沃格尔币”。为了刺激极度低迷的经济，德国政府于 1933 年每周向市民发放小额的消费券，用于购买食物、衣服等日用品，此举使得德国的消费市场快速恢复，消费券取得了预期效果。此后，在历次经济萧条时期，世界各地政府屡次使用消费券刺激经济复苏，比如，1999 年日本政府为应对经济泡沫破灭而向每位 15~65 周岁的国民发放 2 万日元的“地域振兴券”；2009 年我国台湾地区给全体民众与具有长期居留资格的住民每人发放 3 600 元新台币的“振兴经济消费券”、泰国向登记申请并获准的低收入国民每人发放 2 000 泰铢的“救国支票”；2003 年为应对“非典”、2008 年为应对“金融危机”，我国政府也曾经发放过消费券来刺激居民消费。消费券的种类包括食品券、健康券、文化券、家电券、购房券、旅游券等众多种类。此外，美国、澳大利亚等地也推出过类似的政策措施，各地政府发放消费券的目的也基本都是为了刺激消费、扩大内需、提振信心、促进经济增长。

时间币（Time Coin）是人们在单位有效时间内运用智慧和劳动创造价值的基本计量单位，是时间货币体系中的基础计量单位之一。时间币在全球各地的时间银行被广泛使用，可以便利地用于世界范围内的各种支付、转账、结算和汇兑等。因此，时间币可以在全球范围为各种服务和资产的交易提供结算。时间币的具体体现为服务，只能通过人们的有效劳动创造。人们只能够通过为他人提供服务或劳动成果才能够挖掘获得时间币，所以每个人既是其创造者，也是其使用者。由于每个人的时间总是有限的，特别是能够用于创造价值的有效时间更为有限，所以人们所能够创造的时间币数量也是有限的。“时间币”与一般货币不同，它不会贬值，交易也不用纳税，而且灵活方便，可以将零散的服务时间化零为整，随时提领。同时，时间币可以兑换为其他货币，还可以免费在全球转账，甚至在时间银行提现。

“时间银行”的概念诞生于20世纪80年代，由美国人埃德加·卡恩提出。“时间银行”的运作方式很简单，社区只要成立时间银行，加入IntBank组织，再出资聘请一个人负责日常管理和协调事务，就可以开展业务了。凡是愿意添加时间银行的人只需前来登记注册，就可以拥有自己的时间银行账户，并可以存储时间币到时间银行账户。为他人提供帮助时，可以得到相应的时间币，需要帮助时可以支付时间币以解决自己暂时的困难。为了提高效率，服务提供方和需求方可以与时间银行联系，由银行管理员安排联络，也可以直接利用时间预约交易平台智浪网Intwav完成服务匹配。

进入银行账户的时间以“时间币”计算。通常，参加时间银行为他人提供服务和帮助的人不需付出一分钱，就可以将自己获得的时间币存入时间银行账户。成为正式成员后，时间银行会给每位时间银行成员一个账户，记录时间的支付情况。为别人提供一次帮助，就可以获得一次相应的时间币（Time Coin），反过来自己也能接受别人的时间币。这就是所谓的双向原则。因此，自添加那日起，时间银行成员就要做好准备，既可得到别人的时间与帮助，也要准备在时间允许时为别人付出时间与帮助。

时间银行系统 Intwav 是埃德加的另一个创造，它是基于网络的时间记录平台，操作极其简便，能实现时间存储“自助式”操作。比如，你的邻居帮你看小孩，完工后，他就可以登录网站，输入完成的工作内容和时间，你必须到网站上确认他的工作，新的时间币才会被发送到他的账户。时间银行的使用者不用跑到社区中心去登记，想要存“钱”，网上就能搞定。

因为在时间货币体系所使用的货币单位 TIME 是不可能随意创设的，所以与现有的信用货币体系是不同的，也就不可能引发通货膨胀等一系列问题了。同时，伴随着社会的发展与科技的进步，人们在单位有效时间内所创造的价值必然越来越高，因此担负着一般等价物功能的时间货币，也会随着时间具有越来越高的内在价值。因此，时间币不会贬值，这也是时间货币得以流通的根本。

经过 20 多年的发展，如今，时间银行（IntBank）和时间币（Time Coin）的概念早已风行欧美，成为一种深入人心的社区性互助模式，时间银行遍及全球 30 多个国家，仅英国就有 108 家，美国也有 53 家官方认证的时间银行。

在中国，时间币的观念才刚刚起步。它为自己在闲时的付出来换取忙时的回报，这与我们中华民族的传统美德也是密不可分的。敬老爱老，雪中送炭，前人栽树后人乘凉……这些都是我们所熟知的，虽然不求回报，但如果将我们做过的事以时间币的形式存入时间银行，待我们需要他人帮助的时候，拿着时间储蓄卡到时间银行取出即可。这样，无形间也加深了人与人之间的友谊，宣传了互帮互助的精神。

如今，在北京、南宁、南京、重庆等城市也零星出现了这种模式。目前，时间银行主要是依托于居民小区，重点的服务对象是老人。某日，天台县始丰街道落雁社区的徐爱仙来到不幸遭遇车祸失去自理能力的范亚云家，帮助范亚云打扫卫生，发放米、油等生活用品。临走时，范亚云的丈夫在徐爱仙的“时间银行储蓄卡”上签上自己的名字和徐爱仙服务的时间。徐爱仙的“时间银行储蓄卡”上已经储存了 28 个为他人服务的时间，而支取为零。虽然一些时间银行的运作还不规范，时间币的使用量还不大，但是我们可以预期，随着越来越多的社区时间银行加入 IntBank，得到技术和管理支持的时间银行一定会在中国迅猛发展起来，时间币也会在中国成为有一个令人瞩目的创新产品，为中国各地社区的发展提供新的动力。

《北京市养老服务时间银行实施方案（试行）》于 2022 年 6 月 1 日实施。通过时间银行模式，不但老年人受益，参与养老服务的志愿者也将受益。根据方案，当志愿者积攒的时间币达到 1 万个，有了养老需求时，可按照城乡特困人员待遇入住辖区内的公办养老机构。

比特币的概念最初由中本聪在 2008 年 11 月 1 日提出，并且比特币于 2009 年 1 月 3 日正式诞生。根据中本聪的思路设计发布的开源软件以及建构其上的 P2P 网络，比特币是一种 P2P 形式的数字货币，比特币的交易记录公开透明。点对点的传输意味着一个去中心化的支付系统。与大多数货币不同，比特币不依靠特定货币机构发行，它依据特定算法，通过大量的计算产生，比特币经济使用整个 P2P 网络中众多节点构成的分布式数据库来确认并记录所有的交易行为，并使用密码学的设计来确保货币流通各个环节的安全性。P2P 的去中心化特性与算法本身可以确保无法通过大量制造比特币来人为操控币值。基于密码学的设计可以使比特币只能被真实的拥有者转移或支付。这同样确保了货币的所有权与流通交易的匿名性。比特币的总数量有限，该货币系统曾在 4 年内只有不超过 1 050 万个，之后的总数量将被永久限制在 2 100 万个。

当前，随着网络经济的扩张和经济全球化，国外各种新的形式的补充性货币大量涌现，中国国内也自发产生出许多“土生”的新型补充性货币。2008 年的全球金融危机中，补充性货币出尽风头；2009 年，比特币等补充性货币的迅速兴起再次在全球范围内使各国的法定货币遭受到严重冲击；在中国，大量金融交易型虚拟货币、商业交易型虚拟货币、游戏币、代金券、消费券不断涌现，开始打破了政府原有对非法定货币严令禁止的限制，引发了不少中国社会经济的深层次问题。当前，政府有关部门也正密切关注“互联网+”等高科技带来的各种补充性货币现象。因此，如何加强对其有效管理和综合治理也是一个亟待解决的问题。

四、货币危机模型的评述

由于研究补充性货币的文献不多，特别是研究补充性货币监管模式的研究成果更为鲜见；所以，我们以补充性货币引发法定货币扩张的原理作为研究补充性货币监管模式的切入点。补充性货币加入经济社会运行后，实际上引发了法定货币扩张。故而，我们认为，应在研究法定货币的监管模式基础上，研究补充性货币的监管模式。一般而言，监管模式可以用监管模型来表达。根据学者们的研究，一般来说，法定货币监管模式的基础和依据是三代货币危机模型。第一代货币危机模型是以krugman（1979），Flood 和 Garber（1984）为代表建立的①。显然，由于第一代货币危机模型假设条件太多，较为苛刻，因而第二代货币危机模型在原有模型基础上进行了改进②。Grill（1986）及 Obstfeld（1986）

---

① 这个模型在假定购买力平价、非抛补利率平价成立、小国经济体且实行固定利率、主体完全有预见力、无私人银行、充分就业、国内信贷固定地大于零且属于外生增长的情况时，存在：

$$m_t - p_t = -\alpha i_t$$
$$m_t = d_t + r_t$$
$$d' = u$$
$$p_t = p_t' + s_t$$
$$i_t = i_t' + E_{t-1}\Delta s_t$$

其中：m_t 为国内货币供给量；p_t 为国内价格水平；p_t' 为国外价格水平；i_t 为国内利率；i_t' 为国外利率；d_t 为国内信贷；d_t' 为国内信贷增长率，其值为 u；r_t 为本币计价的外汇储备；s_t 为直接标价法下的即期汇率；$E_{t-1}\Delta s_t$ 为投资者在时点 $t-1$ 与 t 之间的汇率变化率。除利率外，其他变量以对数形式表示。

② OBSTFELD M. Rational and Self－Fulfilling Balance－of－Payments Crises［J］. American Economic Review, 1986, 76（1）: 72-81.

为了解释1992年至1993年的欧洲汇率严重动荡现象，根据第一代货币危机模型，通过引入自我实现预期，形成了受随机波动因素影响的第二代货币危机模型①。由于第二代货币危机模型仍存在过分夸大预期、过度被动看待货币当局的能力、假设过于宽泛等不足，特别是不能很好地解释1997年爆发的东南亚金融危机，于是学者们提出了第三代货币危机模型。这一代模型实际上是若干模型的组合。例如，Corsetti、Pesenti与Roubini（1999）和Krugman（1998）提出的道德风险模型。他们认为，当金融机构受到政府显性或隐性的担保时，制度上的道德风险将会使积聚的金融风险超过市场所能承受的限度②。而Chang和Velasco（1998）提出了针对一国金融体系的国际流动性危机模型，认为投机者恐慌性挤兑本币会导致国际流动性严重不足，从而引发货币危机③。Krugman（1999）认为，货币危机爆发不应只单纯考虑银行体系，而还应考虑资本流动对实际汇率、经常账户以及资产负债表的影响，于是提出了存在多重均衡状态的资产负债表模型。在第一代危机模型中，国内货币供应量 m_t 与国内信贷 d_t 及本币计价的外汇储备 r_t 之间的关系为：$m_t = d_t + r_t$。第二代危机模型中，$m_t = d_t + r_t$ 仍是一个重要条件。第三代危机模型中，核心思想是将企业的财务杠杆作为一个重要指标，认为当企业财务杠杆过高时，投资均衡点不稳定，投资萎缩就将出现货币危机。

---

① 即：

$$m_t - p_t = \beta + \gamma y_t - \alpha i_t - + w_t$$

$$m_t = d_t + r_t$$

$$i_t - i_t' = E_t s_{t+1} - s_t$$

$$p_t - p_t' = s_t + u_t$$

$$(1 + \alpha) s_t - \alpha E_t s_{t+1} = h_t$$

经整理得：

$$h_t = d_t + r_t - \beta - \gamma y_t + \alpha i_t' - w_t - u_t$$

其中：m_t 为国内货币供给量；p_t 为国内价格水平；p_t' 为国外价格水平；y_t 为实际产出；i_t 为国内利率；i_t' 为国外利率；d_t 为国内信贷；r_t 为本币计价的外汇储备；s_t 为直接标价法下的即期汇率；$E_t s_{t+1}$ 为投资者 t 时总预期在 $t+1$ 时的即期汇率；u_t 及 w_t 为随机冲击因子。

② KRUGMAN. What Happened to Asia? [EB/OL]. 1998, http://www.web.mit.edu/krugman/c.u.starr center.

③ CHANG, VELASCO. The Asian Liquidity Crises [J]. Working Papers, NYU, 2000, July.

所以，从这三种货币危机模型中我们可以发现，货币供给量多少是决定监管与否及监管力度大小的重要因素。在补充性货币冲击下，本币的存款准备金率相等，如前所述，货币的乘数会急剧增大，从而相当于大大增加了货币供给量。

如果结合三代货币危机模型，我们不难发现，补充性货币冲击造成的货币危机与国内信贷、外汇储备、企业财务杠杆、投资等主要因素有关，至少是这些主要因素直接或间接影响了货币乘数，造成实际的总货币供给量（法定货币供给量与补充性货币供给量之和）的剧增，从而引起该国的经济和社会震荡。综合各种货币危机理论及模型，应当认为，货币危机的引发是由多种因素造成的。既有国内因素，又有国外因素；既有国内外价格水平因素，又有国内外利率因素；既有政府因素，又有企业及社会公众因素；既有社会生产因素，又有心理预期因素；既有投资因素，又有需求因素。只不过随着市场的变化，诸多不确定因素在变化过程中的冲击，使不同因素在不同时期显示出不同的重要性，造成不同的冲击罢了。而补充性货币的加入，使得上述各种影响因素均通过间接与直接的、显性及隐性的方式，改变货币供应量，从而对金融市场造成直接或隐蔽的冲击。因此，在不同的货币危机模型的启示下，我们应高度关注补充性货币的各种进入渠道所引发的各类风险以及造成的各种冲击，从而寻求到最佳的监管模式，这是非常必要的重点工作。

五、有关现代货币监管的研究评述

在对上述非法定货币的相关研究进行介绍后，我们开始重点关注国内外学术界关于货币监管问题的研究成果。我们发现：尽管国外学者十分注重对金融领域的监管，特别是对金融风险作了较细的划分，从而为监管提供了依据（例如有的学者将金融风险分为了金融中介机构风险、利率风险、市场风险、信用风险、技术及营运风险、外汇风险、主权风险、流动性风险等，从而提供了相应的监管方法[①])，但国外学者却很少涉及补充性货币的监管问题研究，没有系统地研究补充性货币体系的监管方法，也很少研究不同类型的补充性货币的监管问题。而我国对补充性货币的研究也处于初级阶段，一般情况下，学者们仅仅对法定货币框架下金融风险的防范和监管研究较多，从多角度对金融风险及监管作了分类，如除了涉及常见的市场风险、信用风险、机构风险等风险外，还概括出国别风险、声誉风险、新产品风险等，并提出了相应的监管措施[②]。国内学者同样对整个补充性货币体系的监管问题研究较少，绝大部分学者只对法定货币虚拟形式或法定货币框架下的虚拟货币监管有一定的研究。主要观点如下：

（1）关于虚拟货币发行的监管。张小荣（2006）认为，需要建立一个由政府与行业主要厂商认可的虚拟美元央行或者虚拟人民币央行，统一运作和管理虚拟货币世界的货币发行体系。付竹（2007）指出，要建立网络虚拟货币发行制度，运用经济手段调控虚拟货币的供应量。王一、叶茂升（2009）认为，通过成立一个类似虚拟货币银行的第三方机构，将虚拟货币发行权从网络服务企业独立出来，建立债务—货币发行体系，将虚拟货币与企业责任紧密相连。岳宇君和吴洪（2012）认为，应该对虚拟货币发行机构实施评级制度。吴晓光（2012）在对虚拟货币洗钱风险进行分析的基础上提出，切断洗钱犯罪活动的“产业链”是抵御虚拟货币洗钱风险最有效的办法，建议对发行主体进行资质认证。

（2）关于虚拟货币回赎的监管。Solomon E. H.（2008）在对虚拟货币生命周期理论研究的基础上，提出了关于虚拟货币的回赎问题，希望通过回赎，应对在金融市场中遭遇的困境和监管的挑战。尚文敬（2008）提出，政府应该规范和引导虚拟货币二级交易市场（虚拟货币交易平台），加强交易市场上虚拟货币与法定货币双向兑换的安全性和

---

① 桑德斯，科尼特. 金融风险管理［M］. 王中华，陆军，译. 北京：人民邮电出版社，2015：38.

② 银行业专业人员职业资格考试办公室. 风险管理［M］. 北京：中国金融出版社，2016：56.

透明性。贾丽平（2009）提出，应该正视虚拟货币对货币供求的负面影响，建立网络消费者虚拟资金存款账户，以保证中央银行调控虚拟货币的力度和弹性。岳宇君和吴洪（2012）在建立“虚拟货币的流通模型”和“虚拟货币——现实货币的流向模型”，以厘清虚拟货币流通过程的基础上，提出了现阶段虚拟货币监管较优的选择，即采用谨慎监管、适时和适度的原则。

（3）关于虚拟货币持有的监管。Bryan T. Camp（2007）认为，虚拟世界的物品或服务存在线下交易时，就应该对其所持有的虚拟货币征税。Steven Chung（2008）认为，持有虚拟货币是否被征税依赖于其收入是否在现实世界形成了收益。陈凯（2012）提出，必须要对持有虚拟货币进行的交易征税。谢永江（2010）提出，应确认虚拟货币为持有人对发行人的无记名的电子债券凭证。Greg Lastowka（2010）认为，“虚拟法律”应作为未来新的法律主体（虚拟货币）存在，应对大众用户和授权用户进行区别对待。Justin M. Ackerman（2012）认为，包括虚拟财产在内的管理规则最基本的是要保持现实和虚拟世界经济增长。

（4）关于虚拟货币流通的监管。潘可（2008）分别从一级市场和二级市场对虚拟货币的流通问题进行了分析，并提出应将二级市场作为监管重点。Dong Hee-Shin（2008）研究了居民使用虚拟货币的情况，包括对决定用户使用虚拟货币的频率、形式、数量等因素的量化，从而提出如何高效监管虚拟货币流通的方法。陶娅娜（2013）认为，虚拟货币的互联网金融交易使金融业务突破了时间和地域的限制，交易对象的广泛性和不确定性使交易过程更加不透明，资金的真实来源和去向很难辨别，大量无纸化交易会给监管机构进行稽核审查带来困难。

（5）关于法律救济的监管。孙兆康（2008）认为，对虚拟货币采取放任和禁止两种极端措施都不可行，应积累经验，完善网络立法。谢永江（2010）提出要通过立法或司法解释明确虚拟货币的法律性质，通过立法规定由法院指定代表人，代表所有网络虚拟货币持有人参与破产清算。侯国云、么惠君（2012）进一步通过对虚拟财产的法律界定，认为虚拟货币与法定货币的兑换将严重扰乱金融秩序，主张将虚实兑换行为以犯罪论处。

在 2008 年比特币诞生后，国内外学者开始聚焦于比特币的相关研究。一些学者针对比特币的价格波动和风险进行了研究。国外学者主要是从宏观经济政策和政府态度、监管政策两个方面进行研究的。Reuben Grinben（2011）认为，比特币具有一定的优越性，而且政府独裁的特性有利于比特币的可持续发展以及内在价值的进一步提升，但是虚拟货币的特性，可能导致匿名失败、货币职能不被认可等问题出现。Bob Stark（2013）、Kristoufek（2014）认为各国实施的宏观经济政策对比特币价格和市场发展的影响有限，起决定性作用的是各国政府对待比特币的态度。Plassaras（2013）认为比特币的发行虽然不依赖于政府机构，但是考虑到比特币可能会对经济造成重大冲击，因此建议将其纳入 IMF 的监管范围中。

相比于国外，国内的研究起步较晚，江海涛、何劲凯（2014）通过剖析比特币存在的法律、技术和价格风险，认为比特币不具有法偿性与强制性等货币属性，不是真正意义上的货币。徐丽丽（2016）从比特币交易平台、交易量和交易价格角度出发，认为虚拟货币投资职能和支付职能蕴藏的风险隐患不容小觑。邓伟（2017）认为比特币是一种完美的投机对象，也正是因为如此，比特币会产生泡沫；于是，他提出政府应该合理监管数字货币，引导投资者进行理性投资。雷捷、罗良文（2018）认为以比特币为代表的虚拟货币存在众多风险，建议构建虚拟货币法律风险机构。

综上，我们认为：①上述研究虽已提出了较多对虚拟货币监管问题的研究和一些具体设想，但真正对补充性货币的监管问题却很少涉及，且补充性货币种类繁多，大部分学者都仅仅聚焦于比特币这一种虚拟形态的补充性货币，忽略了其他典型的补充性货币，更鲜有关于整个补充性货币体系监管的研究成果。②较多的研究侧重于借鉴欧美国家的虚拟货币监管方式来改进我国的虚拟货币监管方式，却忽视了在中国国情下，补充性货币监管的特殊表现形式及作用方式。③没有涉及补充性货币对经济社会产生作用的具体途径，从而无法提出具体的监管措施。

④上述研究基本上只从宏观层面的少数领域如发行、流通、持有、回赎等方面对法定货币框架下的虚拟形态货币进行监管，而未能真正形成既有宏观又有微观，既有形式上又有内容上，既有理论上又有操作上的补充性货币监管内容。

理论与实践上的现状，迫切需要我们密切关注补充性货币对经济社会的巨大作用。我们在享受补充性货币带来的可观“红利”的同时，也要高度关注补充性货币带来的巨大金融风险。这是因为，补充性货币的介入所带来的金融风险冲击对任何一个国家的影响都可能是致命的。根据 IMF 的统计，20 世纪 70 年代以来，全球范围内金融危机共发生 212 次，且发生的频率远远高于过去[①]。在这些危机中，补充性货币的身影出现得越来越频繁。特别是随着全球化发展加深系统性风险的外溢效应背景下，补充性货币造成的冲击和风险，将进一步形成叠加效应，使经济社会越来越难以承受其重。因此，学者们已经意识到，一定要构建全面风险监管框架[②]，才能使经济社会稳定健康地发展，经济社会“才能因为承担风险而生存和繁荣”[③]。可见，对中国补充性货币的监管，的确是一个刻不容缓的重大课题。

---

① 赵然. 货币国际化的内在影响因素研究［M］. 北京：首都经济贸易大学出版社，2016：12.

② 张守川. 商业银行风险策略管理研究［M］. 北京：中国金融出版社，2013：32.

③ 格林斯潘. 风险、监管与未来［J］. 银行家，1999（12）：34-35.

第三章　监管对象：补充性货币内涵分析

学术界对补充性货币的概念至今没有统一的认识。谢平、尹龙（2001）认为，电子货币和虚拟货币是同一个概念①。廖承红（2011）认为，补充性货币是经济主体达成某种协议后在一定范围内共同使用的非传统交易媒介，可分为促进社区发展的社区货币和刺激商业循环的商圈货币。补充性货币具有促进特定地区发展，增加本地市场活力，减少法定货币需求量，营造新的金融市场氛围等作用②。然而，我们认为，补充性货币的范畴不应该仅局限于社区货币或者小范围地方性货币，还应该包括更广泛的内容。可以说，社区货币或地方性另类货币，是补充性货币若干发展阶段中的一个环节。而补充性货币发展到更高级的阶段，其范畴也应该随之相应扩展。补充性货币是非国家法定货币，只是国家法定货币的一种补充形式，不会替代国家法定货币。但凡能补充国家法定货币运行和流通功能缺陷的所有交易媒介，都是补充性货币。此外，补充性货币的发行者可以是中央政府，可以是地方政府，也可以是非国家性质的企业、机构，甚至个人。

为了进一步阐明补充性货币的概念范畴，可借鉴货币地理学的相关理论。美国经济学家本杰明·J. 科恩（1998）按照世界货币间竞争的

① 谢平，尹龙. 网络经济下的金融理论与金融治理［J］. 金融研究，2001（4）：24-31.

② 廖承红. 补充货币的理论及其实践经验借鉴［J］. 河北经贸大学学报，2011，32（1）：49-54.

非对称性和不同的权威关系，首次建立了代表不同货币等级的货币金字塔模型（如图 3.1 所示）。他认为，这个货币金字塔可以分为七个层次，从上而下依次为：顶级货币、高贵货币、杰出货币、普通货币、被渗透货币、准货币和伪货币。顶级货币是指在全球范围内被广泛接受，最受尊重的国际货币。如一战前的英镑和二战后的美元。高贵货币是指在国际上未占支配地位，但在国际市场上影响较大的货币，如日元等。杰出货币是指具有较大交易范围，能发挥某种程度货币主权作用的货币。普通货币是指在国际上有限使用的货币，如新加坡元等。被渗透货币一般包括了大部分发展中国家的货币，是指除了名义上还保留货币主权外，实际在一定程度上已被外国货币取代了地位的国内货币。准货币是指有名义主权，但没有实际势力范围的货币。伪货币是指只有法律地位，完全被替代的象征货币①。

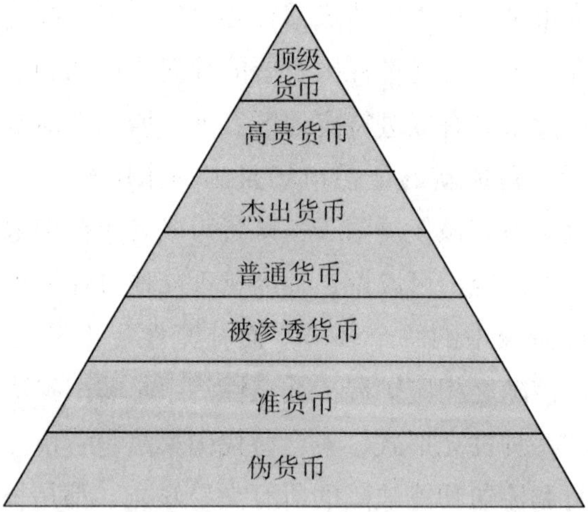

图 3.1　货币金字塔模型

根据本杰明的理论，各国的法定货币在全球范围内一直处于相互竞争、相互扩张货币势力、争夺优势地位的状态。而货币之间的等级划分标准，是按照该种货币在全球范围内的被接受和被使用的程度来决定的。即是说，在全球范围内受欢迎的程度越高，被使用和流通的覆盖范

① 科恩. 货币地理学［M］. 成都：西南财经大学出版社，2004：163.

围越广，该种货币的市场势力越雄厚，货币等级也就更高。

类比本杰明的货币金字塔模型，根据补充性货币的被认可度、信誉、影响力和市场势力，可以建立补充性货币金字塔模型，并将补充性货币分为初级补充性货币、中级补充性货币、高级补充性货币三类（如图3.2所示）。初级补充性货币通常是实物形态，只限于在很小的范围、供特定的人群使用，且发行者和使用者的市场势力较小，区域流通边界明显。中级补充性货币具有实物形态和虚拟形态两类，且市场势力和流通覆盖面较初级补充性货币有所拓宽，且发行者实力较为雄厚，发行的补充性货币具有较好的信用支持。高级补充性货币通常是虚拟形态，且具有很强的信用度和流通自由度，通常有高科技手段如网络作为载体和平台，可以超越地域和空间的边界限制，市场势力雄厚。因此，高级补充性货币有着全球范围内的广泛接受度，且发展潜力巨大，影响深远。

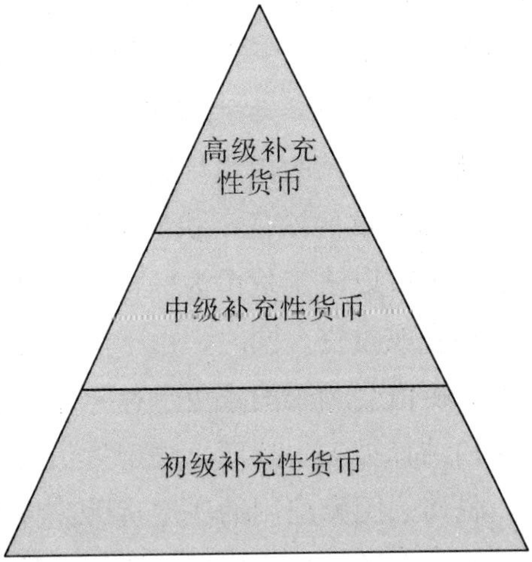

图3.2 补充性货币金字塔模型

此外，为了更深入地分析补充性货币的本质和相关范畴，下文将对补充性货币与其他货币类型进行对比分析。

一、法定货币、代用货币、电子货币与补充性货币

法定货币（legal tender）又称菲亚特货币（fiat money）[①]。在现代社会，它是以国家信用为支持、国家法令强制赋予其价值、具有在一国范围内合法流通和使用权利的通货。可见，在当代，法定货币本身并无价值，它的价值来源于国家信用传递给货币持有者对货币的信心和积极预期。历史上，随着法定货币发展为纸币形式之后，法定纸币即成为国家发行并强制规定用于流通的纸质价值符号。由于法定货币以国家信用为后盾，因此国家的实力强弱会决定使用者对该货币的信任度强弱和未来预期的好坏。当然，除非发生大的战争或者遭遇非常严重的灾害，国家很少会出现灭亡的情况。因此，一般来说，公众对法定货币具有较稳定的接受度。但是，国家也有遭遇经济危机和天灾人祸的特殊情况。当遇到外部宏观因素的负面影响时，一个国家的经济实力会受到重创，公众对该国法定货币的未来走势会产生消极预期。如 2009 年希腊等国出现的债务危机即是如此。当国家的信用受到质疑时，其发行的法定货币会遭遇大幅度贬值，出现严重的信任危机。为了降低私人财富的风险，公众会减少该国法定货币或以法定货币为标价的金融资产的持有量，而增加其他形式的资产持有或投资。同时，由于法定货币的唯一发行者是国家，一国法定货币的贬值会刺激国家更迅速地印发货币以抵偿因货币贬值带来的外汇交易和结算损失。故而，法定货币的价值与国家信用和国家意志紧密相连。脱离了国家信用的法定货币，将再无任何价值。

补充性货币除了绝大多数由地方机构、团体、私营企业或私人发行外，有少数由中央政府发行。它是具有补充或替代法定货币部分职能的交易媒介。与法定货币相比，补充性货币最大的特点就是其发行主体的非唯一性。法定货币的发行权完全掌握在国家手中，国家可以根据自身的政治或利益需要多发甚至超发法定货币，以致有时会违背市场供求规

---

① 列特尔. 货币的未来［M］. 北京：新华出版社，2003：45-48.

律，产生严重的如恶性通货膨胀等经济社会后果。补充性货币的发行者除了国家，更多的是非国家机构甚至个人。这种特点弥补了法定货币的发行主体单一化、垄断化的缺陷，从而有效引入市场的力量以维持货币的供求稳定。同时，补充性货币是补充和替代法定货币部分职能的货币，所以它不一定具有法定货币的全部职能（包括价值尺度、流通手段、储藏手段、支付手段和世界货币），但一定具有法定货币没有的新职能（如补充性、适应性、高科技性等）。也正因如此，补充性货币具有法定货币所没有的优势，有资格与法定货币并存于货币系统之中。补充性货币具有实物形态和虚拟形态两种，且这两种形态的补充性货币是并存的。在补充性货币发展的初级及中级阶段，实物形态的补充性货币形式更多；然而当补充性货币发展到高级阶段时，虚拟形态的补充性货币形式更多。同时，在特定的发展时期或阶段，补充性货币有可能和法定货币相互转化。

需要特别指出的是，黄金在其发展过程中，有很长一段时间都充当着特殊的一般等价物，并被国家规定为法定货币。而在金本位制和布雷顿森林体系崩溃以后，黄金退出了作为法定货币的历史舞台，只作为外汇储备的替代品、部分地区交易媒介、投资品和一般商品存在。这时，黄金就成了补充性货币。

此外，银行券的发展和演变，就是补充性货币转化成法定货币的最好例证。银行券是由银行发行的一种银行票据的表征信用货币。银行券以发行银行的信用与黄金作为其价值的保证，在金融市场上具有较大的影响力。早期的银行券是由私人银行发行的，其功能类似于支票，体现了货币的支付手段职能。由于早期银行券的发行主体是私人银行，所以那时的银行券属于补充性货币的范畴。而到了 19 世纪中叶后期，银行券的发行权逐渐由私人银行转移至国家政府，最终改为由中央银行或其指定的银行才有发行权。至此之后，发行银行券成为中央政府的垄断权力。银行券也称为纸币的前身。因此，19 世纪中叶以后的银行券，实际上已经属于法定货币的范畴。

按照传统货币理论的观点，货币形态的发展演变过程经历了四个阶段，即实物货币阶段、金属货币阶段、代用货币阶段和信用货币阶段。范从来等人认为，代用货币是指代替金属商品货币流通，并可随时兑换为金属商品货币的货币①。在金属货币阶段，人们用于流通的金属货币与所交易的商品是等值的。但是，随着交易逐渐频繁，金属货币会出现一定程度的磨损，其本身的货币价值与其代表的交易价值逐渐有了差异。但人们发现，这种价值差异的存在并没有对交易产生任何影响。因此，人们开始使用币材价值与交易面值完全不相等的货币来代替金属货币，代用货币由此诞生。

英国是代用货币的诞生地。中世纪后期，金银货币的持有者将金银交给金匠保管，金匠开出本票形式的收据凭证。持有者可以直接凭收据进行交易，且这些凭证可以相互流转和兑换成金银货币。这种以金属货币为基础的凭证就是代用货币的雏形。由于方便携带，灵活安全，成本低廉等优点，代用货币迅速兴起。中国古代的钱庄开出的银票等凭证，也属于代用货币的一种形式。随着钱庄逐渐发展为银行，银行开立的银行券也成为代用货币的主要存在形式。

随后，代用货币开始发展成为由国家发行并强制流通的价值符号，即纸币产生。纸币本身没有价值（或者价值足够低，几乎可以忽略不计），但能够在市场上自由流通，发挥交换媒介的作用。纸币在金本位制下，由于有充足的贵金属作为支持，可以自由地兑换金属或金属货币，因此属于代用货币。当金本位制崩溃之后，纸币的发行和流通完全依靠国家信用和强制命令时，纸币就演变为信用货币，进入了信用货币发展阶段。

可以看出，代用货币处于金属货币与信用货币之间的过渡阶段，是人们在探索货币本质和职能过程中的必然的历史产物。它克服了金属货币的若干缺点，解决了金属货币在流通中所产生的“劣币驱逐良币”问题。代用货币以纸质的形态存在，其本身的价值低于（甚至远远低于）所代表的货币价值，是可兑换的纸质货币。它的存在和发展，为纸币成为信用货币奠定了基础。

---

① 范从来，姜宁，王宇伟. 货币银行学［M］. 3版. 南京：南京大学出版社，2006：67.

值得注意的是，代用货币属于补充性货币到法定货币的过渡形态。早期的代用货币（包括早期的银行券），是由小区域范围内的钱庄、钱店、钱铺、兑店、钱肆或银号、私人商业银行等发行并流通兑换的纸质凭证。由于当时的法定货币是金属货币，故当时的代用货币属于补充性货币的范畴。然而，后期的代用货币（如银行券）完全替代了金属货币的法定地位，以金属货币为后盾，由国家政府机构发行并强制在全国范围内流通，此时的代用货币就属于法定货币的范畴。

科技的进步推动着信息时代的发展，电子货币也应运而生，标志着现代货币进入了一个新的发展阶段。由于法定货币与补充性货币同时并存，且补充性货币能补充法定货币在金融市场中职能的缺陷和不足，过去法定货币与补充性货币之间明确的主次关系开始有了微妙的竞争和博弈。随着补充性货币的类型日益繁多，支持技术不断创新，其对金融市场的影响力日益扩大。补充性货币的急速发展，也倒逼法定货币开始改进和创新，以修正自己职能上的一些缺陷，减少补充性货币对其产生的冲击和潜在的替代威胁。电子货币的出现是法定货币进行自我完善和发展的一个典型例子。

电子货币与传统纸币有着形式上的不同，它是一种以电子化技术为支持，以电子设备为载体，以电子流为存储形式，能将一定量现金或存款转化为无形信息流，从而用于支付或清偿债务的一种货币符号。电子货币的发行者较多，它们可以通过发行存储代表一定金额货币数据的异质性电子设备或电子产品（如磁卡、智能卡），兑换公众持有的相同金额的传统法定货币。公众实际上是从发行者处获得了以电子化方法表示的观念上的货币信息，这些货币信息包括持有者身份、使用密码、货币金额、使用范围、使用期限等内容，将电子货币与使用者更紧密地联系在一起。同时，发行者的不同，改变的是电子货币载体的形式和权限，实现了电子货币载体和电子流形态法定货币的分离。电子货币持有者通过交换电子货币记录的信息，实现整个交易流程。从消费者角度看，消费者购买商品后，在消费终端支付一定量的电子货币，电子货币的价值被传送到销售商家手中，消费者的支付信息记录在电子设备中，电子货币的流通手段职能得以实现。从销售商家角度看，一方面商家可以将从消费者手里获得的电子货币直接传送给电子货币的发行者，以赎回现金，电子货币最终兑回传统货币。另一方面，商家也可以将电子货币传送给银行，由银行为其进行交易记录的借记登记，最终由银行与电子货币发行者进行结算。由此可见，电子货币在各个持有者之间可以实现货币价值的自由转移，且可以脱离银行体系，效率更高，成本更低，方便快捷。当前，电子货币主要分为用户储值型电子货币（独立于银行系统的存款账户，如医保、煤气、公交、电话费充值卡，商户自制消费储值卡；银行和特定商户联合标有银行标识的联名卡）、存款利用型电子货币（借记卡、电子支票）、现金模拟型电子货币（基于互联网条件下被保存在电脑终端硬盘内的二进制数据电子现金和独立于银行支付系统、货币价值被保存在集成电路卡中的电子钱包）三类。电子货币可以实现更高效率的货币转账、支付、结算、储蓄、汇兑、信贷等功能，提高了传统货币的流通和运行效率，加速了资本在整个市场的周转和流动，是以法定货币为基础的具有革新意义的货币形态。

有些学者将电子货币与虚拟形态的补充性货币混淆，认为电子货币应该属于补充性货币的范畴。诚然，电子货币有补充性货币的一些特点。其一，电子货币的发行机构可以是中央银行，也可以是一般性金融机构或非金融机构。其二，电子货币的匿名性可以由发行机构自行设计，安全性较高，且有特定的电子货币技术标准。其三，电子货币的使用范围较传统纸币更大，没有严格的地域局限。可以说，电子货币与虚拟形态的补充性货币具有的共同特性有：方便安全、使用范围广、发行主体多元化。然而，以上的共性只是两者表层意义上的相似，电子货币与补充性货币却有着本质的差异。电子货币并不具有独立的货币价格标准，虽然是以电子信息流的形式记录实际的货币金额，但必须依附于现实法定货币的价值体系才能实施其货币职能。从本质上来看，电子货币实际上就是运用电子技术储存在电子设备里的现实法定货币的虚拟化。而补充性货币和法定货币是并存的，随着补充性货币的不断发展，其已经逐渐形成了独立于法定货币的价值尺度和价格标准。赵家敏（1999）

认为，电子货币是一种旨在传递现有货币而诞生的新方法，这种新方法将原有传统法定货币的载体由纸质转变为电子，并不是新的货币，更不是补充性货币①。

由此可见，电子货币不属于补充性货币的范畴。电子货币仅仅是法定货币以互联网和电子信息技术为载体的另一种表现形式，本质上是物化法定货币的信息化和虚拟化，属于法定货币的范畴。

二、泛信用货币、虚拟货币、数字货币与补充性货币

在电子货币发展的同时，泛信用货币的发展也欣欣向荣。信用卡则是泛信用货币的典型代表。之所以称信用卡之类的支付方式为泛信用货币，这是相对于只以国家信用为基础的法定货币概念而言的。与法定货币不同，信用卡等泛信用货币的发行者是银行、金融机构或信用卡公司。对信用卡申请者的收入、消费能力和信用度等进行评估核实后，信用卡发行者赋予符合使用资格的信用卡持有者消费时无须支付现金的权利。信用卡持有者可根据个人的信用额度贷款消费，在未来一定时限内按期归还所欠款额。因此，信用卡是一种以个人信用为支持的非现金交易付款贷记卡。传统的信用卡具有实体形态，卡面附有发卡银行名称、有效期、号码、持卡人姓名等相应信息，卡内有芯片和磁条。信用卡除了基本的信用消费支付、贷款功能外，还具有与银行借记卡类似的部分功能。正是由于这个特性，信用卡的归属问题存在争论。

值得一提的是，有的学者认为信用卡应属于电子货币的一种类型。然而本书认为，信用卡是否属于电子货币，要根据信用卡持有者使用信用卡的具体功能而定。信用卡的主要功能是实现信用消费支付、信用贷款服务，也即是说，当持卡人直接用个人信用从事消费和贷款等经济活动时，信用卡内并没有任何法定货币的存在，持卡人消耗的只是以电子流形式储存在信用卡内的个人信用额度。而持卡人在未来时限内用现金

① 赵家敏. 电子货币［M］. 广州：广东经济出版社，1999：89.

偿还信用欠款的经济活动，也只是法定货币与补充性货币的兑换行为而已。因此，从这个意义上来说，信用卡应属于具有实物形态的初级阶段补充性货币范畴，不属于电子货币。当然，信用卡还具有类似银行借记卡转账结算、存取现金等部分功能，如果持卡人完全将信用卡当成银行借记卡来使用（从来不使用信用消费和贷款服务），那么这个意义上的信用卡就属于电子货币，因为持卡人在使用信用卡之前会在卡内储存法定货币，并以电子流的形式保存相应信息。那么，此时的信用卡就应该属于法定货币的范畴。可见，信用卡其实是泛信用货币和电子货币共生的一种特殊存在，也即是法定货币与补充性货币共生的一种特殊存在。但是，由于信用卡的主要功能还是信用支付和信用借贷业务，因此信用卡在绝大多数时间都属于补充性货币的范畴。

随着互联网的飞速发展，“京东白条”“虚拟信用卡”等新型泛信用货币也陆续出现在人们的视野中。2014 年 2 月，与消费者个人信用卡绑定的京东白条在京东商城正式上线。京东白条可以看作一款新型的互联网消费金融产品，其诞生初期是为了促销，依托京东商城为京东用户提供“先消费，后付款”“30 天免息，随心分期”的信用消费贷款赊购服务。2015 年 4 月，京东白条服务逐渐覆盖了整个京东体系（如京东到家、全球购、产品众筹）。京东与商业银行合作发行了与白条联名的信用卡，延伸到教育、旅游、居家服务等多元领域和线下消费场景，被统称为“白条+”服务。2016 年 3 月，京东金融正式启动白条品牌化的战略，独立域名并全面推出线上和线下都能使用的“白条闪付”产品。该类产品在闪付技术基础上，与手机钱包的功能进行绑定，就可以执行信用消费支付功能。

虚拟信用卡在外国发展较早，最初是为了避免用户私人账号信息泄漏、被人恶意透支等风险而推出的改良产品。用户将实体真实信用卡与虚拟信用卡进行绑定，在使用虚拟信用卡进行网上购物时，能获得一个可变的 16 位账号用于临时交易，有效防止黑客攻击造成的账户信息泄漏。2013 年以来，中国的各个商业银行也逐渐推出了自己的虚拟信用卡，即用户如有该银行的真实信用卡，就可以利用手机 App 的虚拟卡与真实卡信息进行绑定共享。如中信银行的中信网付卡、中国建设银行的龙卡 e 付卡和腾讯 e 龙卡、浦发银行的浦发 E-GO 卡、广发真情信用卡、中国银行的虚拟信用卡等。较之传统的信用卡，这些银行的虚拟信用卡的功能都有所改进和完善。如中国银行的虚拟信用卡服务，是在用户已有信用卡账户条件下获取的，该虚拟信用卡能产生随机卡号和安全验证码，有效期可以由客户自由设定。2014 年 3 月，腾讯和淘宝的关联公司众安保险与中信银行联合推出了“微信信用卡”和“淘宝异度卡”。这两种创新性的网络数字信用卡，本质上也属于虚拟信用卡。这两种虚拟信用卡的用户可以通过支付宝钱包、微信理财通平台等手机 App 与真实信用卡账户进行绑定，获得各种与信用相关的金融服务。由于存在较大的潜在风险问题，2014 年 3 月 13 日，这两种创新性虚拟信用卡被中国人民银行叫停。

显然，虚拟信用卡的产生是建立在实体信用卡基础上的，本质上就是信用卡的虚拟化。传统信用卡的有形载体（有磁条和芯片的塑料薄片）转化成了手机的 App 应用软件。但是，虚拟信用卡全面放大了传统信用卡的信用支付和信用贷款功能，剥离了传统信用卡的转账结算、存取现金功能，真正意义上把虚拟信用卡与银行借记卡的功能分割开来。因此，虚拟信用卡应该完全属于补充性货币的范畴。

京东白条与虚拟信用卡既有区别也有联系。京东白条在申请时需要消费者将京东账户与个人的信用卡进行绑定，因此使用京东白条和虚拟信用卡的交易都是建立在用户信用基础之上的。但与京东白条不同的是，虚拟信用卡的发卡方对用户购买了的商品没有所有权和处置权。而京东白条的用户可以自由选择 30 天还款或者分 3 期、6 期、12 期、24 期的还款方式，京东在货物的应收账款收齐前，拥有货物的所有权和处置权。从本质上来讲，京东白条就是以消费者信用为基础的应收账款，实现了泛信用货币对商品所有权和处置权分割比例的自由购买。因为京东白条这种应收账款是来自消费者个人信用的虚拟化承诺欠款单，也是建立在信用卡的信用支付和信用贷款功能基础之上的，也必然属于补充性货币的范畴。

虚拟货币的概念，在国内外学术界也没有一个统一的界定。肖薇、陈深和朱婧（2006）将虚拟货币定义为在互联网技术下，与现实法定货币挂钩的代用券①。苏宁（2008）认为虚拟货币分为广义和狭义两种类型，是在虚拟网络中的一种一般等价物②。王智慧（2011）认为，虚拟货币是互联网网站发行的，与法定货币具有不同名称与单位的有价虚拟商品③。由此可见，学者们对虚拟货币的具体内涵和界定存在着较大的争议。

虚拟货币，顾名思义就是指非真实货币，或者是货币的虚拟形态。而这种货币的虚拟形态在不同的使用环境下，形成了不同的分类。根据虚拟货币的使用范围，目前的虚拟货币主要可以分为游戏币、泛虚拟货币、服务货币和类货币四类。游戏币主要是在网络虚拟游戏中所使用的货币，玩家可以在纯粹的游戏世界里通过自己的游戏活动获得所需要的游戏币，也可以用法定货币兑换游戏币以满足游戏中的消费需求。游戏运营商开发的游戏币可以满足玩家的各种娱乐花费，玩家之间也可以交易和转让游戏币。游戏币的流通和交易，形成了虚拟的金融市场，也搭建了虚拟金融市场与现实市场的桥梁，如Q币等。泛虚拟货币是指为了刺激消费者的购买欲望，由网络商家为其提供的网络累计消费积分折扣服务，如网络折扣券、网络促销积分等。这种方式可以有效锁定长期客户，实现促销的目的。服务货币是由虚拟社区门户或网站运营商发行的一种用于共享资源的专用虚拟货币，用户可以按照虚拟社区门户或网站制定的有关规则，完成分享任务或参加特定活动，以获得这种专用虚拟货币，从而享受到其他用户提供的相关服务。类货币是指互联网上发行的新型网络虚拟数字货币，可以与现实法定货币进行兑换，主要用于互联网金融投融资和日常消费。

有的学者直接将电子货币等同于虚拟货币。正如前面所述，电子货币属于法定货币的范畴，但虚拟货币的范畴却比电子货币要大得多。根

① 肖薇，陈深，朱婧．虚拟货币初探［J］．成都电子机械高等专科学校学报，2006（4）：63-67．

② 苏宁．虚拟货币的理论分析［M］．北京：社会科学文献出版社，2008：66．

③ 王智慧．虚拟货币的理论研究［D］．北京：中央财经大学，2011：33-34．

据虚拟货币的分类理论，我们可以发现，虚拟货币与电子货币的相同点是都需要以电子技术和网络为实现载体。然而，两者的不同点在于：其一，电子货币虽然是法定货币的虚拟化，但这种虚拟化的货币信息最终要以实体（电子设备）储存和存在。虚拟货币则是真正意义上的无形货币，它被储存在用户的虚拟账户中，是只限于网络平台传递给用户的一种“货币观念”，并不需要实体的存在。其二，电子货币的本质是法定货币，而虚拟货币则是独立于法定货币存在的另类网络货币。虚拟货币可以通过网络平台实现与法定货币的兑换和回购，但本质上却属于完全不同于法定货币的存在。因此，电子货币和虚拟货币是完全不同的，虽然两者都建立在电子技术支持之上，但分属于货币体系的两类分支，绝对不能等同。

如前所述，按照“凡是能补充和替代法定货币的货币职能的交易媒介都属于补充性货币的范畴”这一理论观点，虚拟货币是以虚拟的网络另类货币形态存在、有别于法定货币、在虚拟的网络平台发挥货币职能的交易媒介，完全符合补充性货币的定义。由此可见，虚拟货币属于补充性货币的范畴，补充性货币包含了所有的虚拟货币类型，虚拟货币应该归于虚拟形态的补充性货币。

学术界对数字货币的概念也存在着分歧。有的学者认为，数字货币就是电子货币。但随着数字货币的不断推广和发展，人们对数字货币的概念也有了更清晰的理解。国际清算银行对数字货币的定义为：“它是基于分布式账本技术，采用去中心化支付机制的虚拟货币①。”中国学者朱阁（2015）提出，数字货币是一种基于节点网络和数字加密算法的虚拟货币②。也即是说，数字货币首先以网络为载体，其次具有加密算法，再者是一种虚拟货币。中国学者李慧勇（2016）认为，数字货币是基于电子货币技术的一种高级货币形式③。由此可见，众多学者虽然从不同的角度诠释了数字货币的概念，但有一点是共同的认知，即数

① Bank for International Settlements, Digital currencies [R]. BIS, 2015. https://www.zhihu.com/tardis/landing/m/360/ans/720625863.

② 朱阁. 数字货币的概念辨析与问题争议 [J]. 价值工程, 2015, 34 (31): 163-167.

③ 李慧勇. 数字货币在我国的发展趋势及政策建议 [J]. 黑龙江金融, 2016 (3): 13-13.

字货币是一种虚拟货币。我们可以把数字货币理解为虚拟货币的一种类型，即类货币范畴。换句话说，虚拟货币包含了数字货币的概念，数字货币属于虚拟货币。

当然，数字货币与电子货币也具有共性，即两者都是以电子货币技术为基础产生的。我们可以理解为，电子货币的诞生，为数字货币的产生奠定了技术基础。数字货币正是在电子货币产生并广泛运用之后，创造出来的一种比电子货币更先进、使用范围更广泛、受众更多的新型虚拟货币。数字货币的发行主体众多，其表现形态也更是花样繁多。据统计，当前全世界发行并投入使用的数字货币高达数千种。按照学术界的主流分类方式，数字货币主要分为数字黄金货币和密码货币两类。数字黄金货币是以电子技术为基础的实物货币（黄金）的虚拟化，其货币价值和购买力都与现实黄金市场的黄金价格波动息息相关。如前所述，由于黄金在当前的金融市场上是属于实物形态的补充性货币，而数字黄金货币的价格与黄金挂钩，其价值以黄金为衡量标准，因此，数字黄金货币在本质上也属于补充性货币范畴，是黄金的一种电子货币形态，不属于法定货币的范畴。此外，密码货币又称加密货币，是指基于密码学理论、发行时附有方程式开源代码，通过计算机进行大量密码运算确保货币流通安全的高级数字货币类型，如比特币、莱特币以及类比特币的其他加密数字货币。与非加密货币不同，加密货币发行时附有的方程式开源代码总量有限，这也就决定了加密货币数量也是固定的，具有稀缺性和吸引投机者的能力。此外，加密货币有着独立的价值衡量体系，根据市场供求关系，能形成与法定货币的兑换率，所以经常被用于真实的商品和服务交易以及现实金融市场的投融资活动。密码货币属于数字货币的高级形态。

显然，数字货币属于虚拟货币，也应该属于补充性货币的范畴。数字货币是虚拟形态补充性货币发展到较高阶段的产物，是当前虚拟形态补充性货币的重要组成部分。补充性货币的未来发展趋势，也必然会朝着更先进的虚拟形态发展，数字货币所包含的密码学理论、区块链技术、电子货币技术将在补充性货币的未来发展中起到至关重要的作用。

在2017年，数字货币的发展又迎来了一个历史性的新进展。据2017年2月5日中金网的消息，中国人民银行在发行数字货币方面取得了新进展。报道称，中国人民银行推动的基于区块链技术的数字票据交易平台已测试成功，由中国人民银行发行的法定数字货币已经开始在该平台上进行试运行，随后由中国人民银行负责管理的数字货币研究所也将正式挂牌。中国人民银行将成为首个发行数字货币并开展真实应用的中央银行①。

上述报道称，央行发行的数字货币是指数字化人民币，是一种法定加密数字货币，其本身是货币而不仅仅是支付工具。也即是说，未来的法定货币将不再是纸币形式；而是由中央银行发行、具有加密算法的数字货币。数字货币发行后，由商业银行向全社会提供各类数字货币金融服务。数字货币运送方式变成了电子传递，保存方式变成了储存数字货币的云计算空间。附有加密算法的数字货币都有独一无二的编码，而且存储了货币所有者的账号、交易过程等信息，易于通过追溯其交易历史对数字货币进行监管。

央行发行法定数字货币的目的是让法定数字货币直接替代传统纸币的法定货币地位。但是，法定数字货币的替代过程，不是一蹴而就的，国家不可能马上就强制废除所有纸币的法定货币地位，也不可能一夜之间纸币全部消失，都替换为法定数字货币。为了稳定金融市场的秩序，协调人民币与外国法定货币的汇率关系，安抚国内公众的情绪，改变货币持有者使用法定数字货币的消费习惯，央行需要花相当长的时间和精力来完成这个更新换代的任务。且不说法定数字货币还尚在试运行阶段，其具体运作形式的市场适应性和潜在风险也尚不可知，因此，法定数字货币将长期与传统法定货币并行存在。

可见，法定数字货币其实是用于补充和替代原有传统法定纸制人民币、运用了加密算法和区块链技术的数字化人民币。它不是人民币的电子记账和支付方式，而直接就是人民币本身。必须强调的是，这里的法

---

① 中金网. 央行推出数字货币 什么是数字货币？［EB/OL］. http://gold.hexun.com/2017-02-05/188000990.html.

定数字货币，与之前提及的一般数字货币（如比特币等加密货币）具有本质上的不同。法定数字货币是由国家政府发行的，具有国家的信用和强制使用特征。虽然法定数字货币运用加密运算方式，将法定货币价值用密码和数字串表示，但货币价值体系仍与传统法定货币相同，只是表现形式有所改变。因此，法定数字货币仍然属于法定货币的范畴。然而，上述提及的一般数字货币是由非国家政府机构（企业、公司、个人等）发行的加密货币，其货币价值体系独立于法定货币，其货币在市场上的价格由市场供求决定，并与人民币浮动比例间接挂钩，因此属于补充性货币的范畴。

综上，法定数字货币与一般的非法定数字货币是两个不同的概念。法定数字货币属于法定货币的范畴，一般非法定数字货币属于补充性货币的范畴。

三、能源货币、阶段性货币、易货贸易、代币券与补充性货币

关于能源货币的界定，学术界还存在一定的争议。有的学者认为，能源货币的概念雏形来自石油美元（Petro-dollar）。石油美元的概念最早出现在20世纪70年代初。由于当时工业发展的需要，石油的价格大幅度提高，石油输出国重获石油标价权，也获得了丰厚的收入。有的学者提出，石油美元即是石油输出国所增加的石油收入以及在扣除用于发展本国经济和国内其他支出后的盈余资金[①]。随后，由于欧佩克（OPEC）与美国达成协议，美元成为石油的唯一定价货币，有的学者也将石油输出国的所有石油收入统称为石油美元。继石油美元之后，石油欧元也于2008年3月20日诞生。出于政治或经济上的目的，作为石油输出大国的伊朗成立了石油交易所，欧元成为石油的定价货币和交易

① 北京师范大学金融研究中心课题组. 解读石油美元：规模、流向及其趋势［J］. 国际经济评论，2007（2）：26-30.

的货币单位。

从石油美元和石油欧元的概念和发展历史不难看出，这两种货币本质上就是美元和欧元，只不过是将石油与两者紧密挂钩，便于石油在国际市场交易中的计价、支付和结算而已。因此，石油美元（或石油欧元）实际上依然是以法定货币美元（或欧元）为价值衡量标准、以石油为标的中介物的一种法定货币表现形态。石油美元或石油欧元都应该属于法定货币范畴，而不属于补充性货币范畴。随后学者们提出的气币、煤炭币等能源币，均属于这样的类型范畴。

此外，能源币的存在有着另一种理解。我们认为，能源是人类社会发展必不可少的物质。同时，每个国家都具有不同的能源资源禀赋，相互之间具有交换能源的能力和动力。某种能源如果可以作为国家之间的一种交易通货，将会被全世界各国广泛接受，从而突破国界的壁垒，更自由地流动和使用。因此，能源币将成为一种有利于全世界经济秩序，在全球统一流通的新型货币。首先，我们可以按照能源的基本单位把能源币划分为焦耳（J）、千焦耳（KJ）、兆焦耳（MJ）、吉焦耳（GJ）、太焦耳（TJ）五类面值。当然，由于新能源还未能在全球范围内普及推广，且一些新能源的使用存在潜在风险和不可控性（如核能），因此这里的能源通常是指储量有限的不可再生能源，如煤、天然气、石油等。能源币由类似于联合国功能的全球性能源币发行机构统一发行和管理，该机构会对每个国家自身的能源制造能力和能源储量进行评估，然后有计划地发行一定数量的能源币。任何国家都可以向该机构供应与能源币面值等同的能源以兑换到能源币，也可以运用能源币向该机构购买某种能源。此外，国家与国家之间的能源交易，也可以直接通过能源币进行。从本质上讲，能源币实行的是能源本位，即是将现实的能源量与能源币的价值挂钩。此外，能源币还能与每个国家的法定货币进行兑换，可作为购买他国商品和服务的通货，也可以作为一种新型的国际货币储备形式。可以看出，虽然能源币与法定货币有着一定的兑换率，但法定货币价值的浮动不会影响其对能源的购买能力。也即是说，在能源本位货币体系下，能源币与法定货币几乎处于同等地位，两者既相互独立，又有着千丝万缕的联系。例如，假定在2016年1美元能兑换100兆焦耳的能源币，美国公民用100兆焦耳的能源币购买了中国的某种商品或服务，那么中国就增加了100兆焦耳能源币的储备。若2026年时美元大幅度贬值，1美元只能兑换10兆焦耳能源币，而中国还是拥有那100兆焦耳的能源币，则中国用这100兆焦耳能源币可以兑换更多的美元，也可以向美国直接购买100兆焦耳的能源。如果在2026年美元大幅度升值，1美元可以兑换200兆焦耳的能源币，中国仍然拥有100兆焦耳的能源币，那么中国就不会选择将能源币兑换成较少的美元，而是选择用这100兆焦耳的能源币直接购买美元的商品或服务，或者兑换成100兆焦耳的能源。

相较于金本位制，能源本位制下的货币更具有优势。第一，能源本位更具公平性。由于黄金的储量在全球是有限的，且每个国家的黄金储量分布不均，黄金拥有量的差异将直接影响每个国家发行金本位制下法定货币的能力，从而影响该国法定货币在国际金融市场的地位和价值。这种由于黄金资源禀赋差异形成的法定货币价值差异，本身就具有不公平的缺陷。然而，每个国家都拥有丰富的能源资源，哪怕是再贫瘠的土地，只要有阳光的照耀都能产生能源。能源的生产制造能力，既与一个国家的天然禀赋（如国土面积、能源储备等）有关，也与该国的后期实力（如科技水平、经济实力、综合国力等）有关。一个国家制造能源的能力越强，能供给的能源越多，获得的能源币数量就越多；相反，一个国家即使制造能源的能力有限，也可以使用本国法定货币、本国商品或服务等与他国兑换能源币，获得能源。于是，全球各国的贸易都能用能源币来完成和实现，各国法定货币与能源币也能并存。第二，能源币的价值不会受到法定货币价值变动的影响。由于能源币与法定货币属于独立的货币制度体系，法定货币的汇率变动、通货膨胀或紧缩、经济周期波动、经济危机等因素，都不会影响能源币兑换能源的能力。所以，一个国家持有能源币，能保证这个国家不会因为自身或他国宏观经济环境的改变而缺乏能源的供应。

由此可见，第二种意义上的能源币属于补充性货币的范畴，且具有较大的可行性。但在现实中，这种能源币是否能真正成为全世界的通用货币，是否真正具备比法定货币更大的优势和潜力，还需要长期的实践和检验。

阶段性货币是指在不同的时间阶段、不同的空间和环境下，随自身在国际金融体系中的作用和地位变化而演化的货币。最典型的阶段性货币是贵金属，如黄金、白银，以及其他在人类历史上担任过一般等价物的交易媒介，如贝壳、象牙等。在货币的发展过程中，贝类、象牙等物品在某一特定区域内充当过某一时期的一般等价物，是人们进行交易的媒介，即扮演着法定货币的角色。在这一阶段，这些充当一般等价物的实物商品就属于法定货币的范畴。但这些充当一般等价物的实物商品总存在这样或那样的局限性，使人们不断寻找其他更优越的实物商品去替代它们，最终使它们失去了作为法定货币的功能，成为一般的商品。因此，这些实物商品作为一般等价物的存在只是阶段性的，并不能维持太长时间。相较于这些实物商品，人们最终发现黄金等贵金属是充当一般等价物的最理想选择。黄金等贵金属有着比作为一般等价物的实物商品更为特殊的发展历程。黄金是人类历史上发现和使用得最早的金属。由于色泽鲜亮，产量有限且性质稳定、易于分割，黄金有着其他金属无法比拟的优点，一直是财富和地位的象征。在货币的发展过程中，黄金有着举足轻重的地位。货币金本位制、金砖本位制、金汇兑本位制和布雷顿森林体系这四类货币体系，都直接或间接地以黄金价值为基础。黄金在这些历史时期，一直长期处于法定货币或准法定货币的地位。由于黄金的总量有限，因此与黄金挂钩的纸币的价值波动范围也比较容易控制。然而，继布雷顿森林体系崩溃后，美元与黄金脱钩，逐渐失去了在国际货币体系中的绝对中心地位，各国的法定货币也都采取了不同的汇率制度，黄金也完全丧失了法定货币的功能和地位。虽然目前很多国家仍然将黄金作为储备资产和避险投资品，但黄金在国际市场上的地位已远不如以前。

需要注意的是，根据黄金在金融市场上作用和功能的不同，其应归属的货币范畴也存在差异。比如，在当前在一些较为落后的地区（偏僻山区或少数民族部落），仍然存在将黄金作为一般等价物替代法定货币进行交易的情况。在这样的情况下，黄金就属于法定货币的范畴。然而，在当前的绝大多数情况下，黄金主要作为外汇储备、投资或资产标的物（商品）。在这个意义上的黄金，已经脱离了过去充当法定货币的历史，属于补充性货币的范畴。值得一提的是，之前提及的数字货币中的数字黄金货币，其实质是与实物黄金价值相联系的黄金虚拟化商品。例如中国工商银行发行的纸黄金，它不是实物黄金，而是观念上黄金的虚拟化形式，是以网络为载体、电子技术为支持的用于投机和交易的电子化商品。从这个意义上来讲，数字黄金货币（如纸黄金）以及其他作为一般储备、交易和投资用途的黄金（商品属性），都不属于法定货币，应归属于补充性货币的范畴。

由此可见，阶段性货币在不同的时间和空间，由于所处的地位、发挥的作用和功能发生改变，可能会出现阶段性地交替充当法定货币和补充性货币的现象。

易货贸易也称易货交易，是经济主体之间进行交易活动的最初级、最简化的形式，是指贸易双方不以货币为支付手段，经协商后以双方认可“等值”的商品或服务进行直接交换的过程。易货贸易在人类社会发展过程中，历史悠久。在原始社会，人们以部落为单位生活在一起。随着生产力的发展和分工的细化，每个部落因擅长某项技能逐渐有了某些多余的物品和食物，也有了因不擅长某项技能而大量需要的某些物品和食物。于是，某些物品和食物过剩，某些物品和食物稀缺，贸易就成为解决这个矛盾的途径和方法。部落之间的交流沟通和互通有无成为必然趋势。最初，部落首领进行会面协商，双方对彼此能提供的物品和食物进行价值评估，确定能交换的商品数量和种类。部落的成员按照双方部落达成的“等值”协议（比如确定“一张羊皮＝2 把石斧”）进行自由交换。拥有羊皮的部落成员将羊皮放置在约定交易的地点（如部落西边的一块大石头上），然后躲在一旁等待。如另一方部落成员发现羊皮，就将羊皮拿走，再把 2 把石斧放在石头上，易货贸易即完成。由于原始社会生产力有限，易货贸易的交易对象数量和种类也有限，因此不需要货币就能完成交易过程。随着生产力的发展和易货贸易的逐渐频繁，部落成员们将经常从事物品和食物交换的地点确定下来，市场就逐渐形成。易货贸易的局限性逐渐凸显，货币也孕育而生。

易货贸易在当代主要发生在经济不发达或生产力极为低下的地区，这种方式与当地落后的生产力和生产关系相互适应。但在一些特殊时期或特定环境下，易货贸易也能体现出自身的优越性。比如，在发生恶性通货膨胀时，货币大幅度贬值，人们将会对货币的价值产生消极预期，易货贸易在此时会成为人们普遍接受的交易结算方式。易货贸易避开了货币贬值为交易带来的阻碍，主要交易双方认可相互易货的物品价值对等，易货贸易就能顺利进行。当然，脱离了货币的桥梁作用，易货贸易需要解决双方供求关系的匹配问题。由于市场上的信息不对称问题始终存在，交易双方需要花费较长的时间和较多的精力才能找到合适的交易对象，交易的流动性较弱。同时，由于地域空间限制，易货交易的双方花费的机会成本和其他隐形成本也相对更大。此外，易货贸易要求交易双方对所交易物品的价值达成一致，但这种“价值共识”是临时性的，只适用于当前的交易。且由于交易者不同，针对同一种交易物品的偏好、认知、评估方式、交易欲望都有极大差异，交易的最终实现结果也会有很大偏差。这种交易的不稳定性问题，对易货贸易的大范围推广和运用，造成了较大障碍。由此，易货贸易虽然在现代社会拥有一席之地，但比重仍然较小。

易货贸易在现代社会的运用，除去为了适应偏远落后地区落后生产力的特殊情况外，主要是为了应对通货膨胀等经济问题。如前所述，易货贸易在实际运用中，仍然存在自身的缺陷和问题。然而，另一种解决通货膨胀问题的方式是运用补充性货币，特别是社区货币。社区货币属于补充性货币的一种类型，其发行的最初目的就是为了抵御通货膨胀，保证当地经济的健康发展。社区货币与易货贸易的共同点在于：第一，两者运用在当代社会的主要目的都是为了解决通货膨胀、法定货币贬值情况下的交易不通畅问题。第二，易货贸易和使用社区货币的交易都是在有限的空间和范围内进行的。第三，两者的顺利进行都需要交易主体

（或社区成员）之间经过协商后达成共同的协议，并彼此严格遵守。但是，易货贸易与社区货币具有本质的区别。首先，易货贸易的交易双方在达成协议后会直接实现供需交换，社区货币却只是社区成员在社区范围内进行交易的一般等价物，社区内的交易仍然要通过社区货币作为桥梁，间接实现供需交换。其次，易货贸易的交易双方达成的“价值对等”协议具有即时性和不稳定性，社区货币流通和使用的规范和协议却是由社区成员共同认可并严格执行的，具有较强的稳定性和持久性。此外，易货贸易在本质上属于交易的形式，并不属于货币的范畴；社区货币等补充性货币在本质上属于非法定货币的范畴。

由此可见，易货贸易与补充性货币虽然具有共性，但在本质上具有明显差异。易货贸易并不属于货币范畴，更不属于补充性货币的范畴。

按照传统的定义，代币券分为广义和狭义两种。广义的代币券是指所有能按照等额面值替代法定货币充当支付手段的有价证券和凭证。狭义的代币券是指商业单位（如企业、公司、银行或其他金融机构等）印制发行的、在特定指定商业单位（如零售商家）替代法定货币履行等额购买权利的实物代币符号。代币券一般采用公开发行方式，由发行者单独发行或者与第三方联合发行。由于联合发行方式存在较为复杂的法律关系和资金转付义务，代币券更多采用单独发行方式，即发行者承担所有应履行的义务，为代币券持有者提供一切约定的服务。

广义的代币券的类型较多，使用范围较广，发行目的也较多，发行主体可以是国家也可以是企业、公司、金融机构等。常见的广义代币券有国家在通货膨胀、战争、灾害等特殊经济时期，为了进行宏观调控在某一区域或全国发行的特殊有价票券（如粮票、布票、经济振兴券等，计划供应票证等），也有只用于执行支付职能、由金融机构或企业发行的有价证券或凭证（如股票、公司债券、远期合约无记名有价票证等）。这些广义的代币券都是以信用为价值基础的，完全符合补充性货币的内涵特征，属于补充性货币的范畴。

而狭义的代币券一般用于促销，主要的存在形式是在特定场所替代法定货币使用的实物型卡或票券等。狭义代币券可以分为直接代币券和间接代币券两大类。直接代币券就是发行者赋予代币券持有者在规定的时间范围内，在指定的商业单位（如旗舰店、关系合作企业、连锁加盟店、分支机构等）凭券（卡）直接换取商品或服务的权利。常见形式有领（提）货券（卡）、购物券（卡）、消费券（卡）、抵用券（卡）、出库单据等。直接代币券的特征是，持有者不能用券（卡）兑换现金，也不能找零，且有规定的失效期、使用地点和其他使用条件。间接代币券是指发行者赋予代币券持有者在规定的时间范围内，在指定的商业单位凭券（卡）抵扣或减少用于支付商品或服务的法定货币的数量（金额）的权利。常见形式有折扣券（卡）、抵扣券（卡）、会员券（卡）、贵宾券（卡）等。间接代币券的特征是，持有者在购买指定商业单位的商品和服务时，与法定货币配合使用，不能用券（卡）兑换现金，也不能找零，且有规定的失效期、使用地点和其他使用条件。随着网络的发展，狭义代币券现在也有了虚拟形态。消费者可以直接使用指定商家的 App 在网络账户上直接获得虚拟的狭义代币券，进行线上和线下相结合的兑换和购买。

作为现代社会的一种新型支付结算方式，狭义的代币券的存在具有自身的优点。对于发行者来说，狭义的代币券的发行可以减轻发行者的资金周转压力、降低经营风险、快速占领市场、促进商品销售、稳固消费人群、扩大企业影响力。对于使用者来说，代币券携带方便且有较大优惠空间。然而，代币券也存在一些缺陷，如虚假繁荣、信息隐蔽、绑定消费、流通性低、诚信弱化、税收流失、寻租滋长、市场秩序紊乱、国家监管困难等。特别是虚拟狭义代币券的发展，更增加了国家监管的难度。因此，自 1995 年起，中国政府先后颁布了若干针对狭义的代币券的法规和监管条例，如《中华人民共和国中国人民银行法》《中华人民共和国人民币管理条例》《中国人民银行关于进一步加强和改进现金管理有关问题的通知》等。这些法规和监管条例的部分规定均明确说明狭义的代币券属于一种变相货币，并禁止单位和个人印制发行。但是，狭义的代币券仍然屡禁不止，在现实金融市场中有着一席之地。狭义的代币券之所以被政府叫停，是由于其自身具有较大的潜在风险和监管难度。可以看出，狭义的代币券的最大风险在于发行人的信用度不可控制，持有者的权益容易脱离政府的监管和法律的保护范围，无法完全得以维护。狭义的代币券本质上也是建立在信用基础之上的，也属于补充性货币的范畴。当然，广义和狭义的代币券都存在着尚未完善的缺陷，对金融市场的冲击和威胁较大。因此，中国对代币券的发行和扩张都给予了很严苛的制度约束和法律限制，以维护金融市场秩序的稳定。如果代币券的信用和风险问题能得到较圆满的解决，补充性货币在中国的顺利扩张和发展也会为中国的金融市场带来很大的益处。

四、金融工具、准货币、劳动券、绿色货币与补充性货币

金融工具又被称为金融资产，是金融市场的重要组成部分。原生性金融工具分为所有权凭证和债权凭证两大类型，最常见的种类有股票、商业票据、债券、存款凭证等。衍生性金融工具是在原生性金融工具基础上衍生创新出的金融工具，主要有远期、期货、期权和互换四种类型。原生性金融工具的本质是用以证明金融工具发行者和持有者之间因融通资金建立的相互关系的书面凭证。所有权凭证证明了金融工具持有者拥有对金融工具发行者索取与投入资本、资产（商品）价值相等的利息、资产（货币）的权利和所有权。债券凭证证明了金融工具持有者拥有对金融工具发行者一定额度的债款索取权，两者之间具有受到法律保护的债权债务关系。衍生性金融工具的本质是金融工具发行者和持有者之间经过协商达成的信用合约。虽然远期、期货、期权和互换这四类合约的具体操作内容有所差异，但归根到底它们都通过信用合约交易来实现融资和避险的目的，以满足经济主体的需求。

股票和债券是最典型的原生性金融工具。作为所有权凭证的主要代表，股票是由股份公司为了筹集资金，通过包销和代理等方式向社会公众发行的有价证券。持有股票的股东都拥有对股票发行公司的部分所有权。虽然股票的交易和流转与法定货币挂钩，但股票是由上市公司或企

业发行的，本身不是法定货币，而是所有权的纸质凭证。这种凭证受到法律保护，代表了股票发行者对股票持有者享有公司盈利获取权和资产所有权的承诺，本质上可以看成一种信用的表现形式。债券是债券凭证的主要代表，根据发行主体的不同，债券可以分为国家债券和企业债券两类。企业债券的发行者是企业或公司，自然不属于法定货币的范畴。然而，值得注意的是，虽然国家债券是由国家政府发行的，但这只表明国家是债务人，具有到期偿还国债持有人本金和利息的义务。也即是说，国家债券和企业债券都只表明了债券发行者与债券持有者之间存在的债务债券关系和两者之间的义务和权利，债券的本质也是一种发行者对持有人的承诺（信用表现形式），这与发行者是国家还是企业没有关系。

股票、债券除了在一些情况下直接具有交易手段、支付工具的职能外，在大多情况下，都表现出更为特别的交易媒介功能。例如当股票作为联系投资人（股东）及股份公司的融资工具时，股票代表着公司的资产（即使是未来的、预期的资产），股东用货币购买公司的资产，公司出售资产（即使是未来的、预期的资产），股票成为特别的交易媒介。而股票在二级市场转让时，投资者更是用货币直接购买公司的现实资产，故更显出交易媒介性质。债券等的交易媒介性质亦类似。

此外，远期、期货、期权和互换这四类金融衍生工具，都是以合约的形式存在并运行的，而合约的本质也是一种信用的表现形式。由此可见，无论是原生性金融工具，还是衍生性金融工具，虽然在金融市场中呈现的形态各异，但本质上都是一种信用。

以信用形态存在的货币类型属于补充性货币的范畴。需要补充说明的是，如前所述，代币券属于补充性货币的范畴。而代币券的广义内涵是指一切替代法定货币充当支付手段的有价证券和凭证。所有的金融工具当然属于替代法定货币的有价证券或者凭证。当这些金融工具不是用来投机，而是用来执行抵押或支付借款等支付职能时，其可以被视为广义的代币券。因此，从这个意义上看，只作为支付手段的金融工具也应该属于补充性货币的范畴。

综上，无论是从信用货币角度，还是从广义代币券角度，金融工具都应该包括在补充性货币的范畴内，且属于实体形态和虚拟形态并存的补充性货币。需要强调的是，随着电子技术的推广运用和发展，实体形态的金融工具（如股票、债券的纸质形态）虽然存在，但数量已逐渐减少且规模正逐步缩小，以虚拟形态存在的金融工具（股票电子化、债券电子化、合约电子化等）已经成为现代金融市场的主要组成部分和主流发展趋势。虚拟形态的金融工具将逐渐替代实体形态的金融工具，实现运用网络电子平台的高效率交易目标。金融工具表现形态的变化，本身就是一种自身的发展和完善，也是一种革命性的进步。这种革新，也同时说明处于初级发展阶段的实体形态补充性货币正逐渐向处于中高级发展阶段的虚拟形态补充性货币过渡，是补充性货币发展的必然趋势，是符合时代要求和历史规律的。

众所周知，货币可以分为狭义的货币和广义的货币两种。国际上按照货币的流动性高低，将整个货币体系分为 M0、M1、M2 和 M3 四个层次。其中，M0 代表流通中现金；M1 代表 M0 与支票存款（以及转账信用卡存款）之和；M2 代表 M1 与储蓄存款（包括活期和定期储蓄存款）之和；M3 代表 M2 与其他短期流动资产（如国库券、银行承兑汇票、商业票据等）之和。M1 为狭义货币的范畴，M2 为广义货币的范畴。

中国的货币体系分类与国际分类略有不同。其中，狭义货币 M1 代表经济中的现实购买力，指 M0 与非金融性公司的活期存款（包括企业活期存款、机关团体部队存款、农村存款和个人持有的信用卡类存款）之和；广义货币 M2 代表经济中的现实购买力和潜在购买力之和，M2=M1+城乡居民储蓄存款+企业存款中具有定期性质的存款+信托类存款+证券公司保证金存款+其他存款。其中，M1 与 M2 的差就是准货币。

由上述可以看出，准货币就是指属于广义货币范畴，不属于狭义货币范畴的那部分定期存款的总和。定期存款是存款人在保留资金或货币所有权的条件下，把使用权暂时转让给银行的一种储蓄行为。银行在获得存款人的授权许可后，根据两者事先约定的期限和利率，在到期后将本金和利息归还给存款人。定期存款的存款人只要有一定量的资金，就可以去银行开立账户，门槛较低。存款人以牺牲投资在其他金融活动的机会成本，获得利息收益。定期存款以法定货币的存入量多少来获得相应利息。定期存款的期限一般较为固定，且期限越长，利率越高，在未到期之前一般取出本金则只能获得活期存款利息。定期存款可以看作暂时退出流通市场的法定货币。存款人将暂时不使用的法定货币存入银行的实名账户，这部分法定货币则执行贮藏手段的职能。因此，定期存款的流动性相对较弱。由于定期存款这部分法定货币是暂时退出流通的，到期后存款人可以将其从银行里取出来，恢复本身的流通手段职能；因此，它属于潜在的货币供应，它的存在和数量变化对金融市场有着较大影响。定期存款的核心是存款人的储蓄行为，至于银行与存款人之间建立的借贷关系，是银行经营业务的自发行为，不是定期存款本身的功能。从这个意义上看，定期存款（准货币）应该属于法定货币的范畴。

当然，存款人从银行获得的定期存款单（存款凭证、大额存款单据等）可以在金融市场进行抵押和流转，作为法定货币的补充形式。因此，存款凭证属于补充性货币的范畴。

需要强调的是，本书认为 M3 类的中短期流动金融资产（如国债等）也应该属于补充性货币的范畴。如前所述，国债是由国家发行的债券，是中央政府为筹集财政资金发行的一种政府债券，是中央政府向投资者出具的、承诺在一定时期支付利息和到期偿还本金的债权债务凭证，这种信用凭证可以在金融市场上流转。同时，国债的发行有固定的时间和数量，能购买到国债的人数量有限。因此，国债能转化为现实货币的难度相对来说更大一些，流动性更差，更无法直接履行法定货币的诸多职能。另外，国债是购买者用法定货币购买的国家信用凭证，相当于法定货币和信用型补充性货币之间的兑换，购买者获得的国债等金融资产可以作为法定货币的补充形式，履行补充性货币的相应职能。

19 世纪 30 年代，英国管理学家、空想主义者罗伯特·欧文（Robert Owen）提出了自己的空想社会主义分配理论。他认为可以根据劳动者对整个社会的实际劳动量大小来评估和分配其应该获取的生产和生活资源。通过这种按照劳动量大小来获取等量社会资源消费权利的分配方式，能够消灭剥削，实现公平交换①。1832 年 10 月，欧文首次创新性地设计出一种“劳动券”，用于核算劳动者在劳动中实际耗费的劳动时间，劳动者使用劳动券在他所创办的劳动产品公平交换市场中领取所需商品和服务。他认为，劳动决定商品的价值，商品价值按社会平均劳动计量，“劳动券”是载明生产商品的平均劳动时间的凭证。公平劳动交换市场按平均劳动时间评估劳动产品，生产者将劳动产品让渡给公平劳动交换市场以换取相应的劳动券，然后再用劳动券从公平劳动交换市场去换取能满足自己需要的产品。然而，私有制下的无政府状态生产，难以实现供求匹配的矛盾高度集中。此外，由于劳动量的贡献大小难以准确衡量，投机者活跃，空想实践受到资本主义商品经济的阻碍等原因，欧文的“劳动券”分配思想和实践最终在 1834 年以失败告终。马克思等科学社会主义者对欧文的“劳动券”理论的失败进行了批判和分析，并提出了社会主义社会中的“劳动券”分配思想。他认为，在社会主义社会，劳动者在履行完对社会的基本劳动义务（为社会基金进行的劳动）后，能获得一张计量着自己所提供的额外劳动量的证书，并凭证书从社会储存中领得等额的个人消费资料，这种凭证不是货币，不能流通②。马克思对“劳动券”的可行性给予了肯定，他设想在生产资料公有制条件下，各部门的生产由社会统一决策，每个生产者按照国家计划从事统一的社会劳动，分配也按照“劳动券”制度统一分配。中国使用“劳动券”这一概念，最早可追溯到 1928 年。1928 年 2 月 19 日，在朱德元帅的领导下，耒阳工农兵苏维埃政府成立，发行了面额为“壹元”的耒阳工农兵苏维埃政府“劳动券”，总量高达万余元③。当时的劳动券名为“劳动券”，本质上却是割据了联邦制下法定货币的纸质形态，与实际意义上的“劳动券”相去甚远。在 1953—1958 年的集体化改造时期，中国开始真正对“劳动券”分配制度进行相应的实践和探索。中国将“劳动券”分配制度改为工分制度，在农

---

① 欧文. 欧文选集（第二卷）［M］. 柯象峰，何光来，秦果显，译. 北京：商务印书馆，1981：94-98.

② 戴相龙，黄达. 中华金融辞库［M］. 北京：中国金融出版社，1998：45-58.

③ 陈列菊. 耒阳工农兵苏维埃政府劳动券.［J］. 湘潮，1985（8）：43.

村集体经济组织内部（以生产队为基本计量单位）对成员参加公共生产劳动的数量进行记录，并给予相应劳动报酬。对于一种工作，在一定土地、耕畜、农具、天时等条件下，以一个中等劳动力按照一定质量要求一天所能达到的劳动数量，作为一个劳动日。为了计算上的方便，把一个劳动日分成 10 个工分。依照每个人的劳动耗费和应分配的消费数量及相应的工分，决算时，按当年每一工分制和每个人工分总额来分配劳动报酬。这种用来记录和核算劳动时间的“工分”与观念上的“劳动券”类似。由于存在“搭便车”和“无效劳动”等缺陷，工分分配制度最终也被包干分配制度所代替。

欧文和马克思的“劳动券”分配思想，初衷是用“劳动券”作为唯一交易媒介，在全社会范围内流通和使用，以取代法定货币，消灭剥削。但这种分配思想的顺利实施，需要建立在高度发达的社会生产力、丰富的物质基础、商品经济消亡的基础上。因此，“劳动券”分配思想无法在他们所处的年代甚至当代实践成功，也无法完全取代法定货币在金融市场中的地位和作用。

社区货币是当前很多国家和地区正在实践和运用的补充性货币。与“劳动券”类似，它们大部分是在社区成员达成协议后，共同约定的以在社区范围内工作的劳动量作为衡量标准，劳动时间作为计价单位，社区币（实物或虚拟均可）为载体的交易媒介。唯一的不同点在于社区货币只限于特定的范围内流通和使用，但是“劳动券”拟在全国范围内流通和使用。事实证明，“劳动券”的真正实践从来没有扩展到整个国家的范围，除欧文设计的空想型“公平劳动交换市场”外，也只限于公社、公司、国有企业。因此，我们认为，“劳动券”应该属于补充性货币的范畴。虽然在理想上，“劳动券”试图替代法定货币，但在实践上，它只是法定货币的一种补充交易媒介。法定货币和补充性货币本身就是并行存在的两种货币系统，两者可以互相依存、互相补充、互相转化、互相替代。当一种补充性货币发展到一种高级成熟阶段，具有了优越于法定货币所有职能的强大势力时，人们自然有可能会选择它替代原有的法定货币。而到那时，原本属于补充性货币的该种货币，自然也就成了新的法定货币。“劳动券”之所以不属于法定货币的范畴，是因为它的力量和势力不够强大，无法完全适应所处社会为之提供的发展条件和环境，只能长期受限甚至消亡。可以说，“劳动券”就是当前社区货币的原始形态，属于补充性货币的范畴。

在欧洲经济共同体货币一体化的发展进程中，绿色货币的诞生具有重要的意义，也为后来欧元的产生奠定了坚实的实践基础。创立绿色货币最初的目的，是欧洲共同体国家为了推进西欧农业共同体市场的稳定发展，保证它们制定的共同农业政策 CAP 能顺利实施。1962 年，欧洲共同体国家经过协商后，推出了被称为“农业记账单位”（agricultural units of account）的统一货币，当时“农业记账单位”与美元之间的兑换率为 1∶1。农业共同体市场内要求制定统一的农产品价格，但是共同体各国的法定货币之间汇率存在经常性变动，这种变动会影响到统一农产品的共同价格无法实际固定。为了解决这一问题，一种称为“绿色汇率”的特殊汇率由此产生，仅限于共同体成员国之间农产品贸易计价和执行农产品统一价格中使用。绿色汇率的实质为欧洲共同体各成员国各自的法定货币在贬值或升值前与“农业记账单位”的比率[①]。绿色汇率脱离了市场上各国的法定货币官方汇率体系，与欧洲的“农业记账单位”直接挂钩。农民在农业共同体市场上卖出农产品，以“农业记账单位”计算，再将“农业记账单位”按照绿色汇率换算为该农民所在的欧洲共同体成员国的法定货币。由此可见，绿色汇率的产生，稳定了农产品在农业共同体市场上的统一价格。在绿色汇率下，绿色货币在农业共同体市场中兴起。绿色货币就是专门用于计算欧洲共同体各国农产品价格的计价货币，根据欧洲共同体国家的不同，绿色货币也包括不同的种类，如绿色英镑、绿色法郎、绿色马克、绿色里拉等。

可见，绿色货币属于欧共体成员国之间专门用于农业共同体市场交易条件下，法定货币与“农业记账单位”按照绿色汇率进行兑换的共同体内部统一计价货币，其本质就是由共同体成员国之间经过协商后，以绿色汇率为基础的特殊的专用法定货币。之所以称为绿色货币，就是

---

① 刘有厚. 欧洲经济共同体的绿色货币和货币补偿机制 [J]. 国际贸易，1983 (10)：44-46.

因为这种特殊的专业法定货币仅在农产品计价和流通中使用，其特殊性在于流通的空间、范围、交易对象都受到较为严格的限制。

社区货币与绿色货币的相似之处在于，两者都是经过成员内部协商后，在一定区域内部流通的。绿色货币在欧共体成员国之间进行农产品贸易时流通，社区货币则是在一国的某一社区或某一地区范围内流通。但是，如前所述，社区货币属于补充性货币的范畴，而绿色货币属于法定货币的范畴。

第四章　中国补充性货币的发展及监管现状

当代基于区块链技术运用的补充性货币，出现了前所未有的迅速发展状况。据统计，2017 年年底，基于区块链技术的数字加密货币达到了数百种。而比特币的总市值已达到 967 亿人民币[①]。与此同时，每天都可能有几种甚至几十种数字货币在世界上诞生。可在补充性货币发展的整个历史上，它却经历了一个特别漫长的发展时期。根据补充性货币的内涵，我们可以把补充性货币分为实体形态补充性货币与虚拟形态补充性货币两大类。实体形态的补充性货币，从历史经验看，长期以来，对经济社会冲击不大。在近现代逐步虚拟化的实体形态的补充性货币，则对经济社会的冲击及带来的风险越来越大。特别在中国，补充性货币的实践与监管有其独特的地方。

一、中国补充性货币的早期实践与监管——以“中华红色经济之都”为例

（一）中国补充性货币监管概述（1949 年以前）

在中国封建社会及以前的时期，补充性货币主要以实体形式出现。

① 廖珉，等. 金融科技发展的国际经验和中国政策取向［M］. 北京：中国金融出版社，2017：12.

在法定货币出现后，中国的补充性货币主要辅助法定货币的使用，以补充及替代法定货币的一些职能。在这一漫长的历史时期，很少有因补充性货币的冲击造成对经济社会的危机。补充性货币造成对经济社会较大的冲击，是在商品经济发展到一定的阶段形成的。在补充性货币参与下出现的商品经济社会的危机，第一层次是“生产过剩”的经济危机，第二层次是“金融过剩”的经济危机。补充性货币的存在，决定了它对“金融危机”推波助澜的叠加作用。所以，经济社会危机表面上看是法定货币的问题，实际上是法定货币+补充性货币的问题。所以，如果说第一层次的经济危机表现为人们手持的代表实际价值的法定货币太少，生产的商品过剩且购买力不足或表现为人们手持的法定货币太多，而生产的商品过剩，因“滞胀”产生的购买力不足。那么，第二层次的经济危机则实际表现为人们不仅手持的法定货币太多，手持的补充性货币也太多，且不论生产的商品是否过剩，这都是由金融问题造成的真正的经济危机。正因如此，中国封建社会及以前的社会经济时期，补充性货币难以在商品经济不发达的情况下对经济社会产生强大冲击，而会形成现代形式的金融危机或经济危机。这时，中国历朝历代的国家政权对补充性货币的监管均未提上议事日程也就不足为奇了。

真正能对经济社会产生较大冲击的补充性货币当属有价证券这类泛信用货币。股票是典型的有价证券。中国历史上最早出现的股票当属1878年清朝光绪年间因洋务运动发行的开平矿务局股票，后来清政府还发行过政府债券以及中法债券、铁路债券等。这些补充性货币形式，弥补了当时法定货币（主要是银子）的职能不足。这些补充性货币就整个社会而言，量小面窄，且对法定货币的职能有积极作用，对经济社会冲击不大，故当时的政府对其监管不严。

清政府被推翻后，当时的中国开始了军阀混战。1914年，为了完成北伐战争，孙中山发行了“中华革命党债券”，以后国民政府时期也发行过不少股票。由于这些股票交易主要在上海等地，其范围及影响小，故而对整个经济社会影响不大，当时执政机构对股票、债券这类有价证券的补充性货币的监控行为不多。但是，到了20世纪40年代，国民党统治区滥用补充性货币，大肆发行债券，这对国民党统治时期的旧中国冲击极大，助长了恶性通货膨胀。据专家统计，1948 年国民政府发行的国债期限已达 30 年以上。当时，这类补充性货币已处于失控状态，根本无法监管。

然而，与国民党统治区相比，在共产党领导的苏区、抗日根据地、解放区等，补充性货币得到了很好的运用，邮票、粮票、代币券、股票、债券等补充性货币的运行，都受到很好的监管，从未出现因补充性货币失控造成的经济社会危机。而号称“中华红色经济之都”补充性货币的实践特别具有代表性和典型性。

（二）“中华红色经济之都”补充性货币的实践

在中国土地革命时期，为与江西瑞金“中华红色政治之都”相对应，且由于福建汀州特别的经济地位，人们将其称为“中华红色经济之都”。在这个地区，市场繁荣，交易活跃，国营经济[①]与私营经济蓬勃兴旺，金融业十分发达，合作组织广泛发展。在这种经济环境中，补充性货币应运而生，内容繁多，且形式丰富多彩。

1. 补充性货币的种类。当时作为“中华红色经济之都”的福建汀州，广泛流行着许多补充性货币。主要的种类是：第一，债券。这种债券与现在国内外存在的债券无异，由苏维埃政府发行。公债主要有“伍角”“壹元”“贰元”“叁元”“伍元”等面额。第二，借谷票。借谷票是政府为了弥补粮食的不足，在一定时期临时向人民大众筹集粮食的工具，有一定的货币职能。它与借谷证不同。借谷证是政府相关机构或红军筹集粮食的证明。它也不同于借谷收据，因为借谷收据只有筹集粮食的证明功能，没有货币功能，同时兼有一定的征收性质。第三，邮票。这是中华苏维埃政府为通邮方便发行的邮资工具，功能与现代中外邮票无异，有“壹分”“贰分”“伍分”等面额的邮票。第四，米票。这是中华苏维埃政府提供给党政机关人员及红军指战员在巡查或出差时在革命机关、政府及红色饭店等处吃饭时使用的票证，可作一定的兑

① 这里的国营经济是指当时中华苏维埃共和国所经营的经济。

现，有“四两”“六两”“一斤”“一斤四两”“一斤六两”乃至“六斤四两”等面额的米票。第五，股票。这是中华苏维埃共和国的各类合作社发行的合作股票；一般一股为“壹圆”。如现存的汀州市粮食合作社的伍角股票，兆征县信用合作社社员黄林标收执的壹股股票，长汀县信用合作社社员曹炳进收执的贰股股票及社员刘见嵘收执的叁股股票等。

2. 补充性货币的职能。“中华红色经济之都”的补充性货币有如下职能：第一，部分的货币职能。按照马克思主义经济学对货币职能的划分，货币除价值尺度与流通手段两个基本职能之外，还有支付手段、储藏手段及世界货币职能。尽管“中华红色经济之都”的补充性货币不可能具有法定货币的上述所有职能，但仍有部分的货币职能。例如米票、邮票、谷票就有一定的价值尺度和流通手段职能，而且米票、谷票还具有支付手段职能。特别是米票、谷票还具有货币不具备的兑现职能。第二，调整经济的职能。“中华红色经济之都”的补充性货币，与现代补充性货币一样，具有辅助法定货币调整社会经济的职能。当时苏维埃政府发行的公债，主要是为了应对重危事件引发的社会经济困难，以达到调节经济之目的。例如，在第五次反“围剿”之前，“为了粉碎敌人的大举进攻，实现江西首先胜利之外，为更充分地保障这一战争的完全胜利，充分准备战争的经济，特别是动员一切工农群众，更迅速地完成这一准备，中央政府特别再发行第二期革命战争短期公债一百二十万元，专为准备战争的费用”①。第三，优利职能。“中华红色经济之都”的补充性货币有的还具有优利职能。例如当时发行的股票，就明文规定“消费、生产、信用合作社之消费者、借贷者，要以社会为主体，对于社员除享受红利外，还应享有低价低利之特别权利，对于本社会员之价目得利息，最高的限度不能超过社会一般规定之上”②。显然，当时这种股票的执有者，可以得到高于非执有者的优利，因而股票这种补充性货币具有优利职能。第四，合作手段的职能。在当时，苏区的股

① 中央执行委员会第 17 号训令. 为发行第二期革命战争公债［R］. 红色中华，1932（38）.

② 中华苏维埃共和国临时中央政府布告（第七号）——合作社暂行组织条例，1932 年 5 月 1 日。

票实际上只有消费合作社、生产合作社、信用合作社的社员才执有。股票的纽带作用，将社员们联系起来，形成合作社。因而股票这种补充性货币具有合作手段的职能。“消费、生产信用合作社之社员不仅兼股民，而且是该社的直接消费者、生产者、借贷者，不合此原则者，不得称为合作社。”① 第五，避险职能。当时“中华红色经济之都”的一些补充性货币还具有避险的职能，从而防止合作社员的利益受到侵害。例如股票，当时就规定，“每个社员其入股之数目不能超过十股，每股股金不能超过五元，以防止少数人之操纵”②。而在每张米票上面，明确标明了通用期。例如1934年年初使用的米票，就明确标明“此票通用于汀州境内”“此票自一九三四年三月一日起至同年八月三十一日止为通用期，过期不适用”③。

3. 补充性货币的作用。补充性货币的多种形式之所以能在“中华红色经济之都”具有强大的生命力，这与它们在当时的经济社会环境下产生过积极作用息息相关。这些作用在于：第一，从经济上大力支持土地革命战争。由于当时的特殊环境，红军要完成战争的使命，必须得到财力的补充，而通过补充性货币可以达到这个目的。例如，当时中华苏维埃政府发行的第二期债券，就在于“因为革命发展，特别是苏维埃与红军的胜利开展，敌人正倾全力加紧布置对于中央区的大举进攻。中央政府除已下战争紧急动员令来领导全苏区工农群众去粉碎敌人的大举进攻，实现江西的首先胜利外，为更充分的保障这一次战争的完全胜利……”④。第二，方便互通有无作用。“中华红色经济之都”的补充性货币有许多都达到了便利民众、互通有无的作用。例如，苏区的合作社的股票，实际上是这样的工具，“为便利工农群众，议价购买日常所用之必需品”“为便利工农群众经济运转和借贷”等⑤。而米票则为方便

---

① 中华苏维埃共和国临时中央政府布告（第七号）——合作社暂行组织条例，1932年5月1日。

② 同①。

③ 参见中华苏维埃政府闽西粮食人民委员部当时出具的对五斤十两米票等的说明。

④ 中央执行委员会第17号训令. 为发行第二期革命战争公债［R］. 红色中华，1932（38）.

⑤ 中华苏维埃共和国临时中央政府布告（第七号）——合作社暂行组织条例，1932年5月1日。

“政府机关革命团体及红色战士出差或巡视工作之用”①。第三，壮大实体经济的促进作用。从当时补充性货币在“中华红色经济之都”的运用状况来看，不少补充性货币对壮大实体经济的促进作用十分明显。例如，米票的运用，有力地支持了红色饭店的运转，活跃了红色米市场的运行。而股票则形成了诸如生产合作社、消费合作社、信用合作社的基础资本来源，促进了这些合作社实体的壮大。

（三）“中华红色经济之都”补充性货币的监管基础

补充性货币能在20世纪30年代活跃于“中华红色经济之都”乃至整个苏区，且能对当时社会经济产生积极作用，没有因监管失控造成对经济社会的影响，是有监管的社会基础及经济基础的。

1. 国营企业的发展是补充性货币存在的支持力量及监管基础。综观中外补充性货币的发展历史，可以发现补充性货币的存在，一定会在经济上对应一种在全社会占主导地位的支持力量。而在当时的“中华红色经济之都”，国营企业就是这样一种力量。据笔者考察，当时，有不少亲历亲为的中共负责人为国营企业的发展作出了重大贡献。例如，时任中华全国总工会委员长刘少奇，于1933年从上海来到中央苏区后，就多次深入汀州的国营企业，总结工人运动经验。而苏维埃中央临时政府已先在汀州创办了大量的国营工商企业，这些企业占据了中央苏区同类企业的半壁河山。这些骨干国营企业在对外作战、解决军需民用及经济发展中作出了重大贡献。更为重要的是，国营经济的存在及稳定，形成了补充性货币的支持力同时伴生着监管的基础，所谓“生于斯，管于斯”也。这也不难理解为何当时“中华红色经济之都”金融稳定、经济稳定，其国营经济作为监管基础对补充性货币的自控作用功不可没。同时，当时“中华红色经济之都”国营经济的不断壮大，使监管基础更雄厚，自控力更强。据考察了解，当时仅在作为“中华红色经济之都”的福建长汀就有很多国营企业，如红军被服厂、中华织布厂、福建军区军工厂、红军斗笠厂、濯口造船厂、水口造船厂、中华商业公

① 中华苏维埃共和国中央政府粮食人民委员部当时出具的对六斤四两米票等的说明。

司造纸厂、红军印刷厂、长汀弹棉厂、长汀熬盐厂、长汀熔银厂、长汀樟脑厂以及分布在各城乡的石灰厂、砖瓦厂等。这些国营企业规模不小，生产能力较强。例如，根据1932年的数据，红军被服厂有员工300多人。中华织布厂有员工400多人，纺纱机、织布机400多台，月产布匹及医用纱布18 000多匹。福建军区军工厂有员工140多人，月产200支枪。红军斗笠厂有员工300多人，年产斗笠20多万个。濯田炼铁厂有工人200多人，12名技师，日产生铁1.5吨。水口造船厂有员工100多人，月产木船30余艘。红军印刷厂仅1932年就印刷发行书刊等25 000册。长汀弹棉厂有员工20余人，月弹棉12 000余斤（1斤=0.5千克），月做棉被近1 000床。长汀城关有熬盐厂6个，工人60余名，月产盐600余斤，等等。除此之外，“中华红色经济之都”的国营商业也较发达。仅汀州就有汀州市粮食调剂局、中华纸业公司、中华贸易公司福建省分公司、中华商业公司汀州分公司、红色旅馆、红色饭店、红色米市场等，它们在经济上成为补充性货币形成的重要条件，也壮大了补充性货币的监管基础。

2. 私营经济的发展成为补充性货币形成的又一经济条件及监管基础。补充性货币就其本质而言，是对法定货币的一种补充形式，但它的存在又必须以具有活跃的、不同特色的区域市场的存在为前提。而“中华红色经济之都”私营经济的发展，很好地提供了这个前提。汀州在历史上是著名的府城，私营经济在闽西首屈一指。而在土地革命时期，中华苏维埃政府更是对私营经济给予了保护，使得汀州的私营经济继续稳步发展，这对活跃苏区经济、恢复生产、保障革命战争的物资供给和改善人民生活，起到了十分重要的作用。而且，私营经济的发展，又会促进补充性货币的发展，壮大补充性货币的监管基础。当时中国共产党对私营经济的政策十分明确。“我们对于私人经济，只要不出于政府范围之外，不但不加以阻止，而且加以提倡和奖励。因为目前私人经济的发展，是国家的利益和人民的利益所需要的。”① 正是在我党政策的支持下，当时“中华红色经济之都”私营商业稳定发展，有水果店

---

① 毛泽东. 我们的经济政策［R］. 1934年1月23日。

117 家、锡纸店 27 家、洋货店 28 家、金银首饰店 14 家、布匹店 20 家、酒店 46 家、油盐店 20 家、饭店 11 家、纸行 32 家、药店 17 家、客栈 20 家、酱果店 9 家，共计 361 家。当时汀州的水东街是私营经济云集的一个重要街区。当时一个名叫黄丽川的私营粮商，经营“粮兴隆”米行，资本达 5 万元以上，这是一个不小的数目，以致名噪一时。我们党的领导人也十分关心私营企业的发展。例如 1933 年 3 月至 7 月间，时任中华全国总工会的副委员长兼党团书记的陈云，就多次到汀州市各基层工会进行调查研究，召开座谈会，了解汀州私营工商业的情况及工人的状况，对当时汀州的私营工商业者有很大的鼓舞。所以，在国营经济的引导下，私营经济既成为补充性货币的又一发展基础，又成为补充性货币又一监管基础。

3. 合作经济的发展为补充性货币的形成提供了直接的平台及辅助性监管基础。补充性货币的形成与发展，必须要有一个运行的平台，更多的辅助监管基础，才能真正发挥作用。而“中华红色经济之都”的合作经济（或称合作社经济）正好提供了这样一个平台及辅助监管基础。当时的汀州，建立了不少合作社，形成了强大的合作经济。如建立了纸业合作社、消费合作社、粮食合作社等。而由当时中华苏维埃中央执行委员会主席毛泽东，副主席项英、张国焘等人签署的《中华苏维埃共和国临时中央政府布告（第七号）——合作社暂行组织条例》[①] 明确指出，“根据苏维埃的经济政策，正式宣布合作社组织为发展苏维埃经济的一个主要方式，这是抵制资本家的剥削和怠工，保护工农劳动群众利益的有力武器”。“苏维埃政府应在各方面（如关税、运输、经济、房产等）来帮助合作社之发展”。“合作社由工农劳动群众集体集资所组织”，“只限以下三种：一、消费合作社：这便利工农群众，议价购买日常所用之必需品。二、生产合作社：制造各种工业日用品，以抵制资本家之怠工。三、信用合作社：为便利工农群众经济运转和借贷，以

① 1933 年 9 月，中华苏维埃临时中央政府还正式颁布了《生产合作社标准章程》。

抵制私人的高利剥削。”[①] 有了这些政策及规定，合作经济发展就得以顺利进行，补充性货币便有了运行平台。而这些合作社本身就发行股票、使用股票。而持有股票这类补充性货币的合作社社员，“不仅兼股民，而且是该社的直接消费者、生产者、借贷者”[②]，所以，补充性货币在“中华红色经济之都”的运行十分顺利，合作经济作为补充性货币另一直接平台及监管辅助平台功不可没。

4. 大量的民间互济促进了补充性货币的运行及监管基础发挥作用。出于“中华红色经济之都”经济社会的发展需要，劳动群众之间的互助互济行为十分普遍。由于红军战士的参战，青壮年乃至妇女老人的支前活动十分热烈，使得在家的劳动力十分匮乏。如果没有互助互济，苏区的生产劳动难以进行。因此，苏区广泛成立了互济会，这是一种有别于合作社但又有合作性质的经济组织，是合作经济的一种补充，也是补充性货币运行的一个有效平台，使补充性货币的监管基础不断发挥作用。按照中华苏维埃政府对革命互济会的说明，互济会的宗旨主要有三条：其一，团结革命的或同情革命的广大工农及劳苦群众与红色战士，在革命互济精神下，反对帝国主义与国民党的白色恐怖，参加中国苏维埃运动的一切斗争；其二，发扬阶级同情与国际互助精神，救济苏区和白区的革命战士和一切为苏维埃政权而奋斗牺牲的革命战士及其家属，救助国际的与各弱小民族的一切革命运动及其被难者和家属；其三，救助一切反对帝国主义及国民党反动统治的国际和中国的革命运动[③]。显然，从互济会的宗旨来看，互济会互济互救的内容比合作社的合作内容更广泛、更多样，因而所形成的补充性货币运行的平台更大，使补充性货币监管基础发挥更大的作用。

5. 活跃的外贸加速了补充性货币的运用及监管基础作用的发挥。由于国民党对苏区的封锁，苏区的许多紧缺急需物资的供给是十分困难

---

① 中华苏维埃共和国临时中央政府布告（第七号）——合作社暂行组织条例，1932 年 5 月 1 日。

② 中华苏维埃共和国临时中央政府布告（第七号）——合作社暂行组织条例，1932 年 5 月 1 日。

③ 参见中华苏区革命互济会会员证。

的。为了粉碎敌人的封锁，按照中华苏维埃临时中央政府的统一部署，汀州苏维埃政府积极发展外贸，大力开展“赤白交易”①，迅速组织整修水陆运输线，形成了以长汀为中心通往中央苏区和闽西各县的陆路运输网和以汀州为中心的汀江水路货物集散地。汀州苏维埃还专门成立了各级对外贸易分局，开办了贸易、纸业、商业等公司，具体经办各类对外贸易事项，这对缓解苏区的经济困难做出了重大贡献，当然也为补充性货币的形成及运用开辟了新的领域，使债券、股票、谷票、米票、邮票等补充性货币的运行更加顺畅，也使国营经济、私营经济、合作经济的监管基础作用更好地发挥。为此，毛泽东作出了高度的评价：“打破敌人的经济封锁，发展苏区的对外贸易，以苏区多余的生产品（谷米、钨砂、木材、烟纸等）与白区的工业品（食盐、布匹、洋油等）实行交换，是发展国民经济的枢纽。”②

6. 系统的苏区财政金融体系形成了补充性货币的运行辅助机制及监管基础的保证。补充性货币的功能着重于辅助法定货币金融系统的运转及监管，但必须以系统的财政金融体系为基础，而当时在“中华红色经济之都”已形成了这种基础。这个基础的形成，与中共中央的高度重视分不开。

早在 1932 年 3 月，毛泽民就亲自到汀州水东街选地，帮助组建中华苏维埃国家银行福建省分行，以原闽西工农银行部分人员为骨干，将闽西工农银行的一套制度沿用到国家银行，并抽调人员充实瑞金国家银行。而金融行业的组织系统也较完善。仅以中华苏维埃共和国国家银行福建省分行为例，它的组织系统中就包括营业科、会计科、出纳科、总务科，并附设熔银厂，十分完整。

1932 年 6 月，邓子恢出任中央临时政府的财政部部长，主管中央苏区的财政工作。他也多次深入汀州市调查，总结汀州组织财政收入的经验，为中央临时政府制定各项财政规章制度作准备。在他的主持下，中央苏区政府的一批财政制度很快得到建立，这也确保了中央苏区财政

---

① 指苏区与白区之间通过各种途径进行的贸易。

② 毛泽东. 第二次全国苏维埃代表大会的报告［R］. 1934 年 5 月。

工作的顺利开展。应该认为，在土地革命时期，“中华红色经济之都”的财政金融事业是在打破国民党政府旧体系的基础上重新创建的。“中华红色经济之都”通过最早创办的闽西工农银行，大力发展信用社，统一财税制度，使一整套服务苏区军民的财税制度逐步建立起来，为临时中央财税制度的建立提供了有益的保障，自然也为补充性货币的运行提供了强大的辅助机制及监管基础的保证。

7. 完整系统的经济制度为补充性货币的运行提供了安全保障和监管保障。补充性货币的顺利运行，必须要有完整系统的经济制度作保障。而当时的“中华红色经济之都”已经形成了这样的经济制度，使得补充性货币能够在各个领域正常地发挥作用。在企业的经济管理方面，我们党在“中华红色经济之都”大力创办国营工商企业的时候，就开始探索国家工厂管理的新颖课题，摸索国营工商企业生产的科学管理方法，建立激励机制和责任制，制定真正的工厂制度。时任中华全国总工会委员长的刘少奇就主张要“科学地组织生产”，建立“个人负责制”，“在工资制度上激励工人来努力增加生产”，“建立真正的工厂制度”[①]。而在合作经济方面，主管部门先后发布了《合作社暂行组织条例》《生产合作社标准章程》。在财政、金融方面的制度更为完整，有《商业所得税征收细则》《建立关税制度》《建立现金出口登记制度》《山林税暂收细则》《土地税征收细则》《统一会计制度》《筹款办法》等。这些制度十分具体，便于操作，使得苏区的经济运行活动科学有序，也为补充性货币的运行提供了安全保障。例如，汀州在税收种类及税收办法方面就具体规定：开垦荒田免税三年；农业税四担（一亩）起征；山林税只收竹麻税，并按担计算，且最多不超过15%；店房地基税，则按店主收取总额的10%；如此等等。又如《营业所得税收取办法》也规定资本在200元以下不征收；资本在201元至500元收取3%；资本在501元至1 000元收取6%；资本在1 001至2 000元收取12%；资本在2 001元至3 000元收取20%；资本在3 001元至5 000元收取30%等。这些制度对经济建设起到很大的推动作用，当然也为补充性货币运

① 刘少奇. 论国家工厂的管理［R］. 1934年3月31日。

行的安全及监管保障提供了有力支持。

8. 人民群众的稳定收入是补充性货币形成及监管基础形成的重要前提。补充性货币的实质，是对法定货币功能、职能、作用、地位的一种补充及辅助，所以无货币就无所谓补充性货币。有货币的运行，才有补充性货币的运行。而人民群众持有一定的货币，即持有稳定收入的货币，是补充性货币及其监管基础能够形成并运行的前提。“中华红色经济之都”的情况正是如此。可以认为，如果当时苏区人民没有稳定的收入，不能持有相当数量的货币，则诸如捐款、合作、购债等经济行为就都无法进行，而债券、股票等补充性货币也都无法形成及运行。据考察，当时“中华红色经济之都”的捐款、购债及认股的情况是较普遍的。例如，福建苦力运输委员会在给各级委员会的一封信中就提道：“我们要为着阶级同情，特别募捐一部分金钱来援助他们的困难。省工委之前就明确指示，希你们按工联运动为准进行募捐。”[①] 中华全国总工会也曾指示：“工会在收买物资，必须最大限度粉碎敌人到赤乡……工会在改善工人生活，在战争动员中，要进行工会会员运动，吸收最广大人们参加工会。”[②] 中华苏维埃临时中央政府在发行第二期公债时也规定了具体办法：“债款分配数目：商家共十五万。汀州市——七万，宁化——五千，瑞金——二万，会昌——八千，冯门嶺——一万八千，广昌——六千，宁都——五千，兴国——八千，云都——三千，石城——三千，安远——二千，寻邬——二千。”[③]

当然，苏区人民群众收入稳定并能持有相当数量的货币，这与我们党的支持和关心分不开。中央苏维埃政府在这方面主要采取了两项措施，一是政府的投入，二是工资的增加。“闽西工农银行的资金投入闽西政府及各级政府百分之十，投入各种合作社百分之二十五，社会保险百分之七，投入苏维埃商店和土地生产百分之十五。”[④] 从数据上看，

---

① 福建省苦力运输委员会给各级委员会的一封信，1934 年 4 月 15 日。

② 中华全国总工会. 在粉碎敌人“五次围剿”决战中边区的工会工作［J］. 苏区工人，1934（14）.

③ 中央执行委员会第 17 号训令. 为发行第二期革命战争公债［R］. 红色中华，1932（38）.

④ 闽西苏维埃政府经济财政土地委员会联席会议决议案，1930 年 9 月 25 日。

当时仅汀州市合作总社下属的合作社就有粮食合作社、纸业合作社、消费合作社、生产合作社等。粮食合作社遍布5个区，纸业合作社有200多家，消费合作社在各街道都设有（每个消费合作社平均资本达8 000元）；各行业的生产合作社达25家。如按“投入各种合作社百分之二十五”的数目计算，苏维埃政府的财政资金是一笔不小的款项。显然，人民群众的收入在苏区也有很大的提高。以汀州市部分行业工人的工资变化为例，可以看出其收入的提高和变化（见表4.1）。这些都成为“中华红色经济之都”补充性货币的形成及监管基础的形成的重要前提。

表4.1 “中华红色经济之都”部分行业工人工资土地革命前后情况

单位：元/月

项目	土地革命前		土地革命后		项目	土地革命前		土地革命后	
	最低工资	最高工资	最低工资	最高工资		最低工资	最高工资	最低工资	最高工资
航运		14		46	油业	3	6	12	18
染业	2	5.5	18	20	药业	2	6	26	30
油纸	2	5	17	21	刨烟	3.5	7	30	36
酒业	3	6	18	20	印刷	5	15	28	36
布业	2	10	31	35	五金		6	14	18
京果	2	10	22	32	木工		18		24
纸业	3	10	31	35					

数据来源：福建省汀州市档案局统计数据。

（四）“中华红色经济之都”补充性货币监管启示

在“中华红色经济之都”补充性货币广泛的监管基础及监管保障下，补充性货币发挥着积极的作用，为当时的红色苏区的巩固和发展作出了重要贡献。由于这时“中华红色经济之都”的补充性货币具有坚实的监管基础及保障，同时其补充性货币基本上是实体形式，作用传播的途径有限，对社会经济的冲击渠道单一，加上监管基础对补充性货币的自监管作用，“中华红色经济之都”的金融体系基本上能担负补充性货币的监管职责。尽管在当代，由于经济社会和科学技术的进步，补充性货币的形式、内容、监管基础及保障都有很大变化，但根据马克思补充性货币的理论，通过对补充性货币在“中华红色经济之都”的监管实践的考察，比较当今补充性货币的发展与监管现状，我们仍然可以得到不少有益的启示。

1. 当时的补充性货币处于初级发展阶段；当今的补充性货币处于初中级发展阶段，故当前对补充性货币的监管方法、途径、基础在理论与实践上较之前有较大发展。按照马克思补充性货币理论，补充性货币是从初级阶段向高级阶段发展的。而“中华红色经济之都”的补充性货币都是处于初级阶段的，因而只具有初级阶段的特征。如米票、谷票、债券等，都属于实体形态的补充性货币。即便是股票等，也只具有实体形态，这是典型的初级阶段补充性货币的特征，因而对其监管较容易。而当今的补充性货币处于初中级阶段。在这个阶段，补充性货币除了有初级阶段的特征外，也有中级阶段的特征。这个阶段既有实体形态的补充性货币，也有虚拟形态的补充性货币，如以股票、债券为例，既有债券、股票的实体形态，又有其虚拟形态，而 QQ 币、比特币等补充性货币的形式更是丰富多彩；因此，对其监管很困难。

2. 当时的补充性货币种类较少；而当今的补充性货币种类繁多，从而当今对补充性货币的监管广度和深度会加大。从“中华红色经济之都”补充性货币的种类来看，不超过 10 种。而当今的补充性货币，种类则数以百计。这主要是因为当时“中华红色经济之都”的商品经济尚不发达，而当今社会已处于发达的商品经济或市场经济。应当认为，商品经济越发达，商品流通就越频繁，货币就越能凸显其重要性。如果货币发挥的作用或实现的职能不足，则更需要补充性货币来弥补，这是当今社会补充性货币数量及功能越来越多的一个原因，也是监管愈加困难的原因。

3. 当时的补充性货币形式单一；当今的补充性货币形式丰富多样，会进一步扩展补充性货币的监管广度与深度。“中华红色经济之都”的补充性货币往往以票证的形式出现，如谷票、米票、邮票、有价证券等，形式比较单一。而当今社会的补充性货币则丰富多样，既有票证形式的，又有币型形式的；既有实体形式的，又有虚拟形式的；既有物质形式的，又有非物质形式的。这些形式还在不断发生变化，从而给监管造成困难。

4. 当时的补充性货币难以促成通货膨胀，而当今的补充性货币则很容易促成通货膨胀。故而当代补充性货币监管的重点要放在对补充性货币参与下的通货膨胀的监管上面。按照马克思主义经济学的观点，通货膨胀主要是指发行的纸币量大大超过流通过程中所需要的实际货币量，或由于信用膨胀引发的物价普遍、全面、持续的上涨。“中华红色经济之都”的补充性货币由于形式单调、种类较少，处于初级发展阶段，一般来说其替代价值较小。如米票有四两、八两、一斤四两等；股票面额最大为 5 股，每个合作社社员最多执有 5 股。所以，这些补充性货币在形成和发展过程中几乎没有泡沫，只起到了弥补法定货币功能及职能不足的作用，这自然就没有促成通货膨胀的条件，反而能抑制法定货币过剩所造成的通货膨胀的进一步恶化。在当今社会则相反，补充性货币的种类繁多，形式丰富，并处于初中级发展阶段，面值也较大，其补充法定货币不足功能及职能的效应往往会迅速扩张，直接或间接放大法定货币的货币乘数，从而造成补充性货币乃至法定货币的泡沫，难以监管，加速促成通货膨胀。2015 年中国证券市场的股灾造成物价震荡的状况，充分说明了这一点。所以，监管补充性货币对法定货币的职能补充替代产生的扩张效应，缓解通货膨胀压力，是当代补充性货币监管的重要方面。

5. 当时的补充性货币是政府调节经济的可控工具；而当今的补充性货币对经济的影响则难以控制，故而对其监管力度应更大、更强。“中华红色经济之都”的补充性货币一般是苏维埃政府用于调节经济的工具，且这个工具被苏维埃政府有力地控制着。如米票、谷票只能在有限的区域内使用和兑换，过期则作废；又如债券，苏维埃政府也只是根据战争及经济的需要，定向、按期、分地域地发行。再如股票，除了合作社社员之外，其他人无法执有，其执有量、执有人数也都会受到约束。而当今社会的补充性货币，对社会经济的影响非常广泛，绝大部分政府都没有控制或暂时无法控制，如仅仅对证券市场的调控，就是一个大难题。特别是随着高科技的发展，当代社会的补充性货币的扩张速度非常迅速、扩张数量非常庞大，这都形成了政府宏观经济调控的新障碍。因此，对当代补充性货币的监管必须要加大强度、加大力度。

通过对“中华红色经济之都”补充性货币发展及监管的考察及分析，对照当今社会补充性货币的状况，我们还可以得出下列结论：

补充性货币是从低级向高级发展的。因此，对补充性货币的监管也是从低级向高级发展的。马克思主义经济学从理论上说明了补充性货币从低级向高级发展的趋势，而“中华红色经济之都”补充性货币的实践证实了这个趋势。因此，可以断定，当今社会存在的补充性货币所处阶段，只是其历史发展阶段的一个环节，以后，补充性货币将会向更高级的阶段发展。因此，对其的监管也必须与时俱进。

补充性货币的形式和内容以及监管状况都是由社会经济状况所决定的。“中华红色经济之都”的补充性货币的形式和内容及监管的发展状况，完全是由当时的社会经济状况决定的，也完全证明了马克思补充性货币理论的科学性。当时的补充性货币形式单调，内容不全，是“中华红色经济之都”那时的经济不发达，商品经济仅局限在一定区域，并处在自然经济的包围之中所致。而当代的补充性货币，则是市场经济的产物，因而补充性货币从形式到内容及监管状况完全今非昔比。因此，我们必须提升自身的监管水平。

补充性货币的运行风险会随着自身的发展阶段不断高级化而增加。因此，对其监管应加大力度。“中华红色经济之都”补充性货币的实践说明，补充性货币在初级阶段的风险很小，因此当时的苏维埃政府能够很好地控制补充性货币的风险。而当今社会的补充性货币发展得越来越高级，其运行风险以及对宏观经济造成的其他各种风险也会越来越大，对其控制越来越难。因此，如何根据马克思补充性货币理论，借鉴当时补充性货币的运行实践经验，加大当代补充性货币的监管力度，对当代社会补充性货币的风险控制具有重要意义。

补充性货币可以作为政府调控经济的有效手段或工具。故而，对当代补充性货币监管时更应加强政府的作用。“中华红色经济之都”补充性货币的实践，表明了补充性货币能像法定货币一样作为调控经济的重要手段。那时的补充性货币基本上都是由苏维埃政府根据“中华红色经济之都”的实际情况加以合理利用的，所以能对当时苏区的经济产生重要影响，也自然能成为苏区政府调控经济的手段。因此，我们在当前的经济调控中，完全可以根据当时“中华红色经济之都”的经验，正确运用补充性货币，并根据实际情况的变化对经济社会进行合理调控，使对补充性货币的监控成为当代中国经济社会发展的更大动力。

总的来说，补充性货币在中华人民共和国成立以来的运用实践有较长的历史。按照补充性货币的表现形态划分，补充性货币包括实体形态和虚拟形态两大类别。1955 年粮票的发行，被认为是实体形态的补充性货币在新中国的最早应用。实体形态的补充性货币，在新中国的经济发展过程中，曾扮演过十分重要的角色。当前，随着补充性货币的演变和发展，形态各异的补充性货币不断在中国出现，虚拟形态的补充性货币更是通过互联网积极影响着中国的金融市场。特别是在当前，中国的很多企业在“走出去”战略中，逐渐意识到虚拟形态的补充性货币对企业国际化的重要作用，于是纷纷效仿外国企业，大力推广和发行补充性货币，希望将补充性货币在海外的扩张作为自身国际化的一个重要途径。因此，在国际补充性货币如火如荼的发展浪潮中，补充性货币在当前中国的发展和扩张是历史的必然存在，也是不可避免的趋势。这也不断为补充性货币的监管提出了新问题、新要求。

补充性货币在当前中国的实践运用主要可分为慈善公益、扶贫救济、社区互助、政府配给、弥补平衡、分享创新这几个方面，实践范围涉及农村，城乡接合部，一、二、三线城市，实践参与者包括国家政府、地方政府、社区、企业、金融机构及个人等。这些实践参与者相互合作，相互影响，对补充性货币的各种职能都进行了尝试性实践和探索，旨在充分运用补充性货币的优势和特点，全面推进经济和社会的快速发展，提升人民的生活水平。这些实践和探索，也反过来进一步激发了实体形态和虚拟形态补充性货币在中国的自我完善和快速发展。当然，也构成了当代中国丰富多彩的补充性货币监管过程。如何正视这些过程，适应监管的现状，面临许多新课题。

实体形态的补充性货币在中国的发展历史较长。1955 年的新中国粮票是一个新的阶段标志。而虚拟形态的补充性货币，则是近年来在互联网金融高速发展的过程中在中国兴起的新生事物。虚拟形态的补充性货币在外国具有较长的发展历史，但其在当代中国的发展历史相对较短，且处于不成熟的探索期，有待进一步自我完善和扩张。当然，对其的监管更为重要。为此，深刻了解当代实体形态及虚拟形态的补充性货币的监管现状十分必要。

二、当代中国实体形态补充性货币的发展及监管现状

实体形态的补充性货币主要分为金属补充性货币、实体信用货币和实体社区货币三类。其中，实体信用货币和实体社区货币在中国的发展较为成熟，也有较多实践。

（一）金属补充性货币的发展与监管现状

金属补充性货币主要是指以金属为货币材料、能替代和补充法定货币职能的交易媒介，如黄金、白银等。如前所述，黄金等贵金属在其发展历史上，存在着角色的转化。黄金曾是法定货币，担任过很长时期的硬通货角色。自布雷顿森林体系崩溃后，黄金不再作为法定货币，绝大部分是作为国际储备或者实物投资资产而存在的。因此，这个意义上的黄金，以及以黄金价值为尺度的所有黄金衍生投资品，都应属于补充性货币的范畴。

本书所指的金属补充性货币，是指黄金等贵金属失去法定货币地位后，在某些地区或者小范围内仍然充当交易商品的媒介功能的一般等价

物。当然，目前在各个国家，黄金已经很少有机会能充当一般等价物了，中国只有在很落后的山区和少数民族地区，还保留着原始的用黄金等贵金属进行商品交易的情况。因此，虽然金属补充性货币在当前中国的少数地区仍然存在，但并不是主流，其发展的潜力和空间也不大。由此可见，金属补充性货币在当代中国的影响较为有限，监管也相对比较容易。由于金融补充性货币在现实生活中的实际运用较少，对其进行监管则应该更多地从其生产来源、供给数量和质量、供给领域和覆盖面等方面加以考虑。从现有的实际情况来看，我国对黄金等贵金属作为金融补充性货币的监管方法和途径通常与国际金融市场的监管方式较为一致。从国际上来看，在对黄金等贵金属的监管方面，各国大都采用政府监管与自律监管相结合的方式。政府监管主要体现在对黄金等贵金属的勘探和开采的严格控制上，国家会颁布众多的行政法案和规章制度，并纳入国家采矿法律中。国家采矿法律涵盖的领域一般包括：许可程序、外方对土地的所有权、环保规定、健康和安全以及税收与土地使用费等。除了国家采矿法律外，还有一些专门针对黄金采购的规定。例如，最广泛受到认可的一项规章是经济合作与发展组织的《产自冲突影响和高风险区矿产负责任供应链尽职调查指南》。还有美国《多德弗兰克法案》（第 1502 节）和欧盟《无冲突矿产条例》，它们的颁布主要用于确保黄金开采和生产不会为武装冲突提供资金支持。另外，政府也会对黄金等贵金属市场的基础设施进行监管。以黄金交易为例，买卖黄金或黄金产品的储金银行和交易，以及金融顾问和财富管理公司，通常会受所在地监管机构监管。在英国，金融行为管理局（FCA）负责监管参与黄金市场的若干机构的行为，这些机构包括：交易所［如伦敦贵金属交易所（LME）］、储金银行、“清算”银行、金融顾问、投资和财富管理公司。FCA 还负责调节伦敦金银市场协会（LBMA）黄金价格，该价格是国际公认的全球黄金价格基准。同时，制定税收政策也是一种变相的监管措施。在黄金行业中，政府在勘探和生产周期的不同阶段、进出口和购销环节都要征收不同的税费。各国的土地使用费和生产税差异甚大。许多国家实施黄金自由进出口政策，因此黄金市场是真正的全球市场。投资黄金通常无须缴纳增值税（VAT）或商品及服务税（GST），但在一些国家仍需交纳。不同产品之间 VAT 和 GST 的课税标准也可能不同，例如硬币和金条的税费不同，所以必须了解当地的税收规定。出售黄金也常常需交纳资本利得税。此外，自律监管主要是依靠行业的自愿性准则，通过行业内部自我约束来配合辅助政府监管。例如，行业自律监管中最典型的一条旨在覆盖贵金属行业所有参与方的自愿性准则，即在世界各地执行金条质量最佳实践的“合格交割”标准。该标准由伦敦金银市场协会及其成员管理。它将制定指导方针，以促进贵金属市场守诚信。此外，还有类似的针对某些地理区域的自愿性准则，如伦敦金银市场协会计划、世界黄金协会的无冲突黄金标准、ICGLR 反非法开采自然资源计划、DMCC 的负责任贵金属采购、ITRI 供应链计划等。需要强调的是，相较于政府监管，自律监管由于缺乏强有力的公信力和执行手段，监管的效果相对较弱。

值得一提的是，随着互联网技术的兴起和发展，黄金等贵金属在市场中的交易流通越来越多地借助网络在线平台和线上第三方交易机构，因此对其的监管和控制，则应该在上述的监管方式基础上，更多倾向于对互联网在线交易平台和线上第三方交易机构的信用等级、资质、财务状况、主营和衍生业务范围等方面进行监管，即应包含在互联网金融风险控制的内容中。令人遗憾的是，目前我国乃至全球的互联网金融尚处于初步发展阶段，各地对互联网金融风险的管控体系还不成熟，我们还任重道远。因此，黄金等实体贵金属补充性货币的未来监管重点，应该归于我们对互联网虚拟金融市场的规范和管控体系的建立健全。

（二）实体信用货币的发展与监管现状

如前所述，股票、债券、远期合约、互换等金融原生和衍生产品属于泛信用货币的范畴。中国历史上最早的实物股票，可追溯到 1878 年（光绪四年）清朝政府因洋务运动的兴起而发行的开平矿务局股票。晚清时期，清政府还先后发行了中法债券、沪宁铁路债券、大庆关内铁路债券等外国债券以及政府债券等实物债券。1914 年，为了讨伐袁世凯，孙中山成立了“中华革命党”，并发行了“中华革命党债券”以筹备军饷。1978 年，中国进入改革开放时期，中国金融市场发展逐渐活跃。20 世纪 80 年代中后期，股票市场和债券市场逐渐兴起，由中国政府、地方政府、公司企业等主体发行的实体形态的股票和债券纷纷出现。这些实体形态金融原生工具的发展，也进一步推动了实体形态的金融衍生工具的发展。当然，由于网络电子交易平台的发展，实体形态的金融原生和衍生工具在当代的中国金融市场已经几乎消失，被虚拟形态的金融原生和衍生工具取代。

此外，本书认为，信用卡这种泛信用货币可以根据持卡人对信用卡的不同用途，实现其在法定货币和补充性货币之间的角色转化。当持卡人直接消耗以电子流形式储存在信用卡内的个人信用额度，而没有消耗任何法定货币时，信用卡就是实体信用货币，也属于补充性货币的范畴。改革开放为中国的金融发展创造了更宽松的政策环境，中国的很多商业银行纷纷开始走出国门，学习外国的先进经验。1979 年，中国银行广东分行与香港东亚银行达成协议，负责代理信用卡业务，这标志着信用卡在中国正式问世。随后，中国银行的各分行纷纷与香港东亚银行、汇丰银行、麦加利银行和美国运通公司等发卡机构签订了信用卡兑付协议，实体信用卡逐渐在中国金融市场兴起。现今，实体信用卡在中国金融市场上已经全面流行且开始趋于充足，虚拟信用卡正逐渐取代实体信用卡。而国家对其的监管，则是通过金融法规予以约束。使用信用卡等实体信用货币存在的具体风险有：支付功能引发的违法行为风险（如跨境套现、欺诈交易等）、信用评级体系不公平或不真实的隐性风险、客户信息泄露风险、客户信用信息缺失或纪录不全风险、利率或汇率变动引发的其他各种风险等。从国际层面来看，美国作为全球信用卡市场最发达、最成熟的国家，主要是通过完善的政府立法监管体系，由联邦储备委员会作为规范商业银行信用卡管理的主要执法机构，维护本国金融市场的安全与稳定。美国相关的监管法律法规主要包括《信用卡发行法》《公平信用报告法》《平等信用机会法》《公平信用和记账卡公开法》《公平债务催收作业法》《公平信用记账法》等 16 项法律，上述完备的法律监管体系有效地确保了各个阶段美国信用卡市场发展长期处于领先优势地位。此外，美国还根据信贷行为不公平的实际情况，对原有的法律法规进行适时调整和灵活革新。如2009年美国政府对原来的《真实信贷法案》进行修订，形成了《2009年信用卡业务相关责任和信息披露法案》，有效地维护了持卡人的权益，监管成效在短期内较明显[①]。此外，美国对类似信用卡功能的预付卡进行了严格的监管和界定。美国的预付卡根据卡的用途和使用范围可分为闭环卡和开环卡两种。前者又被称为特定零售商卡，它是指只能在特定区域用于特定目的的卡，如礼品卡、预付电话卡，用完为止，不能再次充值，类似我国的单用途卡。后者又被称为网络品牌卡，是指利用Visa、万事达支付网络作为交易手段的预付卡，通常有这两家服务提供商的标记。开环卡可以用于多种场合，包括购物、取现，并可以再次充值。按照美联储相关条例，开环卡被定义为存款，发行人被看成揽储和存款机构。不过，只有金融机构发行的预付卡才可以被看成存款，而所有非金融机构发行的预付卡（礼品卡）都被排除在外。因此，金融机构发行的预付卡所揽入的存款受到联邦存款保险公司的保险。而发卡机构和存款运营也因此要受联邦存款保险法的约束和联邦存款保险公司的监管。联邦层面的立法和监管主要在于防止预付卡犯罪，而州法则将重心放到了消费者保护上，主要是针对发行人不公平的商业行为和损害消费者权益的行为。美国各州以扩大《资金汇兑法》的适用范围来监管预付卡发行人，保障消费者资金的安全。约45个州设有此类立法，至少有16个州和哥伦比亚特区已经明确修订了各自的《资金汇兑法》，将预付卡纳入该法范畴。其他州则直接认为预付卡应受《货币汇兑法》约束。

此外，美国也通过行业自律监管来发挥作用。一些行业性协会如信用报告协会、信用管理协会、收账协会在信用卡市场的自律监管方面也发挥了不可或缺的辅助作用[②]。相较于美国，虽然我国的金融市场发展起步较晚，但信用卡市场在我国的发展已逾30年。当前国内的信用卡

① 杨端. 美国信用卡信用风险防范立法及其启示［J］. 河北法学，2007（3）：96-99.

② 安炤泫. 美韩信用卡发展历史对中国的启示［D］. 北京：对外经济贸易大学，2006：4-6.

市场发展迅猛，用户对于信用卡的认知和使用也趋于常态，业务需求量大，市场发展潜力不可小觑①。而我国信用卡市场的监管体系却还在进一步完善的过程中，短期内尚无法与国内信用卡市场的发展速度相契合。在前期表现为大额信用卡风险控制不到位；信用卡滥发多发，信用卡同质化现象严重；发放审核程序不完善，导致信用卡个人征信不良记录骤升；坏账烂账堆积，逾期半年未偿信贷总额、透支不良率、不良贷款余额等持续攀高等现象。因此，近年来我国政府对信用卡市场的监管给予了更多的关注和更强硬的措施。早在 2017 年 3 月，原银监会就下发了《中国银监会办公厅关于加强信用卡预借现金业务风险管理的通知》（以下简称《通知》），明确规定了银行业金融机构对预借现金的额度、办理流程以及资金的实际用途等内容。《通知》表示："信用卡预借现金比例上限不得超过信用额度的 50%，原则上不享受免息还款期或最低还款额待遇，应全额计入最低还款额。""持卡人确实有需要对预借现金业务申请分期付款的，银行业金融机构应在重新评估持卡人信用状况和还款能力的基础上，签订业务合同，并在信用卡总授信额度中相应扣减该笔预借现金业务总金额。"另外，监管要求信用卡预借现金资金只能用于消费领域，包括家庭耐用品消费、旅游消费、家居装修、助学进修、医疗保健等，不得用于生产经营、投资等非消费领域（包括但不限于购房、股票、期货、理财、P2P 借贷及其他股本权益性投资）。由此可见，政府通过监管的方式，能降低信用卡的现金业务额度，防范过度授信可能带来的风险。然而，在真正执行政府的监管命令时，各家银行也会采取不同的策略和对策。比如，虽然监管对信用卡现金业务的额度与用途都做了规定，但在实际操作过程中，有一部分预借现金是预先直接打到了客户储蓄卡上的。不同客户预借现金的额度，从几千到几万，甚至十几万、几十万的都有。这部分资金到了客户的储蓄卡上之后，银行也没法控制资金实际的去向。此外，银行信用卡对客户

① 据统计，截至 2016 年年底，美国人均持卡量达 2.9 张，而我国信用卡累计发放 4.65 亿张，人均持卡量 0.31 张，其中 20~59 岁城镇居民人均信用卡持卡量仅为 0.95 张，信用卡市场潜力空间巨大。

授信额度的调整，也并不是“一刀切”的，而是有选择性的。在监管要求控制授信额度的条件下，信用卡中心的总体额度和放贷规模是固定且有限的，银行信用卡中心会根据客户的实际情况，进行经营策略的调整。如灵活调整预借现金的额度；动态调整客户的授信额度，把额度尽可能多地给那些创造利润、使用现金分期的客户；降低僵尸客户的账户授信额度；注销无效卡、睡眠卡等。也正是因为政府监管的限制，信用卡的现金业务和其他各类业务（包括一般业务和跨国业务）都变得越来越灵活。

显然，我国的政府监管具有一定的成效，但行业自律监管尚未完善。个人信用档案的采集和管理、全民信息数据库的建立和完善、个人信用评估指标和机制的标准化、个人信用风险预警机制的构建、银行内部风险管理机制的高效运行等方面，均亟待协会自律性组织[①]与政府机构紧密配合，以期达到更高效、更明显的监管效果。值得强调的是，在当前金融科技和信用卡业务模式不断融合的新形势下，我们逐渐走过了信用卡 1.0 时代（仅单纯将信用卡看作支付工具）和信用卡 2.0 时代（将信用卡看作链接跨界合作、体验嵌入式金融服务的流量入口），正朝着信用卡 3.0 时代（信用卡将利用物联网技术，嵌入并重塑消费支付场景，为客户提供极致金融服务体验，助推实体经济发展）飞速迈进。在信用卡 3.0 时代，传统的信用卡获客渠道、业务收入来源、创赢模式、营销策略均不再完全适用，而需要做到以下几点：第一，发卡机构应灵活调整获客模式，运用大数据分析甄选优质重点客户，有效提升促成率；第二，聚焦重点客户的个性化需求，进行市场细分，提供差异化业务服务，围绕重点客户设计针对性的产品体系，以在信用卡原有的收入来源（如利息收入、分期手续费收入、商户回佣、年费及取现手续费）的基础上新增其他业务收入来源和渠道；第三，随着银行间差异化竞争的持续加剧，信用卡的传统创赢项目（如卡费、年费、手续费等）必然会逐渐消失，要在激烈的竞争中获胜，必须从调整创赢模式

① 张倩，张云志. 从美国信用卡新法案看金融消费者权益保护［J］. 中国信用卡，2009（8）：55-60.

着手，即尽量缩短信用卡业务创赢时间，同时提高卡均收入；第四，传统的营销模式（如线下获客、电话营销、邮件营销、电视营销、报刊营销等）将逐渐被线上营销（如微商营销、自媒体直播营销、场景营销等）替代，并让客户能根据他们不同的个性需求，通过信用卡消费，快速链接并有机融入属于对应客群的消费场景文化中。由此可见，我们在快速迈向信用卡 3.0 时代的同时，亟须考虑寻找到与之匹配的信用卡监管新模式和新路径。同时，我国个人信用信息数据库在 2006 年才开始运行，个人与银行间商业行为的信用信息很不全面，与信用卡有关的风险预警机制和措施也不完善，信用卡发行机构的内部管理与业务行为（如信用卡审批、发卡授权过程、内部部门动态管理、突发情况和潜在风险应急标准流程等）存在疏漏，这些问题都会严重地影响和阻碍我们对信用卡等实体信用货币的监管效率和效果。因此，当前我们必须将寻找一条有效的信用卡等实体信用货币的监管途径作为研究工作的重点之一。而在信用卡 3.0 时代下，信用卡等实体信用货币已与物联网、区块链、消费虚拟场景、线上营销等客体紧密融合，因而未来对其的监管重点也应该归于互联网虚拟金融市场的规范和管控体系的建立健全。

（三）实体社区货币的发展及监管现状

实体社区货币在中国的实践很多，近年来其发展也很迅猛，具有典型性。实体社区货币的表现形式丰富多样，在中国最常见的实践形式则是消费券。消费券是指出于刺激消费等目的在特定时期发放的有价票证，要求持券者必须在有限期限内使用。根据消费券的发放对象和用途不同，其可以分为普惠制消费券（如旅游消费券、教育消费券、文化消费券、医疗社保消费券、信息消费券）和现金替代式救助型消费券（如转移支付消费券、赈灾补贴消费券等）。而根据消费券发放的主体不同，其可以分为政府发放（国家或地方政府）和非政府发放两类。大部分的消费券是由政府发放的，主要是用于扶贫救济、拉动消费、安抚民心、稳定经济，是一种变相的社会资源再次分配方式。非政府组织发放的消费券主要是用于慈善互助、促销宣传、树立品牌等，是一种变相的获取社会影响力和利益的方式。政府发放的消费券针对性强、信誉度高、接受度好，具有较强的流动性。非政府组织发放的消费券受众较广、信誉度低、使用范围较窄，具有较弱的流动性。消费券的发放，能直接拉动有效需求的增加，刺激最终消费，加速经济的发展。

我国发放消费券的实践历史并不算短。清代就出现的茶筹、酒筹[①]是消费券在我国运用的雏形。1955 年，消费券正式在我国全面运用，除了发行全国粮票及各类商品票外，我国政府还多次针对特定的人群和目标发行各类消费券，如从 20 世纪 80 年代开始，各地方政府为了鼓励执行独生子女政策，每年会给独生子女家庭一定金额的消费券作为补贴奖励，这些消费券可以直接在当地的零售商店换购商品。2007 年，北京房山区对低保群体发放养老服务券，社区养老服务部门将凭券发放给补贴对象，享受补贴服务的老人可以在本年度自行安排使用凭券，也可以凭券购买服务时间。这种养老消费券，初步奠定了我国凭单制养老的雏形。2008 年全球金融危机爆发，中国的经济也受到冲击。为了尽快摆脱这样的困境，我国政府发放了大量的折价消费券，从而掀起一股使用消费券的热潮。由于在金融危机这种恶劣的宏观环境下，货币贬值、物价飞涨，且人们的消费意愿普遍较弱，发行普通的消费券无法产生很大的消费带动效应，而折价消费券，其实质是一种增值型消费券，消费者持有这种消费券，必须在一定限制期内消费才能以低于消费券面额的成本买回高于成本的商品。这样，在特定的危机环境下，政府能有效刺激消费者的购买欲望，引导消费者提前消费，以达到复苏经济的目的。此外，在金融危机后，各地方政府为了刺激内需，各种具有公益性、互助性、娱乐性的消费券逐渐在全国各地的城市和农村社区范围内迅速扩散开来。成都、杭州、南京、东莞等城市更是根据自己的实际情况，形成了适合本地区发展的消费券发放模式。例如，2008 年 12 月，成都市政府针对“城乡低保”“农村五保”和“城乡重点优抚”三类人群（共计 37.91 万人）发放了总金额为 3 791 万元的“成都消费券”，鼓励持券者到指定超市凭券购买生活用品。2009 年 1 月，成都市政府针对三

① 筹，本是算具。古代使用竹木削制成筹来进行运算。

类城乡劳动者（包括返乡农民工、2008届以前未就业大中专毕业生、因企业停产或经济性裁员的新增失业人员，共计15万人）发放总价值为7 500万元的“就业培训券”，鼓励持券人凭券前往成都市内200多所定点培训机构参加专业技能培训。又如，2009年1月，杭州市政府针对市区范围内的企业退休人员、老年居民、残障人士、在校学生等八类人员（共计67万人）发放了总金额为1亿元的“杭州消费券”，鼓励持券者凭券在指定零售商店消费各种商品和服务。“杭州消费券”不仅可以换购实物商品，还可以兑换健身、旅游、电影、演出、培训等娱乐文教服务。2009年2月，杭州市政府又发放了总价值为1.5亿元的“杭州旅游消费券”，共计240万份，持券人可以凭券在杭州市区及其辖属的七个县区范围内的指定商家处享受旅游景区折扣优惠。同时，在2009年1月，南京市政府也使用地方财政资金，向南京市民发放了总金额为2 000万元的“南京乡村旅游消费券”，以刺激市民在当地乡村旅游景点消费的需求，增加当地郊区农民的收入。此外，2009年1月，东莞市政府针对市区内的低收入群体发放了总金额为2亿元的“红包”消费券。2009年2月，中山和肇庆市政府针对低收入农民群体，专门推出了“旅游下乡消费补贴券”，以刺激农民群体的旅游消费欲望。这些地区运用消费券进行的实践活动获得了很大的成功，国内其他地区也纷纷效仿。2012年全国两会期间，全国人大代表、步步高董事长王填提出了用两年国企利润向民众分红，发放4万亿元消费券的议案。该议案引发了学术界和民众的高度关注和极大兴趣。2013年，广东省顺德区为帮扶困难家庭安度中秋节，创新性地运用价格调节基金330万元，以发放消费券的形式补助全区1.65万名困难群众。符合要求的民众每人可以获得面值为100元的平价商店消费券2张，并在规定的时间限制内凭借低保证、五保证或低保临界证到指定的大型连锁平价商店进行等额消费，实现了稳价惠民的政府目标。此外，消费券还可以广泛用于公共文化、教育、卫生、信息使用、社会保障等领域，以解决国家经济社会在某特定时期存在的问题，或者实现政府的某些特定目标。例如，为了丰富社会公众的文化生活，更好地满足他们的精神层面的需求，北京市于2016年启动了文化惠民消费券活动试点工程，2016—2018年3年内北京市国有文化资产管理办公室启动发放了文化惠民消费券（以下简称“文惠券”）共计1.1亿元，直接带动北京市文化消费超过7.8亿元。文惠券面额设置5元、10元、20元、30元、50元和100元6种，在使用时，消费者选择个人账户中可使用的文惠券数量及面值，并进行相应扣减，最后支付余款。民众可根据自己的需求和兴趣爱好选择文化消费内容，文惠券可以在原票价的基础上直接实现抵扣。消费券额抵扣与各个合作单位的优惠券、折扣券相加，总计为北京市民消费者提供了约3.3亿元优惠金额，截至2018年年底，总共有900万人次参与领券，实际消费约420万人次。

在国家政府和地方政府的全力推行下，许多非政府机构和企业也越来越关注消费券的重要作用。于是，报社、网站、学校、航空公司等机构和零售企业也纷纷加入了发放消费券的大军。例如，2009年2月，重庆市三大电器专营商场（重百、新世纪、商社）联合发放了总额为1亿元的消费券；2009年2月，武汉市长江日报社向公众发放了总额超过1 200万元的购房消费券；人人乐、家乐福等大型超市每逢过年或者重大节日，都会举办会员积分兑换购物消费券的活动，获得购物券的消费者可凭券购买超市中的任意商品……此外，红旗连锁也推出购买商品返消费现金抵用券活动，以达到促销的目的。这些由企业发放的消费券，旨在拉动企业商品或服务的销售，扩大宣传效应，提升企业形象，提高消费者的忠诚度和依赖度，从而快速占领市场，获得更高的利润。

消费券的发放和使用，在全球范围内也有较多的实践。1999年4月，时任日本首相的小渊惠三为了使日本经济尽快从经济危机中复苏，启动发放“地域振兴券”，向年龄在15岁以下、65岁以上及弱势群体每人发放2万日元消费券，总值高达6 000多亿日元，使用期限为半年。2008年10月30日，时任日本首相麻生太郎为了应对金融危机，刺激内需，宣布发放“定额给付金”，每户家庭平均能获得3.8万日元的消费券，总价值2万亿日元。同年11月，再次宣布发放消费券，定额补助平均每人1.2万日元，向65岁以上和18岁以下的民众多发

8 000 日元。美国的消费券实践主要以退税和发放粮食券形式出现。在历史上，美国多次通过这两种方式来刺激经济危机后的民众消费。2008年2月，美国通过退税法案，给家庭年收入为3 000美元以上、20万美元以下的中低收入家庭退税，总计金额高达1 600亿美元，受惠覆盖面达1.3亿个家庭。同年9月，美国政府为3 150万民众发放粮食券，占全美人口的10.3%。以纽约为例，每人每月能领取100美元左右的粮食券，用于购买食品。

西方发达国家对消费券的监管实践相对较多。以美国70多年历史的粮食券发放制度为例，美国对于粮食券的发放有着较严密的监管体系。首先，美国通过粮食券法案，明确规定了粮食券的印制和发放均必须由政府统一部署和实施，并由政府相关职能部门根据发放粮食券的对象进行编号和匹配，杜绝了粮食券造假的可能性。美国发行的粮食券一般是以1、5、10美元为面值的实体社区货币。随着网络技术的发展，近年来美国政府发放的传统粮食券已逐渐被像信用卡一样的卡片替代，更加便于政府运用计算机进行高效率统一管理。粮食券的发放对象也有严格的限制，政府要求领取粮食券的受惠群体只能处于贫困线以下（年收入一人10 830美元、二人14 570美元、三人18 310美元、四人22 050美元以下的家庭，银行没有任何存款，没有自有住房），并经符合发放资格的公众自主申请、政府严格审核批准。政府对发放的金额标准也有一套复杂的计算公式，会根据不同的发放区域、发放对象、发放时期、发放宏观环境进行合理的动态调整，并根据特定受惠扶助人群（如残障人士、多小孩需照顾因而家长不能工作的家庭、有小孩而家长不能工作的单亲家庭），将粮食券与政府救济金相结合进行发放，粮食券和救济金发放使用同一张凭卡，根据卡片的号码来确定受众的领取时间。比如，粮食券按照凭卡卡号的最后一位数字，是1的1号、是2的2号……是0的10号进行发放。政府救济金按照凭卡卡号最后号码是1、2、3的在1号发放，最后号码是4、5、6的在2号发放，最后号码是7、8、9、0的在3号发放等。此外，政府还严格规定粮食券的消费范围仅限于购买维持基本生活的食品类型的商品，不能用于购买烟酒等商品。在未使用电子化粮食券凭卡之前，仍然存在使用粮食券私下购买其他商品、低价售卖、违规收购粮食权的行为。但自从近年来美国采用粮食券与救济金凭卡发放、计算机系统电子化管理之后，这种违规违法行为已经基本上消失，监管效果进一步提升。

我国对消费券的监管，主要是以政府监管为主，行业自律监管由于行业内部的主体出于自身利益获取的考虑而缺乏监管的驱动力，其对政府监管的辅助功能几乎尚未得到发挥。我国对消费券的政府监管主要体现在法律法规的制定和颁布上。按照我国的现行法律法规规定［如《中华人民共和国中国人民银行法》（第二十条）、《中华人民共和国反不正当竞争法》（第七条）、《中华人民共和国反垄断法》（第八条）、《工资支付暂行规定》（第五条）等］，任何形式的代币消费券都应由中国人民银行决定或者发行，其他任何单位发放消费券均属于违法行为。但是，当前各级地方政府、各企业单位均仍在一定的区域范围内小规模地自主发放消费券，国家政府的监管处罚措施尚未落地。这主要是考虑到消费券在特定时期能发挥比法定货币更大的优势和功能，有着公益性、普惠性、救济性、帮扶性和灵活性的特点，且能在一定区域范围内带来拉动消费的效用，因此国家政府在颁布非国家政府的其他企业、机构和地方政府禁止发放消费券的法规后，也鼓励这些非国家政府主体在得到国家政府机构审核和批准之后，在试点区域进行消费券发放和使用的实践。当然，目前我国政府对消费券发行和使用的监管体系还不完善，虽有已成形的法律法规约束，但由于不同地区具有不同经济发展水平、不同的实际情况，如何因地制宜地合理判断和保证消费券的发放类型、发放数量、发放地点、配额限定、发放时间？如何对消费券的发放渠道和标准、审批流程、运行环节实施统一监管？如何解决因发放消费券引发的公平、腐败、地方保护、伪造消费券、黄牛党倒卖、消费券违规变现、回收善后、消费反向抑制等社会经济问题？如何确定消费券受惠人群的覆盖面和消费券使用范围？如何对违规违法的活动主体进行恰当的惩罚？上述这些问题，涉及对消费券实践监管的各个方面。由于我国与西方发达国家的宏观环境和国情都存在较大差异，所以西方国家消费券的实践和监管经验，我们不能完全借鉴和照搬照抄，必须根据自身实际进行创造性地运用。目前我国政府对此尚处于探索阶段，需要通过未来的不断实践加以改进和完善。而在这种情况下，对消费券等实体社区货币类型的补充性货币的监管面临多个主体、多个客体、多种途径、多种方法等问题，必须要综合治理，未来的监管工作重点也应该更多地倾向于借助建立健全互联网虚拟金融市场的规范和管控体系来进行。

三、当代中国虚拟形态补充性货币的发展与监管现状

随着互联网的兴起和发展，虚拟形态的补充性货币在中国也日渐发展壮大。本书认为，虚拟形态的补充性货币主要包括虚拟社区货币、信用支付手段和密码支付手段三类。这三类虚拟形态的补充性货币，作为新兴事物在经济社会生活中扮演着越来越重要的角色。但是，与其他国家相对宽松的监管政策不同，中国政府先后颁布了若干法令，限制和严控进入中国金融市场的虚拟形态补充性货币，这在一定程度上也阻碍了其在中国的快速发展。但是，这种严控及限制是有现实意义的，因为“随着时代的变迁，此金融已非彼金融，现代金融已非传统金融”①。因此，补充性货币的当代监管在理论与实践上还存在许多需要解决的大难题。

（一）虚拟社区货币的发展与监管现状

一般认为，虚拟社区货币即限于网络社区用户之间、用于虚拟或实物交易的各类初级虚拟化的票证、票券等。虚拟社区货币由网络社区内的指定机构和网络单位（如网络社区、网络公司等）发行，仅限于特定区域内网络社区成员之间的交易使用。在特定的区域范围内，虚拟社区货币具有与法定货币等同的购买力，既可以在网络虚拟社区范围内使

① 白钦先，常海中．金融虚拟性演进及其正负功能研究［M］．北京：中国金融出版社，2008：273.

用，也可以在网络社区成员之间进行流转，还可以在网络社区用户所在的实体社区范围内使用。随着虚拟社区货币的不断扩张和发展，虚拟社区货币的使用范围也逐渐脱离虚拟空间，它既可以用于购买虚拟商品和增值服务，也可以用于购买实物商品和劳务服务。

由于虚拟社区货币属于新时代的新生事物，其发行历史、演变过程和运行原理在全球各个国家都是类似的。以美国亚马逊公司为例，亚马逊公司于2013年2月初宣布将为自己的安卓应用市场推出一种名为“亚马逊币”（Amazon Coins）的虚拟货币，旨在刺激用户在其市场购买应用程序，进而激励Android开发者为其编写应用，完善平台生态。亚马逊公司在声明中表示，从2013年5月开始，消费者就能够使用亚马逊货币购买应用和游戏内虚拟商品。该公司一开始将向消费者免费发放价值“数千万美元”的虚拟货币。一个亚马逊币等价于现实世界中的一美分。作为全球最大的零售网站，用户积攒一定数量的亚马逊币还可以在公司网站上换购指定的电子书及实体商品。

虚拟社区货币在中国的实践历史虽然较短，但发展速度很快。在2000年，中文利网（ChinaBonus. com）为提升用户注册人数和使用量，向注册的用户赠送积分。当积分累积到一定数量时，用户就可获得能在该网站进行消费支付的“虚拟通用货币”。这种“虚拟通用货币”就是中国虚拟社区货币的雏形。短短十多年间，中国的虚拟社区货币不断以新的形态涌现，不胜枚举。2002年5月，腾讯公司推出的QQ币标志着虚拟社区货币的正式崛起。QQ币实际上是一种统计代码，用户可以通过向腾讯公司购买QQ币获得腾讯公司的各种网络虚拟增值服务，包括QQ秀、QQ空间装扮、附属QQ游戏、QQ宠物、QQ皮肤、炫彩表情、超级会员、聊天室、QQ俱乐部以及钻石贵族身份等虚拟产品，还可以通过第三方平台交易实物商品。此外，QQ币与法定货币可以通过第三方平台实现双向兑换，QQ币也支持网络成员之间的相互赠送和相互交易。由于中国的腾讯用户数量庞大，QQ币理所当然地成了中国最流行且影响力最大的虚拟社区货币。至今为止，在中国的虚拟网络社区中发行或使用的虚拟社区货币已经超过几千种，名称、形态和运行方法都有些许差异。其中影响力较大、受众较广、信用度较高的虚拟社区货币主要有 QQ 币、U 币、百度币和 POPO 币等。这些虚拟社区货币之所以影响力较大，主要还是因为其所在的虚拟社区网站历史较长、规模较大、用户较多、口碑较好。如 QQ 币所在的腾讯网站、U 币所在的新浪网站、百度币所在的百度网站、POPO 币所在的网易网站，都是中国相当知名的虚拟网络社区。

虚拟社区货币能促使社区内成员间的交易更加快捷方便，也能帮助其发行者锁定用户，扩大市场份额。实际上，虚拟社区货币本身就附加着虚拟社区或网络企业的品牌价值。因此，虚拟社区货币的流通性越强，使用范围越广，发行者的影响力和品牌效应就越大。此外，虚拟社区货币仍然是以法定货币为价值尺度的，用户要想获得虚拟社区货币，必须先用法定货币兑换和购买才能使用。因此，为了防止虚拟社区货币的滥用，中国政府对虚拟社区货币的发行和流通予以了严格的限制和管理。从 2007 年 2 月开始，中国相关政府和金融机构先后下发了限制虚拟社区货币发行、倒卖等行为的相关文件和法令，并明确规定了虚拟社区货币的使用范围和约束条件，所有有关虚拟社区货币的经营活动必须经过国家有关部门批准方可运行。国家对此类补充性货币的监管，较为严厉且有效。

由此可见，虚拟社区货币在中国的发展存在着较多的限制，不仅是因为其内在的缺陷，也存在着国家宏观制度环境等限制因素。这些因素决定了虚拟社区货币只能是初级虚拟形态的补充性货币，对中国金融市场的影响有限，因而较为容易对其实行监管，其监管的重点也应该倾向于建立健全互联网虚拟金融市场的规范和管控体系，通过监管发行这些虚拟社区货币的社区网站即可实行。

（二）信用支付手段的发展及监管现状

信用支付手段是指以网络为平台，定期清算、有规则的信用记录系统，包括时间货币、易贷记账、互助信贷以及各类以信用为支付基础的全球地区交易系统。较之虚拟社区货币，信用支付手段的特点是使用范围更广，表现形式更灵活多样，涉及的使用领域更大，且更具有提升社会福利的互助性质。

信用支付手段属于虚拟形态补充性货币向较高级发展阶段过渡的补充性货币类型，较之虚拟社区货币更为优化。需要特别说明的是，本书所指的信用支付手段与一般意义上的电子货币支付方式有着本质上的不同。电子货币实际上是法定货币的电子支付形式，是以个人的信用为基础，对法定货币的提前透支。这里提及的信用支付手段，是以虚拟形态存在的，且其支付的交易媒介不是法定货币而是补充性货币。同时，信用支付手段已经具有独立的价值尺度，开始逐渐脱离法定货币的价值基础，更具有独立性和非依赖性。信用支付手段在中国的发展历史较短，其实践案例也较少，属于新兴的补充性货币形式。现今，虽然有一些地区开始尝试运行信用支付手段，但也都局限在小范围的试点中，并未过多地推广和普及。同时，由于中国政府对于以网络为平台进行交易的虚拟社区货币监管很严，也在一定程度上放缓了信用支付手段在中国的发展。因此，信用支付手段在中国的扩张和完善，还有待时日。

2000 年以来，随着虚拟社区货币在中国的兴起，信用支付手段也悄然产生。“时间银行”则是信用支付手段的主要表现形式之一。2003 年，中国一些城市的社区内部开始出现效仿美国等西方发达国家兴起的“时间银行”，以支持社区内部成员对“时间货币”进行存取、记录、消费、管理和流转等一系列的交易活动。例如，2003 年 3 月，重庆沙坪坝区天星桥小正街社区创立了社区“时间银行”，建立了较完善的“时间银行储蓄”及“时间银行操作”等相关制度，并向客户发行了用于储蓄和积累“时间货币”的“爱心储蓄卡”。“时间银行”以信用为基础，提高了当地社区成员间使用“时间货币”进行互助共赢式交易的积极性，也为当地社区营造了和谐友好的生活环境和氛围，受到人们的一致好评。

此外，中国一些地区的农村社区还流行着一种观念上的信用券证。这种信用券证的使用类似于工分制的分配制度，是以农民劳动量的多少，换取这种观念上的劳动券，并用于替代法定货币在当地社区范围内充当支付工具。这种劳动券并不实际存在，只是根据农民劳动的时间长短、劳动量的多少，进行观念上的记录。农民可以使用这种观念上的劳动券，在农村当地社区范围内换取相应的实物商品或者服务。与城市社区不同的是，农村社区的成员绝大部分都有亲属关系。因此，从本质上来说，农村社区是以族缘、地缘和血缘关系为基础形成的一种特殊的社会结构。在这个社会结构内，成员之间的关系更为亲密，交往更为频繁，信任度更高。因此，这种建立在天然的亲情、人情、友情基础上的信用“支付”网络关系，是一种宝贵的社会资本，更容易被广泛接受和扩散，一定程度上能够替代法定货币在农村范围内充当交易媒介和支付工具，也更能体现出以信用为基础、具有中国特色的互惠互助经济在中国农村社区顺利运行的优越性。但即便如此，这类信用支付手段的影响有限，较受约束，对这类补充性货币的监管也相对容易，只需要政府对该信用支付手段所产生的特定社区或使用区域进行针对性的政府监管，界定清楚并限制信用支付手段覆盖的使用对象、使用范围、使用领域、使用时间、使用资质等，并大力鼓励行业（特定覆盖社区或区域）进行自律监管，将信用支付手段的运用圈定在可控的条件范围内，且倾向于借助互联网虚拟金融市场规范和管控体系的建立健全，监管成效应该比较明显。

（三）密码支付手段的发展及监管现状

密码支付手段是具有独立价值尺度、以区块链或超区块链技术为支持的无缝数字化智能支付系统。这种支付系统以密码学为理论基础，以虚拟网络平台为载体，以去中心化和实名制为手段，具有高度的安全性、保密性、规则性、动态性、权限性和单操作性。密码支付手段属于高级发展阶段的虚拟补充性货币，在发达国家尚处于探索和实践阶段；在中国更是刚刚起步，且存在着很多技术和制度上的问题和障碍有待解决。

当前，密码支付手段最典型的一种表现形式是加密数字货币。加密数字货币建立在非对称密码学（又称公钥密码学）基础上，它与对称密码学主要区别在于公钥密码学加密和解密采用不同的密钥。为实现保密通信，信息接收者（如 Bob）对外公开了一个可用于加密的密钥（公钥），信息发送者（如 Alice、Oscar、Eve 等人）通过公钥加密信息，传给 Bob。Bob 通过与该公钥匹配的保密密钥（称为私钥）解密，而攻击者仅通过公钥无法实现解密。因此，非对称密码学类似邮件系统，只要知道邮箱地址（公钥），人人都可以往邮箱里发送信息，而只有拥有邮箱钥匙（私钥）的人才能打开邮箱阅读消息（解密信息），如图 4.1 所示。

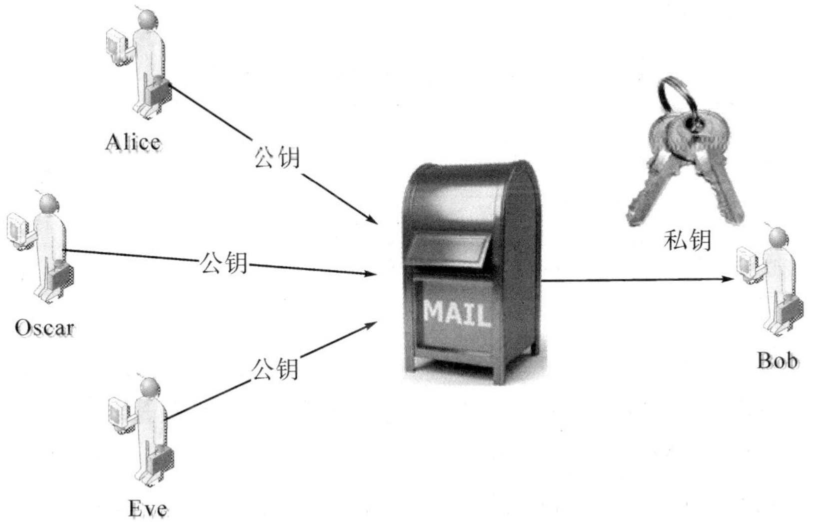

图 4.1　非对称密码学通信基本原理

为防止他人解密，Bob 绝不能将私钥泄露至任何第三方。因此，私钥可作为 Bob 的身份标识凭据，通过数字签名技术可让任何用户在不知道私钥的前提下，不仅可以确定消息是否一定来自 Bob，还可验证消息是否被他人篡改。

网上银行是非对称密码学成功应用的一个例子。网上银行的 Ukey（U 盾），是一个包含私钥的电子芯片，可独立进行加解密及签名等操作，通过私钥永不出 Ukey 的设计原则保证交易的安全，即银行、用户、计算机系统均不知道私钥。因此即使在受到计算机病毒、木马对信息、甚至银行内部人员攻击的情况下，均无法通过伪造 Ukey 电子签名方式窃取用户存款。除网上银行外，非对称密码学在电子政务、军队及加密货币中也有广泛的应用。

目前，具备实用性的非对称加密算法只有三种类型：RSA 加密算法①、离散对数密码学（主要包含基于离散对数的 DH 密钥交换协议②和 DSA 数字签名协议③等）和椭圆曲线密码学（elliptic curve cryptography④，ECC）。

为比较加密算法的优劣，常采用"安全等级"的概念，若算法的安全等级为 n，表明目前已知最好的攻击需要 2^n 才能计算出算法的私钥。三类算法的安全等级如表 4.2 所示。

表 4.2　不同的非对称加密算法对应的安全等级

算法	安全等级			
	80	128	192	256
RSA/离散对数	私钥长度 1 024 位	私钥长度 3 072 位	私钥长度 7 680 位	私钥长度 15 360 位
ECC	私钥长度 160 位	私钥长度 256 位	私钥长度 384 位	私钥长度 512 位

可见，在实用非对称密码学中，ECC 具有每位最高强度的安全等级。在同样安全等级条件下，ECC 的密钥更短，因此可显著提高计算机的处理速度和节省网络开销，受到国内外研究人员的广泛重视，近十余年得到了快速发展，已逐步取代 RSA 及离散对数公钥体系，在无线通信、蓝牙、智能卡、电子身份证、电子商务、电子政务、网上银行等领域得到广泛应用。

在 2009 年 1 月 3 日诞生的比特币，是最具影响力的一种加密数字货币。当然，比特币属于第一代加密数字货币，是密码支付手段的一种

---

① RIVEST, RONALD L. Adi Shamir, and Leonard Adleman. A Method for Obtaining Digital Signatures and Public-Key Cryptosystems [J]. Communications of the ACM, 1978, 21 (2): 120-126.

② DIFFIE, WHITFIELD, PAUL C. Oorschot, and Michael J. Wiener. Authentication and Authenticated Key Exchanges [J]. Designs, Codes and cryptography, 1992, 2 (2): 107-125.

③ ELGAMAL, TAHER. A Public Key cryptosystem and a Signature scheme Based on Discrete Logarithms [J]. IEEE transactions on information theory, 1985, 31 (4): 469-472.

④ KOBLITZ, NEAL, MENEZES A, et al. The State of Elliptic Curve Cryptography [J]. Towards a quarter-century of public key cryptography. Springer US, 2000. 103-123.

初等形式，其他更为高级的密码支付手段尚处于试验阶段，并未全面推广。然而，比特币及其他更高等级的加密数字货币，几乎均以 ECC 的非对称密码体制为理论基石。

比特币的构想和建立最初是由中本聪提出的①，它是一种基于分布式 P2P 形式的加密数字货币。这种货币实现无中心节点，采用分布管理协议确认和记录交易，任何节点可随时加入或退出网络。网络包括全功能节点和轻量级节点两类。全功能节点，根据本地保存的区块链副本，验证交易是否合规。轻量级节点，发起交易请求时，需要向全功能节点发送查询区块链的请求，验证交易是否合规。

比特币采用的椭圆曲线为 SEC 小组的 secp256k1 曲线②，参数见表 4. 3。

表 4. 3　比特币采用的 secp256k1 曲线参数取值

参数	参数值（16 进制形式）
p	FFFFFFFF FFFFFFFF FFFFFFFF FFFFFFFF FFFFFFFF FFFFFFFF FFFFFFFE FFFFFC2F
a	0
b	7
G	x：79BE667E F9DCBBAC 55A06295 CE870B07 029BFCDB 2DCE28D9 59F2815B 16F81798 y：483ADA77 26A3C465 5DA4FBFC 0E1108A8 FD17B448 A6855419 9C47D08F FB10D4B8
n	FFFFFFFF FFFFFFFF FFFFFFFF FFFFFFFE BAAEDCE6 AF48A03B BFD25E8C D0364141

因此，椭圆曲线 E 可表示为 E：$y^2=x^3+7$，用户私钥 d 的取值密钥空间接近 2^{256} 个（$1<d<n$），在已知公钥的前提下计算私钥的搜索空间约为 2^{128}。私钥是用户身份的唯一标志，没有私钥将导致无法使用比特币，即所拥有的比特币不可挽回地丢失。在 2013 年，一个用户由于失去私钥导致 7 500 个比特币丢失，当时价值约为 750 万美元③。

对于有发行机构、有中心服务节点的网络的数字货币，货币的发行非常简单，可通过生成唯一的发行码，并且发行机构及相关监督机构用

① NAKAMOTO S. Bitcoin：A Peer-to-Peer Electronic Cash System [EB/OL]. https://bitcoin.org/bitcoin.pdf.

② CORP C. Standards For E_cient Cryptography [EB/OL]. http://www.secg.org/sec2-v2.pdf.

③ Man Throws Away 7 500 Bitcoins, Now Worth $ 7. 5 Million [N]. CBS DC. 29 November 2013. Retrieved 23 January 2014.

自己的私钥签名获得。交易者通过查询生成码、下载发行机构和相关监督机构的公钥即可验证发行是否有效。

有发行机构、有中心服务节点的数字货币生成如图 4.2 所示。

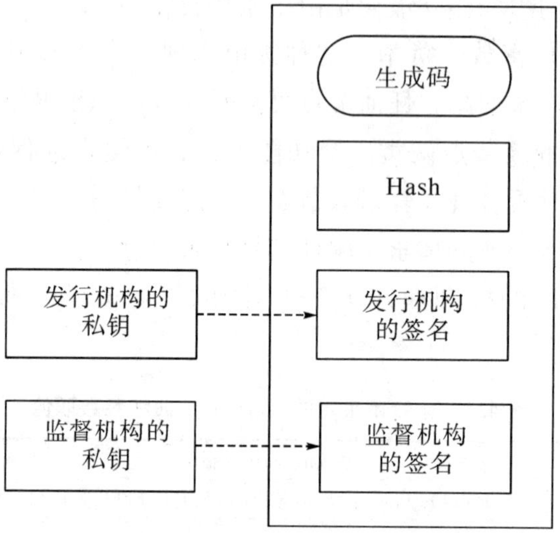

图 4.2　有发行机构、有中心服务节点的数字货币生成

然而，对于比特币这类无发行机构、无中心服务节点的对等网络，新货币的诞生通过“挖矿”得到。“挖矿”是获得事先定义好的一个数学问题的一个解的过程，该数学问题求解过程很漫长，但验证却可瞬间完成。当获得了一个相关的解，该节点新获得的解及相关信息签名会建立一个块（block），并全网广播，所有的其他节点将会验证获得的解是否成立、该解是否被其他“矿工”事先发现。若解成立且未被其他“矿工”事先发现，则新的比特币诞生，比特币诞生的示意图如图 4.3 所示，其中 Hash 代表散列函数。

为防止某些节点在收到验证成功后劳动成果被他人剽窃，比特币网络中全功能节点将扮演分布式“时间戳服务器”角色，提供时间证明，保障解的第一时间发现者获得奖赏的比特币。

可见，与有中心节点、有发行机构的数字货币发行方式相比，比特币的“数学方程”扮演了“发行机构”的角色，全功能节点扮演了分布式可信中心节点的角色。节点通过验证解的正常性可确定及检查时间戳可确定货币发行的有效性。

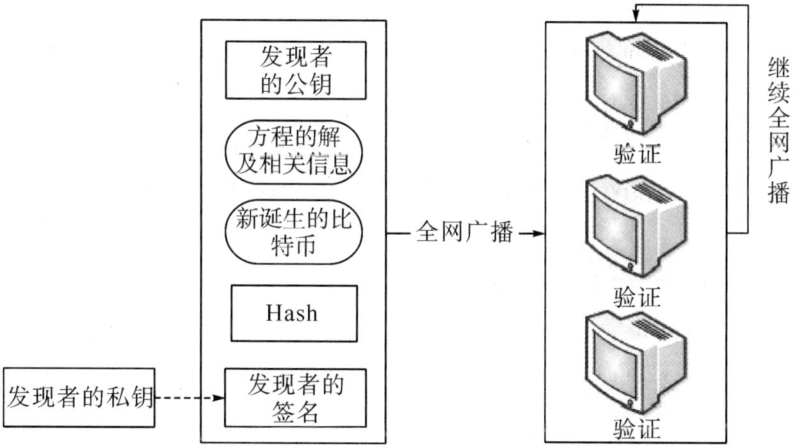

图 4.3　比特币诞生流程

加密数字货币交易过程相对简单，只需一方通过签名将数字货币转至另一方即可，对于比特币，签名算法采用 ECDSA。例如 Alice 要转一个比特币给 Bob，具体流程如图 4.4 所示。

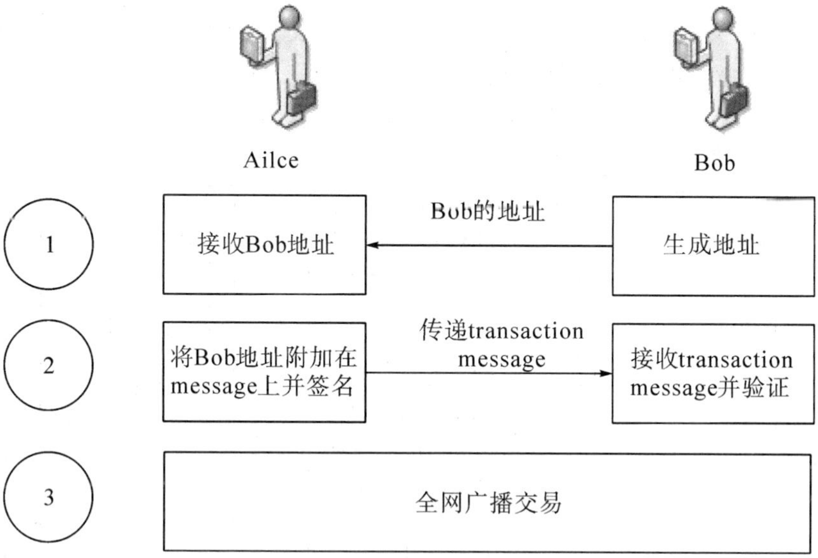

图 4.4　比特币交易流程

1. 比特币地址生成

比特币的地址生成采用两个散列函数：SHA256 和 RIPEMD-160 对公钥 T 求散列生成，如式（4.1）、式（4.2）所示。

$$\mathrm{HASH160}=\mathrm{RIPEMD160}[\mathrm{SHA256}(\mathrm{T})] \tag{4.1}$$

$$\mathrm{address}=\mathrm{base58}\{0\mathrm{x}00 \parallel \mathrm{HASH160} \parallel \lfloor \mathrm{SHA256}[\mathrm{SHA256}(0\mathrm{x}00 \parallel \mathrm{HSAH160})]/2^{224} \rfloor\} \tag{4.2}$$

其中，base58 为二进制到文本的转化函数，$\lfloor x/2^{224} \rfloor$代表取 x 的前 224 位。可见，Bob 的比特币地址只与公钥相关，通过公钥可迅速计算出 Bob 的地址。由于散列函数的单向性，只知道地址不能反求出 Bob 的公钥，需要在网上查询或向 Bob 发送消息询问。

2. 交易消息（transaction message）生成

为保障区块链（block chain）的完整性，散列函数的输入除了包含 Bob 的比特币地址及 Alice 附加的交易消息，还包括前一个区块（block）。接下来，Alice 将利用自己的私钥签名，并附在区块（block）后面，形成区块链（block chain）中新的 block，并链在原区块链的最后。因此，若攻击者试图修改区块链的任意交易历史，将导致完整性验证和签名验证不通过。具体见图 4.5。

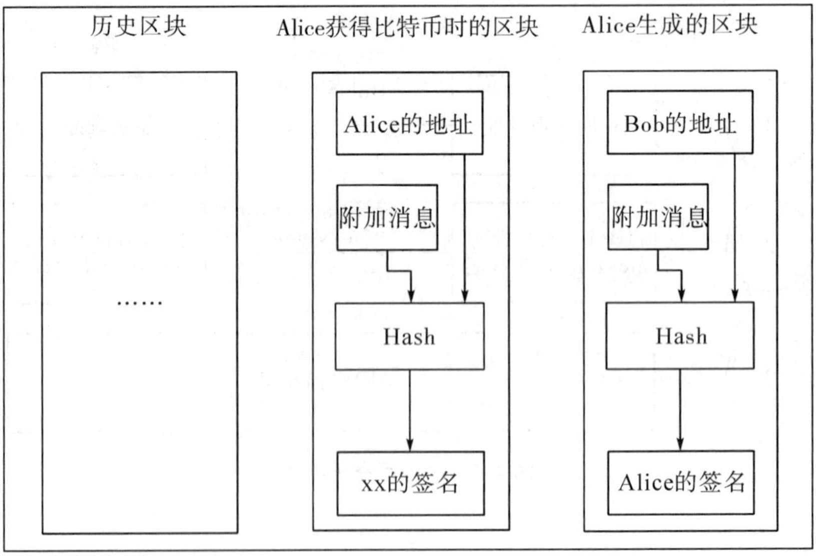

图 4.5　交易消息生成流程

3. 全网广播交易

交易需要当 Alice 签名将比特币转至 Bob 时，Alice 就失去了对比特币的所有权，该比特币只有通过 Bob 的签名才能发生转移。然而，Alice 可与 Bob 和 Eve 同时签名，即“重复使用”问题。对于有中心节点的网络，可通过中心节点再次签名实现交易的不可逆性。而对于比特币这种分布式网络，通过全网广播的方式验证 Alice 是否已经事先将该比特币花掉。若已经事先花掉该比特币，Bob 及相关全功能节点将收到 Alice 花掉该比特币的区块链，并根据签名所有全功能节点均可验证证据的正确性。可见，在比特币网络中，分布式全能节点扮演交易中心的角色。

由此可见，比特币等加密数字货币能利用分布式数据库确保交易各个环节的安全性和稳定性。同时，比特币在全球的总量只有 2 100 万个，具有稀缺性。据国外媒体报道，截至 2018 年 8 月 2 日，已经有 85%的比特币被开采出来，这就意味着剩下待开采的比特币存量只有 15%。比特币的总量为 2 100 万枚，全球已有超过 1 750 万枚比特币被开采出来，仅剩下 300 多万枚比特币等待所有人挖掘[①]。比特币自诞生之后的短短几年时间内迅速在全球范围内扩散开来。相较于其他国家，比特币在中国全面运行的时间较晚，但发展却更为迅猛。2013 年 10 月，比特币在中国市场正式投入使用，众多线上和线下投资者和投机者都对其在中国的发展潜力保持乐观的预期，不断增加对比特币的资金投入和交易频率。2013 年 11 月 19 日，比特币与人民币的兑换率高达 1∶8 000，创历史新高。比特币在中国的爆发式盛行，引起了中央政府及相关金融部门的高度重视。2013 年 12 月 5 日，中央政府相关金融部门联同中国人民银行正式颁布了《关于防范比特币风险的通知》的通知，明令禁止各级金融和支付机构开展与比特币相关的一切业务，包括登记、交易、支付、清算、抵押、结算等服务。在国家政府的行政管控

① 网易科技，85%的比特币已被开采 目前仅剩 300 多万枚比特币，2018-08-02，https://tech.163.com/19/0802/15/ELJ9DQA4000999LD.html.

下，从2014年年初起中国国内的比特币价格就一路走低，截至2015年8月，比特币与人民币的兑换率已经下降至1∶1 700。2017年9月4日，中国人民银行、中央网信办、工商总局、工业和信息化部、原银监会、证监会和原保监会联合发布《防范代币发行融资风险》的公告，旨在稳定我国的经济金融秩序，打击利用代币融资的投机行为，防范化解金融风险。即自公告发布日起，各融资主体利用代币的违规发售、流通，向投资者筹集比特币、以太币等“虚拟货币”，都将被认定为未经批准非法公开融资的行为。由此，国内的比特币交易所（包括各级金融机构和第三方交易支付平台的比特币交易窗口）全部关闭，所有通过代币发行进行的融资活动（ICO）全部被终止。中国对比特币等补充性货币严厉禁止的这种行政监管政策，大大增加了比特币与人民币的兑换难度和交易成本，比特币在中国的进一步发展遭遇了前所未有的巨大阻碍。

然而，我们认为比特币在未来仍然有着得以生存的条件。从自身条件来看，比特币具有传统法定货币和其他形式的补充性货币不具备的特点和优势，如公开透明、算力民主、全球知名度和接受度高等。且作为最早诞生、最著名的数字货币，比特币开启了数字货币时代，注定要在数字货币的发展历史上记录下浓重的一笔。因此，尽管比特币的发展会存在阻碍和困难，但这些阻碍和困难也可能会变成其自身不断完善和改进的驱动力和催化剂。当前，区块链3.0时代已经来临，随着区块链技术基础架构的不断完善，以区块链技术为基础的比特币也在随之不断完善和改进自身存在的缺陷和不足，扩张比特币运行的生态圈覆盖面和运用场景范围。此外，数字货币种类繁多，自比特币出现之后，几乎每个月都会有新的数字货币诞生，如莱特币（Litecoin）、瑞波币（Ripple）、Namecoin（NMC）、Libra币等。据不完全统计，目前的数字货币至少有上百种，且绝大部分都是以比特币为基础，通过修改比特币的代码而形成的。另一部分则是借鉴了比特币的思想，并对其算法和机制有所改进而成。由此可见，就算比特币经受不住禁令的打压从此消失，取而代之的也会是“能看见比特币影子”的其他类似比特币的数字货币。这本质上与比特币自身的不断优化和改进殊途同归，换汤不换药而已。从宏观条件来看，全球各个国家对比特币的管制态度和监管力度仍无法达成统一。2014 年 1 月，美国国会法律图书馆环球法律研究中心发布了各国对比特币监管情况的调研报告，总结了 40 多个国家或地区对于比特币的官方立场，以及是否支持比特币的使用。各个国家的态度可以分为三类：态度正面、态度保留和态度反对①。下面将近年来对比特币持有乐观态度的部分国家的具体情况总结如表 4.4 所示。

表 4.4　部分国家对比特币持有的乐观态度具体情况

时间	国别	对比特币的支持表现	具体政策或事件
2013 年 8 月	德国	首个宣布承认比特币的合法地位的国家，并已将比特币纳入国家监管体系	宣布比特币可以当作私人货币和货币单位，比特币个人使用一年内免税，但是进行商业用途需要征税
2013 年 11 月 18 日	美国	首次公开承认比特币的合法地位	参议院国土安全及政府事务委员会召开了关于比特币的听证会，宣布比特币作为金融工具，应该被纳入监管体系
2013 年 12 月	加拿大	积极进行比特币交易业务基础设施建设，并运用于实践	世界上首个比特币 ATM 机在加拿大温哥华投入使用
2014 年 6 月	日本	给予比特币极度宽松和自由的宏观运行环境	日本执政党自民党表示，决定暂时不对比特币进行监管
2015 年 9 月	美国	部分州积极对比特币交易平台实施牌照化管理	波士顿创业公司 Circle 获得第一张比特币经营业务许可证 Bit License
2016 年 5 月	日本	对比特币的自然属性和法律属性进行了官方界定	日本首次批准数字货币监管法案，并将其定义为财产
2017 年 4 月 1 日	日本	比特币在日本合法化并支持其在国内范围内使用和推广	日本内阁签署的《支付服务修正法案》正式生效，使其可以在该国某些商品进行付款，还为比特币交易所引进了新的消费者保护要求和审计要求
2017 年 7 月 1 日	澳大利亚	官方通过的比特币立法正式生效	数字货币交易不再需要重复交税，在澳大利亚进行比特币交易的交易税将更低

① The law Library of Congress, Regulation of Bitcoin in Selected Jurisdictions [R]. January, 2014.

表4.4(续)

时间	国别	对比特币的支持表现	具体政策或事件
2017年7月	日本	法律上明确支持本国企业广泛使用比特币等相关区块链产品；日本监管机构允许比特币采购免于该国8%的销售税	电子零食商 Bic Camera Inc. 开始在部分门店接受比特币支付；航空公司 Peach Aviation Ltd. 也计划开始接受比特币预订航班；网上金融集团 SBI 控股公司开始使用区块链技术进行货币汇款；三井住友金融集团（Sumitomo Mitsui Financial Group）也开始与运用区块链技术的企业财团进行密切合作
2017年7月	美国	官方对类比特币的数字资产市场逐渐认可并实施全方位监管	对比特币衍生品、ICO、交易所等数字资产市场下发了一系列具体的监管政策
2017年7月25日	美国	官方积极推进比特币衍生产品市场的形成和发展	加密货币交易平台运营商 LedgerX LLC 获得美国商品期货交易委员会（CFTC）的批准，正式成为一家受美国联邦监管的合法数字货币交易所及衍生品合约清算所
2017年8月	韩国	官方承认了比特币及相关数字货币的重要作用，并提出了相关监管法案，比特币的使用在韩国取得了巨大进展	韩国执政党民主党的党员兼立法者正式推出了概述比特币等数字货币监管框架的《比特币监管法案》；韩国最大的三家比特币交易所共有1.5万亿韩元的交易，与2016年同期相比平均每月交易量增长6%
2017年8月11日	新加坡	官方正式将比特币等数字货币纳入国家监管体系，承认数字货币的重要地位	新加坡金融管理局（MAS）宣布，数字货币构成证券与期货法案（SFA）中监管的产品，其发售或发行将受金融管理局的监管
2018年2月21日	韩国	官方立场经历了禁止到立法监督的大转变	韩国金融监督管理局局长 Choe Heungsik 对记者表示"希望看到数字资产的规范化交易，并表示该局正在朝此方向努力"
2018年3月	俄罗斯	官方立场经历了禁止到立法监督的大转变，目前比特币正处于数字货币合法化的过程中	俄罗斯已完成《数字金融资产》联邦法律的初稿，对数字货币 ICO 和挖矿行为进行了合法化，并提出了相关监管措施
2018年3月2日	澳大利亚	比特币及类比特币的交易逐渐覆盖更大的范围和空间	澳大利亚"四大行"，不会阻止客户进行比特币交易。澳洲境内1 200逾家报刊亭将为消费者提供比特币（Bitcoin）及以太坊（Ethereum）购买服务

由此可见，尽管在中国境内的比特币及其他数字货币的交易渠道基本上已经全部进入关闭状态，但在未来经济全球化趋势日益加剧，加之比特币自身的不断改进和完善，对比特币持有乐观肯定态度和预期的这些国家，会在频繁使用比特币的过程中不断总结经验，吸取教训，积极探索能合理有效监管比特币运行全过程的方法和途径，并将这些监管经验传播到全世界，逐渐扭转其他国家对比特币原本持有的悲观消极和谨慎怀疑的态度。随着比特币在越来越多的国家被接受和使用，其影响力和信誉度将会稳步提升。最终，比特币在全球范围内扩张和发展的趋势将成为必然，而具有明显市场优势的中国也必然会成为比特币赖以生存和发展的首选之地。2019 年 6 月 25 日，《环球时报》英文版发表题为“全球数字货币竞争时代，中国不能缺席”的评论文章。文章强调，随着全球数字经济竞争时代的到来，中国产业和监管机构都有必要就数字货币进行更多对话，理解甚至鼓励数字货币。否则，中国有可能会在新的金融格局中落后。从微观条件来看，比特币在中国发展的基础条件较好，中国的投资者对比特币的投资热情较高，市场潜力巨大。尽管近年来比特币的价格有较大的下滑趋势，但在中国颁布“国五条”禁令前，比特币在中国的交易量依然居高不下，占据了全球比特币交易总量的 60%~80%。2017 年 3 月 9 日，比特币在中国比特币交易平台上的最新均价依然高达 7 600 元左右[①]。另外，虽然我国对比特币的交易有明确限制，但比特币交易平台仍然可以通过连接国外支付接口、转接国外服务器等方式保证比特币的正常流转和运营。除去比特币本身的交易业务，这些平台还不断创造和扩充新的类比特币及相关金融业务，以发掘和拓宽比特币及类比特币等虚拟形态补充性货币的相关配套应用和盈利点，全面建立虚拟形态补充性货币的生态产业链。同时，比特币之类的虚拟形态补充性货币还具有比一般性金融工具更强的变现能力和适用范围，可以超越国界限制，实现全球范围内的流通。因此，中国政府也高度关注比特币的未来发展，并且于 2017 年 2 月正式宣布成立数字货币研究所，由央行发行中国法定数字货币。中国法定数字货币的发行，从

---

① 数据来源：火币网官方网站，https://www.huobi.com/.

侧面证明了比特币这类虚拟形态补充性货币的重要作用和地位，也间接地肯定了比特币这类虚拟形态补充性货币在中国具有强大发展潜力的事实。而法定货币的产生和推广，必然也会借鉴比特币的运行经验，甚至有可能会将改良版的比特币纳入法定数字货币的体系中，以实现在全球范围内与其他国家货币的无缝对接。

与此同时，比比特币更高级的密码支付方式也在世界各国悄然孕育，但它们目前在中国几乎没有适合生长的土壤。对于比特币的存在，中国都需要经历很长的接受期和适应期，对其他更高级的密码支付方式则需要耗费更久的时间。因此，更为高级形态的密码支付方式要在中国迅速扩张和发展，在当前阶段几乎是不可能的。这需要有待比特币这类虚拟形态补充性货币发展日趋成熟且中国形成较为成熟的监管体系和风险防控应急措施之后，方能大力运用和推广。

因此，在密码支付这类补充性货币的监管过程中，除了传统的方法、政府的保障、制度的约束之外，还必须特别注重在技术层面加强监管工作，同时加强创新性监管模式的建立健全。中国人民银行印发的《金融科技（FinTech）发展规划（2019—2021 年）》（银发〔2019〕209 号）强调，到 2021 年，我国应实现金融与科技深入融合、协调发展，金融安全管理制度基本形成，金融风险技防能力大幅提高，金融风险防范长效机制逐步健全，金融风险管控水平再上新台阶，金融科技监管基本规则体系逐步完善，金融监管效能和金融机构合规水平持续提升的目标①。显然，对密码支付类补充性货币的监管是我国未来亟须关注和研究的重点。

（四）补充性货币的监管政策现状

当代中国补充性货币的监管，是在监管主体的作用下，通过制度的保障、政府的力量、金融系统的运行等因素协调进行的。而协调进行要以补充性货币的监管政策作为落实的基点。中国在 2013 年对补充性货币的态度十分审慎。

---

① http://www.gov.cn/xinwen/2019-08/23/content_5423691.htm.

以比特币为例，从整体来看我国比特币市场受到政策等因素影响较大。2012 年 6 月，比特币的市场价格仅为 26.4 元一枚。随着互联网技术的广泛使用和人们不断看涨的乐观预期，比特币的市场价格不断攀升。在 2013 年 12 月 1 日达到历史最高峰，每枚 7 395 元。短短一年半的时间，比特币的价格上涨了近 300 倍，中国投资者对比特币的热情高涨（见图 4.6）。为了稳定国内金融市场的秩序，防范由此带来的各种金融风险，在 2013 年 12 月 5 日，中国人民银行等部门正式发布了《关于防范比特币风险的通知》，并明确指出比特币“并不是真正意义的货币”，否定了比特币的合法性，同时严令禁止当前所有金融机构和支付机构开展与比特币相关的一切业务。2013 年 12 月 16 日，中国人民银行约谈国内第三方支付公司，再次明确强调第三方支付机构不得为比特币交易网站提供任何托管、交易等业务；对于已经发生业务的支付机构，应该尽快解除商务合作关系；对于未处理完成的存量款项应该尽快完成提现，且不得再发生新的支付业务。

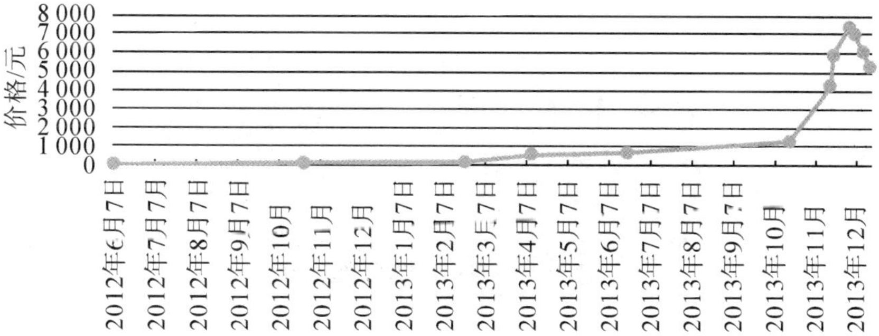

图 4.6　2012—2013 年中国比特币市场价格

数据来源：火币网，https://www.huobi.com/，2014 年 2 月。

如前所述，自 2013 年 12 月我国《关于防范比特币风险的通知》发布之后，比特币的市场价格受悲观预期的影响，开始逐渐呈现下降的趋势。2013 年 12 月 5 日，比特币的价格下降为每枚 7 005 元；短短七天之后，其价格下降为每枚 6 059 元；十天之后，比特币的价格下降至每枚 5 293 元，相较于最高价格跌幅近 35%。2014 年 3 月，受日本东京 MtGox（世界上最大的比特币交易商）倒闭事件的冲击影响，我国央行对数字货币交易平台可能存在的潜在风险给予了高度重视，严格推行"国五条"的规定，银行与交易平台之间的所有相关业务都被明令终止，比特币的价格大幅下挫。随后，中国支付清算协会发布了《比特币风险防范工作检测报告》。2014 年 9 月，《2013 年中国人民银行规章和重要规范性文件解读》一书出版，全面解释了中国官方对比特币持有的态度和所关注的重点问题。2015 年，中国对补充性货币的政策倾向性较为明显。中国政府及相关部门已经逐渐意识到区块链技术在支付技术等领域的优势以及数字货币未来的发展大趋势，越来越肯定了数字货币在金融体系中的重要性。从 2015 年的数据来看，比特币在中国的发展势头迅猛。由于中国交易所对于比特币的交易普遍免收手续费，加上中国个人投资需求随着政策态度的改变而提升，中国的比特币交易量一度占据全球的 80%（见图 4.7）。此外，中国国内的比特币交易主要由火币网、OKinc 和比特币中国三大交易平台完成，而从 2015 年开始，火币网在品牌口碑和市场占有率上逐渐凸显出绝对优势。

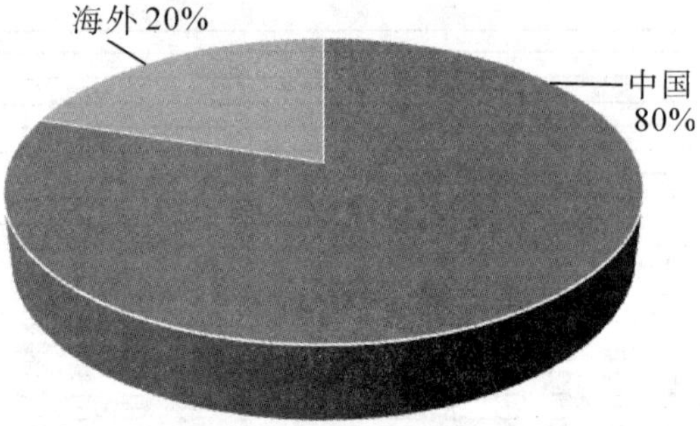

图 4.7　比特币全球交易占比的海内外对比

数据来源：火币网，https://www.huobi.com/，2015 年 12 月。

中国国内比特币交易的一些具体情况见图 4.8、图 4.9、图 4.10、图 4.11。

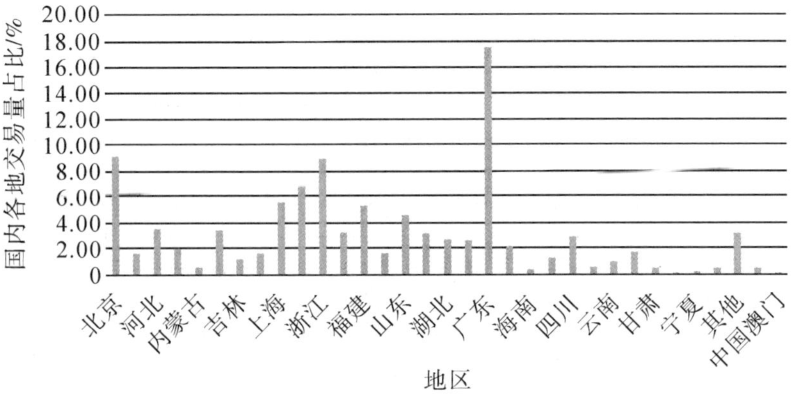

图 4.8　国内各地交易量占比一览表

数据来源：火币网，https://www.huobi.com/，2015 年 12 月。

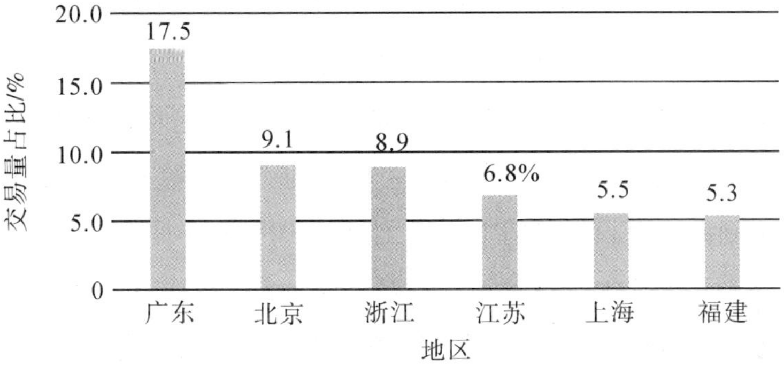

图 4.9　国内交易量占比前六甲排名

数据来源：火币网，https://www.huobi.com/，2015 年 12 月。

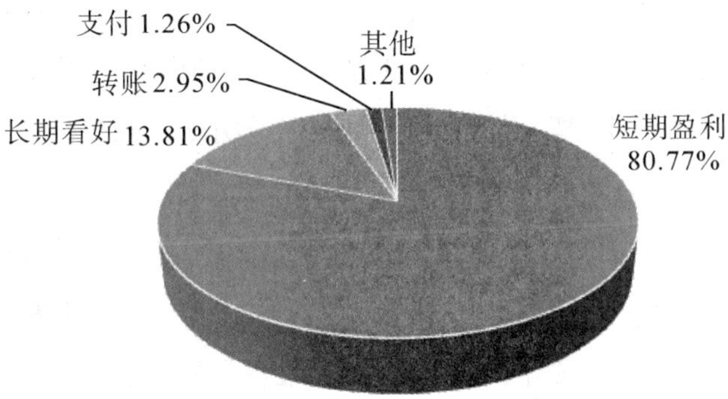

图 4.10　投资者交易比特币的目的

数据来源：火币网，https://www.huobi.com/，2015 年 12 月。

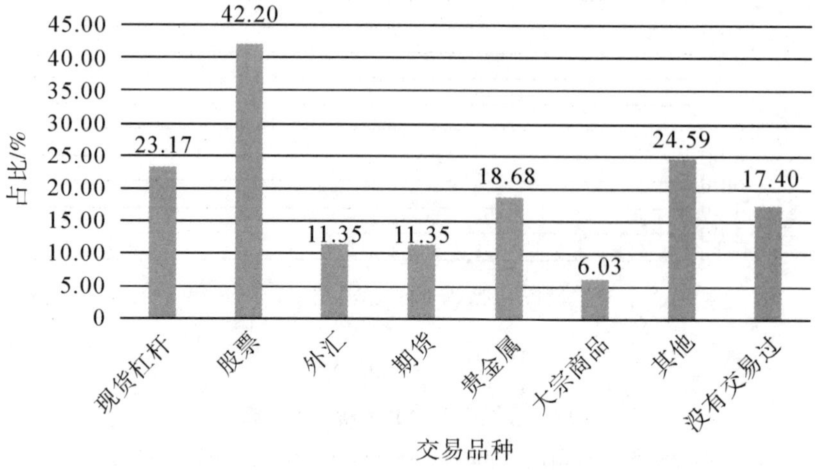

图 4.11　比特币交易者的对其他交易品种的投资情况

数据来源：火币网，https://www.huobi.com/，2015 年 12 月。

由上述可见，随着国家对数字货币的态度转变和区块链技术的发展，比特币已经逐渐成为投资者投资套利的一种金融工具，投资者又将比特币重新看作有投资价值的投资工具。2016 年 6 月 27 日，十二届全国人大常委会第二十一次会议在北京举行。会议首次审议了全国人大常委会委员长会议提请的《中华人民共和国民法总则（草案）》议案的说明。该议案中提及对网络虚拟财产、数据信息等新型民事权利客体做出规定的相关内容，这意味着网络虚拟财产、数据信息可能将正式成为民事权利。这也同时增大和扩充了补充性货币监管的对象和内容。此外，中国人民银行也将其数字货币战略与“降低传统纸币发行、流通的高昂成本，提升经济交易活动便利性和透明度，减少洗钱、逃漏税等违法犯罪行为，提升央行对货币供给和货币流通的控制力，更好地支持经济和社会发展，助力普惠金融的全面实现”的发展目标紧密融合，同时也明确表示区块链技术将是技术选择之一。2017 年 9 月 4 日央行等七部门联合发布《关于防范代币发行融资风险的公告》，明确禁止各种代币的融资活动，旨在从根源处扼杀可能带来的潜在的风险。这种方式在当前我国较脆弱的金融市场环境下，短期内能规避风险，但同时也可能把有利于我国金融市场发展的商机和机遇阻挡在外。随着数字货币的自身完善和金融全球化的趋势推动，中国先行的监管方式终将被逐渐放宽且高效的监管方式替代。当然，面对复杂的补充性货币问题，如何制定未来逐渐放宽且高效的监管政策，是国家诸多工作中的重点和难点。

第五章 补充性货币监管的国际经验

应当认为，尽管补充性货币历史悠久，但补充性货币大量出现，是当代数字经济的必然产物。补充性货币的优越性及未来发展的必然性，已被许多国家、许多学者认可。然而补充性货币带来的巨大风险，是许多国家政府特别担忧和重视的。对补充性货币的监管，涉及监管对象、监管方法、监管途径等方方面面。在中国当前对补充性货币的监管过程中，我们还有许多工作要做。既要立足于中国的国情，又要很好地借鉴国际的先进经验。在国际经济一体化且补充性货币的扩张及冲击日益全球化的背景下，尤其应该这样。

一、国际补充性货币监管概述

西方发达国家对补充性货币的监管经验是随着其补充性货币的历史发展而不断积累的。其经验积累的起讫点，应当追溯到银行券的发行。因为在这之前，补充性货币规模小、影响力较弱，且还处于自由放任的状态。

外国商业银行使用补充性货币的最典型例子是其银行券的发行。银行券最早出现在 17 世纪，是商业票据作为流通媒介后的发展产物。由于商业票据的流通时间和流通范围都存在着较大的局限性，而体现着银行信用的银行券信用基础稳固，可以突破支付日期的限制并能随时兑换黄金，因此银行券得以代替当时的法定货币（金属货币）被人们广泛接受和使用。为了保证银行券的信用和与法定货币的可兑换能力，发行银行券的银行会根据需要严格控制在市场中流通的银行券的数量①。当市场中交易和流通的商品量增加，货币需求量也随之增加时，银行券就代替法定货币行使流通手段和支付手段的职能进入市场流通领域；反之，则从市场中流回银行。

从银行券的发展历程来看，最早时期的银行券是一种建立在私人银行信用基础上、在一定区域范围内流通使用的实体性补充性货币。私人银行用自己发行的银行券满足持有私人商业票据的客户的贴现需求，而获得银行券的持票人可以向银行兑换法定货币（或黄金）。银行券的广泛使用，能促进私人银行扩大其在市场上的影响力和业务范围，以信用杠杆充分满足市场对货币需求量的不断增加，还能激发私人银行不断开拓新市场、发掘新业务、积蓄综合实力，为实现国际化做好准备。早期的银行券与法定货币的不同之处在于，法定货币以国家信用为基础，强制规定人们必须使用。而早期的银行券则以私人银行信用为基础，其价值的存在必须以人们对其的使用频率、使用范围和自愿接受的认可度等为前提。

随着银行券的不断发展，国家政府也逐渐意识到其对金融市场的重要影响力。于是开始对其进行监管。因此，后期的银行券（19 世纪四五十年代以后），西方资本主义国家开始逐渐收紧对银行券的控制和管理。这一时期，私人银行不再有权利发行银行券，而是由中央银行或者国家政府所指定的商业银行取而代之。国家政府以行政手段统一发行银行券，并将其作为钞票、法币之类的衍生品，最终演变为纸币。例如，英格兰银行发行的银行券由于信用度高、流通范围广等特点，被当地居民广泛使用，后来用于购买国债，最后演变为法定货币（英镑）。此时期的银行券，就不再是补充性货币，而逐渐成为不兑现黄金、集中发行的法定货币的雏形。而对于其他类型的补充性货币，国家相关部门也给予了高度的关注。

进入 21 世纪后，补充性货币运用于外国商业银行海外经营与管理

① 中央编译局. 马克思恩格斯全集（第 25 卷）［M］. 北京：人民出版社，1979：594.

的实践迎来了新的浪潮。这个浪潮是以区块链技术为基础的比特币被运用于各国银行业为标志的。比特币与数据区块链的结合，标志着虚拟性补充性货币的发展迈入了一个新台阶。这种将加密技术、软件工程、数字区块链技术融合在一起的虚拟性补充性货币，对各国的传统银行业来说是一个具有颠覆性的巨大威胁，但同时也是具有无限潜力的发展机遇。许多国家更加重视对补充性货币的监管，力争在防范风险及促进发展之间找到监管的平衡点。2015 年 10 月 6 日，由 53 个成员参加的联邦中央银行行长会议召开。在会议上，各国与会专家和财政官员们都一致认为比特币及类比特币等虚拟性补充性货币，是“发展中国家最值得关注的外部资金来源，其在降低成本以及提高传输效率方面具有相当大的潜力”①。同时，高盛、摩根大通、巴克莱、瑞银、德银等金融机构都对比特币、类比特币以及其他更高级形态的虚拟补充性货币未来在银行业的发展前景持有憧憬和期待。由此可见，传统银行业的革新是历史的必然趋势，只有将这种具有无限发展潜力的虚拟性补充性货币引入银行业内部，加以引导和合理运用，才能迎合世界金融市场的发展需求，从而创造出巨大的价值。

正因如此，各国的商业银行都开始积极投入到虚拟性补充性货币的研发和运用中，以期结合自身的实际情况寻找到运用虚拟性补充性货币的最佳契合点，从而实现从银行传统经营模式向新型银行经营模式的快速转变，加速国际化进程，也便于对补充性货币实行监管。例如，巴克莱银行一直致力于研发一种优于比特币的新型虚拟补充性货币，并宣称该种货币具备弥补比特币自身缺陷的特性。瑞士银行则致力于研究区块链技术的潜力，并在伦敦成立了专业团队，拟开发出建立在区块链技术基础上的“智能债券”，以优化金融工具的运行效率。虽然起步较晚，但中国人民银行也于 2017 年 2 月正式宣布建立数字货币交易平台，全面启动法定数字货币的试运行，以期运用国家的信用和行政力量，全面推进补充性货币的发展，促进中国银行业的国际化进程。与此同时，各国对补充性货币的监管进程也相应加速了。一般而言，对补充性货币及

---

① 中国科技网，http://forex.cngold.org/c/2015-10-15/c3621446.html，2015-10-15.

其相关技术的监管思路，欧美国家一般是“纳入现有法律框架”，非洲国家一般是“从事实监管到立法监管”，澳大利亚是“现有监管框架加特殊监管要求”，加拿大则是“坚持现有框架的适用性”①。以上思路可以认为是以法律监管加规则约束。

补充性货币在外国银行业的运用具有相对较长的历史，对外国商业银行的海外扩张和经营有着重大的影响，且这种影响随着科技的发展，愈演愈烈。不论是过去以实体形态表现的早期银行券，还是当代以虚拟形态表现的区块链技术下的比特币、类比特币，补充性货币的发展和运用，都是外国商业银行的国际化经营和发展的强大推动力和有效途径。中国虽然起步较晚，但政府也开始意识到了补充性货币对商业银行国际化的重要促进作用，逐步开始着手对补充性货币进行合理引导和运用，从而便于监管，这无疑是一个良好的开端。

国际社会普遍认为，随着补充性货币的发展，传统法定货币的使用惯性正在逐步降低，货币的兑换成本也会加速降低。同时，在支付平台上，随着信息化升级，法定货币与补充性货币货币化的数据价值将大大增加。这也是许多国家政府及民众十分感兴趣的重要之处。这是因为，在互联网平台上，美国、加拿大、日本、新加坡等国家的实践都已经证实了平台的经济逻辑在于它们能够快速优化或开发任何场景之间的时空联系，在平台上可以随时记录及共享补充性货币或法定货币的任何数据，以向用户提出建议、咨询决策、投资投机运用以及其他获利的功能。

从众多国家的补充性货币监管的实践中可以发现，在补充性货币的数字交易平台上，补充性货币在平台上的支付活动能主导其他的所有场景，使其他平台上的所有活动严重依赖补充性货币的支付，且支付进一步产生补充性货币的相关数据。这样，平台服务提供商及应用程序开发者能够依赖于平台实现补充性货币及其他产品的持续经营性，而相对于社群成员则可以受益于通过网络平台与其他社群成员进行补充性货币运用的价值交换。特别要指出的是，美国、欧盟、日本、新加坡等国家或

① 廖珉.金融科技发展的国际经验和中国政策取向［M］.北京：中国金融出版社，2017：27.

组织的监管实践表明，平台在实现补充性货币运行时，表现出无与伦比的数据访问能力，使得网络平台聚集起越来越多的有关随机人员运用补充性货币的网络习惯数据，并继而通过支付平台将所有个体相关的经济行为信息聚集起来，从而跟踪相关人员的经济行为，精准评估相关人员的行为，生成用户的偏好和经济行为数据。显然，从补充性货币在平台上运行的机理来看，技术层面上对补充性货币的监管也显得十分必要和重要。

此外，补充性货币的运行平台对于捆绑智能合约的补充性货币用户的偏好会更加差异化，且补充性货币取代基础性货币的功能可以被解构，网络平台的外部性限制比较小，使得补充性货币用户的大量数据有被侵权的风险。为避免这样的技术风险，欧盟于 2018 年 5 月推出了《通用数据保护条例》用以限制风险。欧洲中央银行高管也放言，由于"脸书"在数据隐私泄漏方面有严重的不良记录，故而不能把包括补充性货币在内的任何货币的服务交给其运营。美国政府于 2018 年 12 月对于主导 Libra 这种数字货币（实际也是一种补充性货币）的"脸书"造成的技术性风险罚款 50 亿美元。

从国际经验看，从技术层面防止补充性货币在网络系统重要性平台上操作引起技术风险也十分重要。以互联网平台为中心形成的经济结构特别是金融体系的组织及补充性货币、法定货币的数据所有权的分配都将发生变化。尽管不同平台的补充性货币的数字鸿沟日益增大，但其并不是语言（数据语言）的差别造成的，而是在不同国家的不同币种之间形成不同的货币法律区域对平台间的互操作造成的。在补充性货币与法定货币可兑付制度下将价值移入或移出数据网络的摩擦最小；反之则最大，当然风险也很大。一些国家中央银行强制要求法定数字货币与网络记账货币及其他补充性货币可兑换，由此降低了支付网络设置的贸易障碍，这也可以降低一定的风险。

还有一个对待补充性货币风险的问题，就是国际上流行的追捧"补充性货币取代法定货币"的思潮，可能导致新的补充性货币的监管问题。因为从国际货币角度，一个国家的政府信用作为货币的终极支撑已经引起专家们越来越多的质疑，已有主流经济学家认为比特币这类补充性货币与传统的法定货币一样，来源稀缺且人类生产力有限，其产量受到限制，因此人们对其所具有的价值达成共识。以中本聪为代表的所谓比特币原教旨主义者，十分坚定地认为2008年的全球金融危机源于基于政府信用的货币体系。且中本聪还有数量巨大的拥趸。“币圈”的拥趸并不同意比特币无“支撑”的观点，“在他们看来，比特币同样具有稀缺、不可再生、因人类生产力所限制产量有限、已形成人类价值共识的特点”；“更多主流经济学者的有关货币、债务和金融危机的观点实际上附合了‘中本聪们’对政府信用的批判”①。可以预见，补充性货币在不久的将来，会在世界金融体系中占据更重要地位，但可能造成更大的风险，造成宏观调控的更大难度。故而应考虑尽快完善补充性货币所实施的互操作性及可兑换性制度。

补充性货币的监管者，可以分为宏观和微观两个层面的主体。宏观层面的监管者，主要是指国家政府；而微观层面的监管者，则主要指金融机构（平台）、非政府组织和一般民众。在现有的金融监管框架下，我们选择了全球最具代表性的四个国家（美国、英国、日本、新加坡），分别从这四个国家的微观层面（商业银行为例）和宏观层面，分析它们对补充性货币进行有效监管的经验。就微观层面而言，我们通过案例分析，论述了这四个国家的典型商业银行运用补充性货币进行国际化发展，并在国际化发展过程中监管补充性货币的经验和教训，旨在为中国国有商业银行运用补充性货币进行国际化发展并有效进行监管提供借鉴和启示。就宏观层面而言，我们总结了这四个国家对补充性货币进行监管的实施策略、具体方法和主要特点，旨在为中国政府有效监管补充性货币提供参考和经验范例。

① 刘润祥. 数字货币与人民币国际化［M］. 北京：电子工业出版社，2021：157.

二、美国的经验

相较于英国和法国，美国整体银行业的国际化起步稍晚，但花旗银行却是一个特例。作为美国最早进行国际化经营的商业银行，花旗银行的海外银行业务始于 1897 年。1914 年，花旗银行在阿根廷设立分行，实现了其国际化水平的一次飞跃。1919 年，花旗银行一年内新设海外分行共计 33 家，其海外扩张规模和速度到达顶峰。从 1960 年起，花旗银行开始注重业务国际化的发展，全面进入国际化高速发展期。1999 年至今，花旗银行实行混业经营模式，成立了汇集商业银行、证券投资、保险、信托、基金等各项金融业务的花旗集团，并在此基础上在全球范围内设立了庞大繁复的金融营销网络，通过海外新建和跨国并购等国际化途径，不断优化资源配置，获得了巨大的规模优势和协同效益，使其国际化程度始终处于全球的领先水平。与此同时，花旗银行拥有与时俱进的创新思维和高度敏锐的商业洞察力，在不断运用高科技进行金融创新的基础上，不断发掘新的商机，以期进一步提升其国际化水平，实现更卓越的商业目标。

从花旗银行的国际化发展历程可以看出，花旗银行具有独到的国际化发展眼光、先进的全球化经营理念和不断创新的进取精神。花旗银行将自己经营的金融类产品或服务分为三类：第一类是满足于当前市场需求的金融类产品或服务；第二类是未来 5 年至 10 年内市场可能会产生较大需求的金融类产品或服务；第三类是未来 10 年后市场潜在需求的金融类产品或服务。可见，花旗银行在为当前市场提供令客户满意的金融类产品或服务的同时，已经随时准备向市场推出在未来具有发展潜力的金融类产品或服务，以永远保持其在全球金融市场中的领先地位。正因如此，花旗银行始终不遗余力地全面推进金融网络、软硬件设施设备及各类尖端高新技术的研发、更新和运用，对金融市场的环境、结构、发展动向、变革趋势等方面十分关注。

2008年比特币诞生之后，各国对其在金融市场中的存在价值和作用褒贬不一。部分商业银行面对比特币以及比特币背后的区块链技术，都持有抵触情绪。面对比特币的各种颠覆性特征，它们的第一反应是恐慌，害怕比特币的扩张和发展给自身的经营带来巨大的冲击和挑战。然而，花旗银行却表现出对比特币的极大兴趣，认为其可以提供一种无摩擦的新型交易系统，为商业银行带来革命性的创新机遇。于是，花旗银行开始致力于类比特币的虚拟性补充性货币的研发工作。2016年，花旗银行发布了长达56页的最新研究报告，对类比特币的虚拟性补充性货币进行了深入的分析，并认为类比特币的虚拟性补充性货币不是传统商业银行的一种潜在性威胁，而是一把能够开创商业银行经营新模式的"智慧之钥"，能对现有传统商业银行经营模式进行全面补充和完善。根据《国际财经时报》网站的报道，2012年起，花旗集团就在自己的创新实验室创建了一个数字货币测试平台，结合区块链分布式记账技术开发了三套互相独立的数字货币运行系统。2015年12月25日，花旗银行经过三年的努力，终于完成了加密数字货币"花旗币"（citiC）的试运行测试，开始面向市场逐步投放"花旗币"。"花旗币"的诞生，是花旗集团探索"如何运用区块链技术下的虚拟性补充性货币实现低成本的跨境支付、跨国贸易、账户监管、数据维护、资源权限控制、网络密级设置"等问题的阶段性研究成果。花旗集团对虚拟性补充性货币的研发，旨在保证其始终处于全球同业的领先水平，在未来能迅速占领市场高地，抓住盈利的商机，最终达到更高阶段的国际化水平。事实证明，花旗集团研究和开发"花旗币"，已经为其带来了国际金融市场上的巨大利好。虽然"花旗币"的实践才刚刚起步，但人们对"花旗币"普遍持有积极乐观的态度。受到"花旗币"融资的利好影响，花旗集团的股价飙升，仅首日的融资金额就高达7.32亿美金。2020年，虽然全球经济受新冠肺炎疫情影响持续下行，但作为全球最大金融机构巨头的花旗银行却宣布已经完成三条区块链的设计和构建，加密货币"花旗币"正式上线并实现全球发行。"花旗币"的发行，在行业内率先实现了区块链技术在金融领域中的应用，让虚拟性补充性货币参与国际金融支付交易成为可能。这对于虚拟性补充性货币的发展，具有历史突破性的指向意义。随着金融科技的飞速发展，国际金融市场中的金融产品与虚拟性补充性货币之间的行情波动相关性大幅度增强。“花旗币”的出现，是区块链技术在银行金融乃至更广泛的领域中的应用。“花旗币”通过其区块链对每一个互联网中代表价值的信息和字节进行产权确认、计量和存储，从而实现资产在区块链上可被追踪、控制和交易。花旗银行以“花旗币”为突破口，以自身信用为背书，以应用场景为指向，以全球金融贸易和银行业务的跨国交易为架构，旨在实现区块链在金融银行等应用场景中的去中心化底层架构，营造一个带有社会价值和经济价值的虚拟性补充性货币的良性生态环境。

花旗银行的“花旗币”与其他虚拟形态补充性货币的不同点在于：它是由全球金融巨头花旗银行的信用为背书的，有强大的经济实力和应用场景支撑，能通过发行主体——花旗银行向打通整个行业生态交易环节的支付角色转移。这种转移，是其技术范畴内的创新，也能实现以区块链为底层技术逐渐建构一个以数字货币为支付手段的全新运行体系。“花旗币”作为一种新的去中心化、开源、跨系统的数字加密货币具有双重侧链，同时兼容区块链和 DAG 两种分布式系统。为基于区块链和基于非区块链的系统建立连接，从而实现不同区块链间的信息互联互通。其总量的固定必然带来价值提升，而应用场景的加持又给予其更广阔的变现空间。

除了花旗银行，美国银行也具有典型性。借鉴了花旗银行的成功经验之后，美国银行也意识到了补充性货币在银行国际化进程中的重要性。2015 年 7 月，美国银行申请了一项专利，要求允许其使用加密货币从事跨国转账交易等业务，以确保其拥有的资本能在补充性货币的支持下真正实现全球范围内的自由流动。美国银行认为，运用补充性货币，能有效解决传统模式下进行跨国转账程序烦琐、耗时费钱、参与者过多等问题，优化资源，提升跨国银行业务国际化的效率。此项专利在 2015 年 9 月 17 日获得政府批准，具体内容包括允许使用如“比特币、瑞波币、莱特币、狗币”等虚拟性补充性货币在商业银行资金账户间实现资金的转移和流动。虚拟性补充性货币的使用，不仅可以缩短结算时间，降低交易费用，全面提升跨国转账交易的效率；还能绕过第三方清算机构（如 SWIFT），避免用户数据的泄漏和丢失，确保交易的安全性。此外，美国银行可以随时根据转账耗时长短和费用高低来选择转账的方式，以根据实际情况选择最佳转账方案。同时，由于虚拟性补充性货币的种类繁多，美国银行在转账过程中并不能知晓具体使用了哪种补充性货币，这样能有效降低商业银行内部人员的犯罪风险。因此，美国银行的这一项专利，为其在全球金融市场中赢得了良好的口碑，也提升了其在全球范围的品牌知名度，进一步提升了其国际化水平。

由花旗银行和美国银行两个案例，我们不难发现，美国的商业银行在自身进行国际化的过程中，自发地、创造性地利用自有资源对补充性货币进行了研发和风险控制，旨在确保补充性货币在其内部体系中能顺利运行。这些商业银行具有专业的行业敏锐嗅觉和前瞻性，它们充分肯定了补充性货币为金融市场创造的价值和具有的巨大发展潜力，认为补充性货币的合理广泛运用能加速其国际化的进程。因此，它们致力于对补充性货币进行有效监管，以期最大限度地运用补充性货币的自身优势，提升其国际化水平。它们对补充性货币的主要监管思路是：依托自身资源和信用，自行研发以区块链技术为基础、适用于金融行业内部生态交易环节的多元化场景的“内部”虚拟性补充性货币。发行“内部币”，可通过自身内部的金融生态系统有效控制发行量、使用范围、服务对象、运行渠道，从而通过内部监管系统制定预案，有效预防各种风险。

由此可见，虚拟性补充性货币的运用，的确对商业银行的国际化发展有着十分重要的意义；当然，也存在巨大的冲击风险，因此，做好其监管工作十分必要。而商业银行必须认清当前全球金融市场的发展趋势，迅速转变传统经营理念，合理运用虚拟性补充性货币的优势，借鉴美国经验，尽力实现提升自身国际化水平并实现监管过程的目标。

此外，从宏观层面来看，美国联邦政府总体上对虚拟性补充性货币所持的态度是支持和促进持续创新、确保信息公开透明、实施积极监管策略，而对虚拟性补充性货币的监管策略和监管力度存在着区域性的差异。众所周知，美国采用的是联邦制的政治体制。联邦制的最大特点是分权，主权由联邦和各州分享。美国的各个州都是独立的整体，分而治之，独立地行使各种权力。所以，美国各州对如比特币之类的补充性货币所持的态度、立场和监管力度都存在较大的差异。相较于华盛顿州对比特币的严苛管制，特拉华州就宽松许多。然而，虽然各州的监管负责部门不同，监管范围和力度的差距也较大，但就美国整体而言，对于补充性货币主要是通过法律法规等手段进行常规性监管。其具体监管方案是对比特币等补充性货币实施牌照化管理，即州政府要求补充性货币交易所等交易平台，在从事补充性货币交易业务前需要提交相应的资质材料和书面正式申请，经独立的相关部门（第三方）审核，同时根据其上一年的交易量和盈利水平按照规定比例缴纳一笔保证金。在以上程序全部顺利完成，经州政府审核批准之后，该补充性货币交易平台才能获得官方认证的经营业务许可证（牌照）。州政府完全可以根据其对补充性货币的运行状况，对该州金融市场的冲击大小，以及当前的宏观经济环境，通过设置和调整申请牌照的难易度，来实现对补充性货币实施监管的目标。而这种监管策略的成效，可以用比特币的运营进行很好的说明。

2013 年比特币的发展仍处于法律盲区，没有完善的监管政策及监管环境。但是从已有资料来看，在 2013 年美国德州法官在处理关于比特币的诉讼判决时裁定比特币为货币，受美国证券法约束，这就意味着比特币从法律上受到了接受和承认。为了有效监管金融违法活动（如洗钱、贩毒等），2013 年 3 月，美国财政部金融犯罪执法系统颁布了《虚拟货币个人管理条例》，将比特币之类的补充性货币纳入国家监管体系，要求所有参与补充性货币交易的活动主体（买卖双方、中介服务平台）都必须在美国金融犯罪执法官网上进行网络实名注册，并对交易额较大（1 万美元以上）的业务进行详细登记和报告。2014 年，纽约州颁布“比特币监管法案”（详见表 5. 1）。此法案从 6 个方面详细规定了维护消费者合法权益、信息透明、网络安全、反洗钱防治、交易账簿和记录等内容，要求监管部门应该提高对比特币等补充性货币交易中介机构和平台的资质审查和资金审计，包括设立独立的金融服务部门和首席信息安全官、进行专业化资质审核考试、定期提交交易及财务披露报告、严格监察业务使用资金、制定过渡期和危机应急方案、保证业务连续性和系统运行稳定性等内容。2014 年 6 月，加州颁布 AB-129 法案，这标志着比特币合规化进程的一次飞跃。法案中公开表示，数字货币、积分、优惠券等各种形式的美元替代品（补充性货币）成为合法货币。

表 5.1　2014 年纽约州“比特币监管法案”主要内容

目录	内容
1. 消费者资产保护条款	每个虚拟货币企业都必须持有消费者所持有的同种类及同等量的虚拟货币（也就是 100%保证金），禁止出售、转让、分配、借贷、质押或其他的抵押虚拟货币的条件。还须开立金融服务部门要求额度的美元债券或者信托账户来对客户进行保障。任何交易完成后，企业应当向客户提供以下资料的凭证：①企业名称及联络信息，包括投诉和咨询电话号码；②交易类型、交易价值、交易日期以及交易时间；③所收取的费用；④如果进行汇总要标出汇率；⑤被许可方不交或者延期交货的责任声明；⑥被许可人的退税政策声明
2. 消费者投诉条款	企业必须建立并保证书面承诺的办法程序，以保证消费者投诉时的公平和及时
3. 对消费者公开条款	企业必须让消费者了解到虚拟货币相关的潜在风险，包括虚拟货币交易通常是不可逆的事实，虚拟货币相对于法定货币的巨大波定性等风险因素
4. 反洗钱条款	企业应留持所有比特币交易的信息，包括支付、收据、交换、转让、买卖等信息，具体包括以下内容：①当事人的身份和物理地址；②交易量或者价值；③交易发起和完成的日期；④账户持有人的验证说明。涉嫌欺诈的报告和非法行为将意味着洗钱交易行为、偷税漏税或其他违法犯罪活动
5. 网络安全条款	企业必须制订执行一个网络安全计划，包括识别内部和外部的网络风险，每个需要进行电子系统的渗透测试，每年至少要进行一次，每季度要进行一次系统的风险性评估
6. 账簿和记录条款	企业必须保存相关的会计账簿和记录，包括有关的调查交易信息、银行对账单等

2015年1月，以《纽约金钱服务法律修正案》为依据，coinbase比特币公司顺利获得纽约州牌照（BitLicense），并在25州的共同监管下完成首次交易，这标志着纽约州开始通过全新的注册技术创新性地对比特币这类补充性货币交易实施有效监督迈出了成功的第一步。此外，纽约金融服务部门同时还推出了能替代BitLicense进行合法经营的信托许可证。ItBit比特币交易所成为首个获得此资质的公司。2015年3月，以AB1326法案为依据，加州公开确立了该州所辖范围内的比特币公司申请资质的具体合法注册程序。2015年6月，新泽西州立法机构草拟《美国新泽西州电子货币创业法案》并提交审议，该法案对该州所辖范围内的比特币等数字货币公司的开立和经营提供了较宽松的政策和优惠丰厚的激励措施，如大幅度减税、给予运营奖励等。2015年12月，美国证券交易委员会将比特币开采合同认定为证券业务。由此可见，2015年以纽约州为首的美国比特币类补充性货币立法已基本成型和完善，美国各州的立法机构也都纷纷颁布法律法规，公开说明比特币这类补充性货币存在的潜在风险、货币监管的相关事项以及现行货币转移法的适用性等问题。补充性货币的扩张和运行在美国得到了较大的发展空间，其监管成效也较显著。2016年，美国金融犯罪执法网络（FinCEN）、美国商品期货交易委员会（CFTC）和美国证券交易委员会（SEC）等多家监管部门和机构制定了比特币和区块链领域的监管框架，进一步加强了对比特币以及其他数字货币的业务活动的监管，将监管工作重点放在了规范货币服务业务、反恐怖融资、审查区块链及类区块链系统的开发和应用、加强政府与民间组织（区块链联盟①）的沟通合作这几个方面。2017年，比特币等虚拟性补充性货币市场出现"井喷"式发展，与补充性货币相关的金融衍生品与资产托管业务增加，芝加哥期权交易所（CBOE）和芝加哥商品交易所（CME）两大交易所先后发行比特币期货，高盛集团已考虑着手开设加密货币托管服务。美国国土安全部等

① 2016年10月，美国数字商会和Coin Center联合数字货币行业代表，组建了"区块链联盟"，旨在协助国家政府相关监管和执法部门打击涉及比特币和区块链的犯罪活动，也为公众提供一个深入了解政府相关监管和执法政策的渠道，以提高比特币等补充性货币的运行覆盖面和效率。

相关监管部门积极投入补充性货币底层设施建设，保证交易业务的安全性，更对加密货币的 ETF 申请严格控制。2018 年，美国加强了对比特币这类补充性货币 ICO（首次币发行 Initial Coin Offering）的监管。2018 年 8 月至今，美国 SEC（证券交易委员会）公布了多起涉及补充性货币交易平台、区块链与 ICO 项目企业、资产管理基金公司及个人的相关处罚与审查事件。与此同时，美国相关监管部门还拒绝了多项比特币 ETF 提案和申请，对补充性货币始终保持着审慎的监管态度。

由此可见，美国各州虽然对补充性货币的监管力度不尽相同，但从整体上来看，其承认了补充性货币的合法地位和重要作用，且通过颁发许可证、制定法律法规等常规性监管策略来控制补充性货币的潜在风险，并取得了较明显的监管成效。

此外，美国政府对于补充性货币的监管也做了许多卓有成效的工作。尽管美国政府对包括比特币在内的补充性货币十分宽容，但对其监管也是十分注重的，对补充性货币的监管涉及多个政府部门或机构，包括各州政府及联邦政府。联邦政府各个机构对补充性货币的监管职能主要由国土安全部、财政部、联邦法院等履行。而对补充性货币特别是比特币的交易规划主要通过各州政府制定的法律来加以确定，这些法律彼此间是有一定的差异的，这反映了各州政府、联邦政府以及监管机构如美国证券交易委员会、美国商品期货交易委员会、银行监管机构、美国国家税务局等对补充性货币的不同认识。故而在执行过程中，侧重点也不一样。如美国证券交易委员会往往对主要以比特币为代表的补充性货币投资者采取风险预警的方法进行监管；而美国国家税务局则将比特币等补充性货币当作应当纳税的财产，仅出台了一些适用于补充性货币的指导意见。各机构或部门有对补充性货币特别是比特币的具体监管做法如下：

（1）美国国会听证会的做法。美国国会为了了解民众对比特币等补充性货币的意见，了解相关部门的行为，主要通过听证会收集意见初步研究拟定相关政策。关于对补充性货币的听证会，2013 年 11 月进行了第 1 次。在 2013 年 11 月 18 日，参议院举行了主题为“虚拟货币潜在的威胁、风险和前景”的听证会；2014 年 4 月 2 日，美国众议院举行了讨论中小企业使用比特币的优点和缺点的会议。2016 年 3 月 17 日，美国众议院举办了一场关于数字货币及区块链技术的会议，讨论了相关技术的风险及立法问题。而在 2018 年，美国国会先后就“加密货币：数字时代对新资产的监管”“货币的未来：加密货币”“包容、尊重数字货币”“虚拟货币：美国证监会和商品期货交易委员会的监督作用”“虚拟货币、金融创新和国家安全意图”“恐怖分子和非法使用金融科技，虚拟货币如比特币对国家安全影响”“使用封锁技术记录交易信息和发现预防非法活动”等主题，召开了 6 次听证会，故而 2019 年 1 月 28 日，美国众议院通过了《2019 年打击非法网络和侦查贩运法案》，要求美国总审计长调查加密货币的在线运营情况。2020 年至今，美国政府基本上按照 2019 年 2 月 19 日美国证监会和美国商品期货委员会召开的关于比特币期货和数字货币听证会明确的数字货币监管的性质和机构，处理有关补充性货币的监管问题。

（2）美国金融犯罪执法局的做法。该局隶属于美国财政部，负责与美国相关的反洗钱交易，是比较早对以比特币为代表的补充性货币采取监督管理的部门。该部门 2013 年出台了有关虚拟货币运行的指导意见，将比特币这种补充性货币定义为“可转化的虚拟货币”。明确了《银行保密法》可以适用于比特币等补充性货币的创建、获取、分发、交换接受或传播的人员和机构。以后又进一步扩大了“可总投虚拟数字货币”交易的金融市场参与者范围。2014 年又增加了四项对补充性货币加以约束的规则，2018 年对相应的规则作了一些完善，并严格执行。

（3）美国证券交易会的做法。该机构是美国金融市场中最重要的监管机构，主要依据《1933 年证券法》《1934 年证券交易法》《1940 年投资公司法》《1940 年投资顾问法》从事金融监管的活动。对补充性货币进行监管的核心依据，是看其是否构成证券。故而这种数字货币或补充性货币的证券化监管模式已被多数欧美国家采用。2013 年 7 月 23 日，该机构通过设立比特币信托公司，发布投资者提醒告知，希望投资者在使用虚拟数字货币等补充性货币时注意可能存在的风险。2014 年 5 月 7 日及 12 月 18 日，再次通过处罚违规公司等，提醒投资者了解涉及比特币及其他形式数字货币投资的风险。2015 年至 2016 年，该机构加强了对比特币等补充性货币交易的违规处罚。2017 年 7 月 25 日，该机构发布报告，表示数字货币的发售（ICO）应受联邦证券法监管。据此仅 2018 年年初，该监管就向 80 多家加密货币交易公司发出传票。2018 年至 2020 年年底，该机构受理补充性货币相关案件 2 万多件，维护了监管秩序。

（4）美国商品期货委员会的做法。该委员会是美国另一个重要的监督管理的执行机构。该机构于 2014 年 9 月 12 日开始监管第一个在该委员会注册的比特币衍生产品交易平台 Tera Exchange。2015 年 9 月，该委员会发布文件，将以比特币为代表的补充性货币认定为大宗商品，故将比特币期货期权交易归于其监管的框架。2017 年 7 月 24 日，该委员会向在纽约的比特币期权交易所 LedgerX 发放许可，并将其纳入监管框架。同年 12 月，该委员会全面允许比特币期货在监管框架下上市。但 2018 年 1 月，它开始对 3 家虚拟货币交易平台提起诉讼，采取首次执法行动。2020 年至今，执法力度进一步加强。

（5）美国联邦其他部门的做法。这些部门主要配合联邦机构或独立行使一些对补充性货币的监管权力。如 2017 年 11 月，美国加州联邦法院判决 Coinbase 向美国国内收入署提供客户信息，因为有近万名客户有漏税的可能性。2014 年 5 月 7 日，美国金融业监管局发布了《比特币，有点冒险》投资者提醒文件。2014 年 8 月，美国金融消费者保护局发布了《数字货币带来的风险》文件，以对金融消费者进行数字货币投资指导。2018 年 12 月 13 日，罗马尼亚代表美国政府拘捕了比特币交易所 Coin Flux 的首席执行官 VLad Nistor，罪名是在提供比特币、以太币、莱特币、以太经典和瑞坡交易中存在有违美国法规的行为。

（6）美国地方政府的做法。美国各州的地方政府在对补充性货币进行监管时，其做法也可资借鉴。例如，2015 年 6 月，美国纽约金融服务局在多次举行了听证会之后，又征求了多方面的虚拟货币监管意见和建议，反复修改，发布了《虚拟货币法》。该法案规定实行“比特币牌照制度”，旨在保护公众作为接受补充性货币服务者的利益，防止数字货币或补充性货币被非法使用。该法案颁布后，截至 2018 年 8 月，相关部门共授予 10 家公司比特币牌照，截至 2021 年 5 月，其对比特币牌照授予公司管理进一步加强。当然，2018 年 2 月 7 日，其还发布了《阻止市场操纵及其他不当行为指南》，在授权公司经营现有补充性货币如比特币外，还授权企业可发行新的补充性货币，但必须接受监管。又如加利福尼亚州于 2013 年 6 月 28 日，在几经讨论修改后，参议院金融委员会通过了《数字货币合法化法案》，该法案不禁止替代货币的发行和使用。根据文件，该法案明确了诸多补充性货币的性质，如认为替代货币包括数字货币、积分、优惠券及其他有货币价值的事物，而且为诸多形式的补充性货币的发行和流通提供了法律支持。2016 年 7 月 1 日，通过了 AB—1326 法案，在加州的金融法的内容中增加了第 11 章，为虚拟货币业务等带来了制度的确定性。2016 年7 月 8 日，该州又通过了对 AB—1326 法案的修正案，批准了补充性货币创业公司的临时许可的申请。2017 年 2 月，加州议会进一步提出了 1123 号（AB—1123）法案的修正案，对补充性货币运营公司在持牌经营、申请设立、定期检查、维持自有资本等方面作了较详细规定。至今，该州对补充性货币的监管都按这些法规的精神执行。

而在其他州，也有较好的补充性货币的监管实践。例如，2015 年 6 月 19 日，美国康涅狄格州修改了货币流通立法 Act81，修改后的法案对数字货币业务制定了标准，对数字货币业务进行了界定，以及如何颁发许可证、考查申请人的业务类型等，对补充性货币的监管有了明确的规定。又如科罗拉多州于 2019 年 8 月 2 日通过的《科罗拉多数字代币法案》，免除了证券法对加密货币的约束，并规定了补充性货币如 token 发行商在若干条件下的豁免权等。这些法规对补充性货币的健康运行风险监管起到重要作用。

显然，美国对补充性货币的监管在形式上表现为法规、部门规则、各州法规及软约束性质的指引报告相结合；在监管措施上表现为无统一监管规则、分散性的功能性监管；在监管内容上表现为以反洗钱为重点，以保护消费者为主要职责，监管规则趋于全面深入；在监管作法上则表现得很灵活，出现问题则及时立法解决。这些都值得我们很好地借鉴。

三、欧洲国家的经验

（一）英国的经验

从微观层面来看，以商业银行为例，英国商业银行的国际化起步较早。英国具有明显的金融大国的特点。英国在19世纪末20世纪初是全球霸主，殖民地遍布世界各地，且重商主义思潮占主导地位，海外贸易空前繁盛。依托海外贸易和殖民地经济不断发展壮大的英国银行业，通过建立和扩张遍布全球的庞大海外殖民地金融网络，使自身的国际化水平长期处于全球领先地位。到了20世纪80年代后期，英国银行业的国际化已经进入高度繁荣期，英国的商业银行逐渐脱离了本国实体经济的影响，积极实施国际化发展战略，并取得了较为显著的成效，汇丰银行、巴克莱银行、渣打银行等知名商业银行的国际化水平均居于世界前列。然而，进入21世纪后，随着美国的综合国力的提升和世界格局的变化，英国银行业的综合实力逐渐被美国银行业反超，商业银行的国际化发展速度也逐渐放缓。当然，英国的商业银行绝不甘心屈居于美国的商业银行之下，因此它们在相当长的时间里都十分关注世界金融市场的动向，利用补充性货币紧跟美国银行业的发展步伐，随时寻找合适的时机重获昔日荣耀。

随着比特币在美国的盛行，英国政府也意识到了比特币、类比特币以及其他形式的虚拟性补充性货币对银行业国际化发展的重要性。2016年8月，英格兰银行（英国央行）提出了“中心化银行数字货币”方案，宣布拟授权伦敦大学学院的相关研究人员研发一种由英格兰银行自己控制的可扩展虚拟加密数字货币“RSCoin”，以实现国家政府对虚拟性补充性货币的合理控制和有效利用。“RSCoin”具有优越于比特币的功能和特性，如由央行集中控制“RSCoin”的供应量和区块链的簿记，易于交易记录追溯和价值审计；信息透明度高，交易效率易于提高和把控；由中央银行发行，货币信用度更高；交易速度可扩展性强，货币账本易于维护和控制；能全面结合中心化和去中心化的特点，易于监管和宏观调控等。由于“RSCoin”的发行量是由英国央行决定的，所以英国政府可以根据金融市场的具体发展情况随时调整投入市场中的“RSCoin”的供应量，从而其作为一种前所未有的新型货币政策工具，可以帮助国家政府实现对宏观经济的调控目标。显然，“RSCoin”与传统法定货币（英镑）的信用度一样高，但成本更低，影响力覆盖范围更广，调控效率更高，实现效果更明显。

英国政府对“RSCoin”大力支持和推动的另外一个原因，是由于政府已经意识到传统银行金融业务服务系统存在着很严重的缺陷和不足，而这些缺陷和不足将成为其海外经营和国际化发展的巨大阻碍。以英国的汇丰银行为例，从 2016 年 1 月开始，汇丰银行的网站和服务器系统连续两次遭受恶意攻击，近 1 700 万名银行客户无法正常登入汇丰银行网站。同时，由于汇丰银行的自动清算业务系统、支付转账系统全部瘫痪，期间正在进行的数亿计英镑交易全部以失败告终，严重影响了汇丰银行金融服务的安全性和信誉度。在这些严重事故发生后，汇丰银行充分意识到现有金融业务服务系统存在缺陷的严重性，也开始致力于研发具有独立价值体系、能够脱离法定货币独立运行和流通的虚拟性补充性货币，以期避免现有金融服务、信息交换和自主支付系统中存在的种种危机。从 2016 年 8 月开始，汇丰银行大幅度增加了从事虚拟性补充性货币研发工作的优秀技术人员的招聘规模，旨在为汇丰银行未来的跨国经营和国际化发展储备充足的人力资本。同时，汇丰银行对虚拟性补充性货币背后的区块链技术持有充分肯定的态度，目前也已经完成了将区块链技术运用于债券交易的平台测试，以期通过区块链技术的优势，在未来能有效提高债券等金融工具的交易效率，降低交易成本。

当然，汇丰银行还处于对比特币、类比特币以及其他类型的虚拟性补充性货币不断探索的尝试阶段，当前所获得的研究成果还需要较长的时间来证明其价值和重要意义。但是，汇丰银行的案例再一次证明，跨国商业银行亟须寻找到新的途径和方法来克服跨国经营中存在的诸多问题。随着当代互联网金融的深入发展，虚拟性补充性货币作为全球金融市场上一股巨大的新生力量，主导着全球银行业的未来发展趋势，对各国商业银行的国际化发展无疑具有举足轻重的影响力和推动作用。因此，我们也要注意到英国对补充性货币的监管仍是以法律法规为途径的常规性监督，但已经开始注意到技术性监管途径的运用，可资我们借鉴。

从宏观层面来看，英国对比特币这类补充性货币所持的态度较为乐观。英国政府将比特币认定为“私人资金”，而 ICO 发行者自行承担政策和法律风险。同时，英国政府支持比特币与本币或外币的自由兑换业务，减免征收兑换增值税。英国中央银行（BOE）和英国金融行为监管局（FCA）公开支持公众使用比特币这类补充性货币，并认为这是一种新方式，能有效刺激本国经济。因此，英国对比特币这类补充性货币的监管环境较宽松，监管力度也较温和。2015 年 3 月，英国第一个创新性地尝试实行“沙盒（Sand Box）容错制度”来监管比特币等补充性货币。“沙盒（Sand Box）”类似于一个特定范围的“试验区域”，只要处于“沙盒”区域内，补充性货币业务参与主体就可以在监管部门可控的情况下较自由地从事与补充性货币相关的各种业务活动，不需要受到原本的法律规范的限制。补充性货币在“沙盒”范围内运行的过程中，如遇到任何突发性危机或风险问题，监管部门能根据具体情况进行纠错和及时应对，从而将成功的经验进行进一步总结并后续推广。“沙盒”容错制度根据被监管对象的实际情况，还分为“虚拟沙盒”和“沙盒保护伞”两种灵活的具体监管策略。这种宽松的监管制度在较大程度上促进了补充性货币的快速发展，2017 年 8 月，其已经完成了三批测试招募，累计接受了 146 家被测试者的测试申请，主要包括银行等金融机构、初创企业等。“沙盒”容错制度的运行，是一种创新尝试，也是一种大胆探索，通过试运行的方式，能使监管机构找到推动金融创新和行业合规监管的最佳平衡点，引导和增进监管机构和监管对象的良性互动，较好地融入现有的金融监管治理体系。事实证明，“沙盒”监管方式是可行的，至今取得的监管效果也较明显。

（二）欧洲其他国家的经验

从以商业银行为例的微观层面来看，欧洲其他国家的商业银行对补充性货币所持的态度和采取的监管策略与英国商业银行类似，它们也都纷纷注意到比特币等补充性货币对商业银行国际化发展的重要性。2015 年 5 月，欧洲银行业协会（EBA）公开发布数字货币研究报告，充分肯定了比特币等补充性货币“拥有加快处理速度和降低其复杂性的可能性”，并认为补充性货币的加密技术应与传统的 IT、法律框架和现有资产（货币、股票和债券等）相融合。同时，报告强调了区块链技术未来的发展潜力和前景的可预期性，认为“区块链技术是主要用于货币、资产记录、应用堆栈的技术”。EBA 的研究报告，充分说明了欧洲各国政府和银行对补充性货币重要性的认可态度和支持立场。

从宏观层面来看，由于欧盟的存在，欧洲其他国家对补充性货币的监管策略较为统一。欧盟其他国家最初对比特币等补充性货币持有较怀疑和保守审慎的态度。2012 年 10 月，欧盟央行就公开发布了《虚拟货币体制》报告，认定比特币具有“双向流动特征和买卖价格”，并从信用、操作、法律和流动性这四个方面分析了其具有的潜在风险，认为“比特币并非法律上界定和普遍接受的货币”。欧盟部分成员国（芬兰、挪威、法国、爱尔兰、德国）出台的与补充性货币相关的监管政策或措施，也基本与欧盟出台的监管政策保持一致。而随着比特币等补充性货币在美国等其他国家的快速发展，为了保持欧盟的国际竞争力和优势地位，欧洲主流司法和监管机构对补充性货币的监管态度有所转变。2015 年 10 月，欧盟法院公开宣布对比特币及其他虚拟货币交易免征增值税，这意味着欧盟法院公开认可了比特币货币属性的合法性。即是说，补充性货币在欧盟范围内已在税收上等同于法定货币，成为一种合法的支付手段。在现阶段，欧盟正与其他国家一道，积极致力于制定对补充性货币进行监管的框架、政策法规和具体细则，旨在协调各成员国内部的监管机构和部门，整合协同，共同实现有效监管补充性货币的目标。

显然，欧洲国家对补充性货币的监管，仍然是常规途径的法律法规监管，并结合技术途径监管；由于大多数国家是欧盟国家，故而也可利用跨时空监管及国际协议监管的途径，使补充性货币的监管更为有效。

四、日本及新加坡的经验

（一）日本的经验

从宏观层面来看，日本政府对补充性货币的探索和实践由来已久，也充分意识到虚拟性补充性货币对商业银行国际化的重要意义。根据《日本时报》2016 年 3 月 4 日的报道，日本内阁政府批准通过了一系列新的法案，鼓励和推进日本银行业运用比特币以及其他类型的虚拟性补充性货币从事金融服务活动，并拟将虚拟性补充性货币的监管纳入金融服务中。同时，2017 年 3 月，日本政府（参议院）正式肯定了包括比特币在内的虚拟性补充性货币作为国内合法的一种消费支付和结算方式，并于 2017 年 3 月 27 日颁布了相应的税制改革法案。法案规定虚拟性补充性货币拥有类似于资产的价值，用如比特币之类的虚拟性补充性货币从事投资等商业活动，需要承担资本收益税；同时，虚拟性补充性货币以数字的方式被传输和使用，故不需要承担 8%的消费税①。在中国关停比特币交易所之后，日本成为补充性货币资产投资的最佳选址地，其全球比特币交易额也长期高居首位。2018 年，由于日本民众对补充性货币的投资热情和 ICO 的预期很强烈，日本金融监管部门（FSA 日本金融厅）加强了监管力度，严密监控可疑客户账户，实施客户账户和交易所账户的分区管理，并只允许线下系统存储加密货币持仓。从

① 比特币资讯网. https://www.sosobtc.com/article/20222.html，2017. 4. 1.

这些监管措施可以看出，日本政府在对虚拟性补充性货币给予相对宽松的偏向性政策支持的同时，也在积极努力地致力于补充性货币融资的规范化、制度化和可持续化。日本政府的监管策略，为补充性货币的未来发展铺平了道路，也进一步推进了日本商业银行的国际化发展。

从以商业银行为例的微观层面来看，日本商业银行对补充性货币的监管策略带有其特定的文化色彩和民族特征。纵观日本商业银行的发展历程，不难发现日本的商业银行大部分都是建立在家族化或集团化形成的财阀经济体系基础之上的。目标明确、重视礼仪、勇于创新是日本较为典型的民族特征，这也决定了日本的商业银行具有其他国家商业银行不具备的独特优势。凝聚力强、员工忠诚度高、纪律严明、协作效率高、工作态度认真、员工亲和力强、容易赢得客户信任和好感等优势，都是日本商业银行的竞争力源头，因而日本的商业银行具有较强的规模竞争力和扩张能力。同时，从日本商业银行的客户群结构和规模来看，日本妇女占据了较大的比重。这一现象也是由日本的传统文化因素造成的。在日本，女性结婚后大多数会辞去工作，在家里照顾丈夫和子女，丈夫的所有工资都会交给妻子打理。因此，妇女是日本家庭的金融决策者和投资理财者。随着比特币、瑞波币等虚拟性补充性货币的出现和扩张，她们投资的重心也转移到这上面。根据 Alexa（网站世界排名）的数据统计，2018 年瑞波网（Ripple. com）中来自日本的点击流量为 45. 5%，而美国仅占 21. 4%。由此可见，日本民众对虚拟性补充性货币的投资热情和需求相当旺盛。与其他亚洲国家相比，日本作为一个金融强国有着先天的资源、渠道、客户和市场优势，加之较宽松的金融政策环境和创新激励制度，为虚拟性补充性货币的生存和发展提供了更肥沃的土壤。而商业银行主要客户群体对补充性货币的投资需求，使商业银行充分意识到补充性货币的重要地位，它们更加积极地投入补充性货币的创新性运用以促进自身国际化进程的项目研发中，并致力于补充性货币的监管。

在日本政府的大力支持下，相比于其他国家的商业银行，日本的商业银行对比特币、类比特币以及其他类型的虚拟性补充性货币的未来潜力持有更乐观的态度。日本央行副行长 Hiroshi Nakaso 在一次全球性金融会议上发言时提出，比特币及其背后区块链技术的应用将会改变全球金融的基础结构，必须密切加以关注。从 2016 年 1 月起，日本的商业银行已经开始自主研发虚拟性补充性货币，并测验其在跨国经营业务中的适应性。

以成立于 1996 年 4 月的东京三菱日联银行为例，我们可以看出，其发展极为迅速。作为日本总资产规模最大的商业银行，东京三菱日联银行的国际化发展战略获得了巨大的成功。东京三菱日联银行很早就在探索和寻找能够提升自身国际化水平的有效途径。其主张，要实现商业银行国际化的快速发展，就必须要加速金融创新，并运用金融创新实现自身内部业务结构的优化和现有海外资源的整合。在这样的国际化发展战略指导下，基于区块链技术的虚拟性补充性货币也自然成为其关注的重点。2016 年 2 月，东京三菱日联银行研发出一种名为“MUFG Coin”的虚拟性补充性货币，旨在运用这种基于区块链和分布式账本技术的新型补充性货币工具，降低金融交易的管理成本，优化内部业务结构，整合现有海外资源，从而快速提升自己的国际化水平。相较于比特币，“MUFG Coin”同样具有 P2P 交易和手机钱包功能，且客户可以按照 1∶1 的汇率在银行实现“MUFG Coin”与日元的自由兑换，并支持计算机、智能手机或其他网络终端的 App 从事业务活动。此外，东京三菱日联银行还正在致力于“MUFG Coin”专用 ATM 机的研发中，旨在以这种新型 ATM 机为媒介实现“MUFG Coin”在智能手机或电脑客户端与银行内部分布式网络之间的自由流动和兑换交易。东京三菱日联银行计划在 2018 年与日本各个地区的大型零售商店合作，大力推进“MUFG Coin”在消费市场上的扩张，如“MUFG Coin”的持有者可以使用该种货币支付餐费、酒店费以及其他各种消费。同时，人们还可以随时通过智能手机或电脑客户端实现“MUFG Coin”的转账或汇款，甚至可以随时在机场或其他货币兑换点将“MUFG Coin”兑换成所需的各种外国法定货币。随着 2018 年“MUFG Coin”在日本的全面推行，日本的金融市场发生了翻天覆地的变化，一场虚拟性补充性货币的革新浪潮席卷了日本银行业甚至全球银行业，而东京三菱日联银行也将成为全球最具影响力的大型商业银行之一，从而全面实现银行国际化。

值得一提的是，除了东京三菱日联银行之外，日本的其他商业银行和金融机构也纷纷意识到了虚拟性补充性货币对商业银行国际化的重大意义。继东京三菱日联银行加入 R3CEV（区块链技术联盟）之后，日本的 Orix、Shizuoka 银行等大型商业银行和金融服务机构也随之加入 R3CEV，并联合日本的 NTT Data 公司（主营信息技术咨询服务）和 NTT DoCoMo Ventures 公司（主营移动网络技术）共同致力于基于区块链技术的虚拟性补充性货币在国际汇款、交易结算、业务管理方面的研发、测试和实际运用，同时也进行补充性货币的监管尝试。

可以说，未来商业银行全球霸主地位究竟由谁夺得，要看谁能率先研发并推广适合自身国际化发展、能被全球金融市场广泛接受的虚拟性补充性货币。可以说日本商业银行通过金融创新，将虚拟性补充性货币运用于银行国际化的实践，已经走在了世界前列。同时，在补充性货币的监管方面，日本综合运用常规性途径、超时空途径、技术途径的结合，且也有国际协议途径实现的现实可能，值得我们认真地研究与借鉴。

日本政府对补充性货币的监管实践也有其自身的特点。其监管主要由日本金融厅负责，而且能够实现补充性货币交易的行业自律。实际上，2011 年 Mtcox 也开始在日本进行比特币交易服务，但直到 2014 年 2 月 28 日，Mtcox 出现资金被盗申请破产，才引起日本有关部门的高度关注。根据 2015 年 6 月 8 日的 G7 峰会上相关国家领导人决定对虚拟货币及其他新型支付手段、交易手段进行监管的会议精神，日本政府开始进行对补充性货币的相关监管立法工作。2015 年 11 月 16 日，日本金融厅召开会议，讨论对比特币等补充性货币进行监管的问题。2016 年 3 月，日本金融厅提交了对虚拟货币的立法建议的《资金结算法（修正案）》，经修改后，2017 年 4 月 1 日，日本正式颁布了号称“虚拟货币法”的《资金结算法》，该法承认补充性货币如比特币为合法支付手段，表明了对补充性货币采取适度监管、鼓励创新的宽容态度，赋予了其交易平台的合法地位。与之配套的是，2017 年 3 月 24 日，日本政府颁布了《资金结算施行令》及《虚拟货币交换业者内阁府令》，同年 3 月 27 日，日本国会通过《2017 年税务改革法案》，开始取消交易比特币需交纳的 8%的消费税。为了保证和监管各种形式的补充性货币的正常运行及防范风险，日本金融厅应时地发布了《事务指南第三分册：金融公司相关 16 虚拟货币交换业者相关》《公众评论概要及金融厅的相应观点》等解释或指导性文件，用以向公众指导相关法律知识。在《资金结算法（修正案）》生效之后，从 2017 年 7 月开始，日本金融厅一边受理补充性货币运营公司的许可申请，一边对运营公司的运营状况进行审理，实施从交易所内部系统的监控到客户资产保护机制的检查，并随时现场调查走访。其目的是期望通过补充性货币不断推出创新性服务，并期望通过技术创新来配合对补充性货币的监管，防止欺诈及洗钱等犯罪行为出现。

此外，日本金融厅还正式设立了“虚拟货币兑换业务研究会”，专门研讨补充性货币特别是比特币的相关问题及对策，为立法提供咨询。该研究会活动频繁，如仅 2018 年 4 月至 12 月就举行了 11 次研讨会，为日本政府的决策起到了很好的辅助作用。同时，2018 年 10 月 25 日，日本共 16 家加密货币交易所发起成立了一个行业自律组织，即日本虚拟货币交易所协会。同时，经日本金融厅批准，还正式成立了一个“合格的资金结算业务协会”，成为日本行业自律监管补充性货币的基始。为了加强对补充性货币的监管，2019 年 1 月 2 日，日本金融厅提交了一份关于加密货币的市场调查报告，建议交易所及相关机构采取多种措施降低补充性货币的风险。2019 年 3 月 15 日，日本内阁则发布了限制虚拟货币交易的《金融商品交易法》《资金结算法（修正案）》，要求自 2020 年 4 月起，在 18 个月内未完成许可证申请牌照注册的准交易所不能继续经营，如 2021 年 10 月之前仍未完成注册，则强令终止服务，显示了日本政府对补充性货币运营的严格管理。2019 年 9 月，日本金融厅下属的数字货币交易所行业协会颁布了《新币发售相关规则》及配套的《关于新币发售相关规则的指导方针》，进一步加强了对虚拟性补充性货币的监管。日本政府为了保证虚拟性补充性货币在其国内能有较好的发展环境和空间，专门推出了新型监管措施，为补充性货币的发展提供了法律保障，并明确了其法律属性、监管规则、监管负责部门，从国家立法层面搭建了专属虚拟性补充性货币的监管框架，以确保补充性货币在日本传统监管体系下能够尽快适应和发展。

显然，日本政府结合本国实际，对补充性货币的监管宽严有度，依法治理，取得了较好的成效，其相关法律的出台功不可没。补充性货币多样复杂，在不同场合涉及许多法律适用问题。这些法律适用的目的在于：其一，对持有补充性货币的公众及运行平台的利益进行保护；其二，为应对洗钱及融资恐怖主义加强国际协同合作。而在这些法律条款中，较详细地规定了补充性货币或虚拟货币及交易的定义、服务概念；明确了补充性货币交易服务主体资格，包括对合法性的要求、准入门槛、监管规则、注册登记、处理程序、资本金要求等；并对补充性货币的运营提出了三方面的要求。①用户资产与固有资产的分别管理；②对用户的信息告知和说明；③系统信息的安全保障，使用替代性纠纷解决机制与解决纠纷的义务，以及妥善保管用户个人信息的义务。而在监管措施及法律责任的负担方面，其也有明确规定。法律授权监管当局可以实施各类监管措施；内阁总理大臣有权根据需要命令补充性货币运营者配合调查及监管行动，甚至可以下达业务整顿、取消注册的命令，一旦发生违法行为，可以处以罚金甚至追究刑责。

较有特色的是日本金融厅的监管行动。在市场准入方面，日本金融厅于 2017 年 8 月 7 日设置了虚拟货币监管小组；在同年 8 月 12 号至 13 号，开始公布虚拟货币运行的相关公告，并接受运营公司的注册牌照申请；自 2017 年 10 月 22 日发布了《ICO 投资者和运营方风险警示》，截至 2020 年年底，发布大的警示公告 20 余次。在运营监管方面，日本金融厅经常检查运营机构运行的状况、机构系统状况、守法状况，发现问题并及时纠正。例如，2018 年 4 月 25 日，关东财务局宣布对 Minnano Bitcoin 虚拟货币交易所执行行政处罚；2018 年 5 月 6 日，日本金融厅宣布对数字货币交易所采取更加严格的监管；2018 年 8 月 11 日，日本金融厅公布关于业务层面的违规发布、反洗钱对策不足、内部监督不严等方面的中期检查报告，责令相关交易所进行整顿，否则停业。除了执法监督，日本金融厅还有辅助监管手段。例如，成立由企业代表、法律人士组成的研究小组，收集补充性货币交易数据，讨论其交易习惯制度、交易状况等，协助决策。又例如举办学术研讨会，讨论交易业者监管措施、他国监管政策的制定、风险评估、全球补充性货币交易状况及金融技术发展、补充性货币的融资功能等，旨在指导从业者开设及运营交易所，引导补充性货币投资者正确进行投资等。

日本交易平台运营主体在补充性货币运行方面的行业自律也较有特色。补充性货币交易平台的行业协会是得到日本金融厅批准成立的、能承担法定的自律监管义务并获得相应权利的自律性监管组织。它被要求与日本当局定期交换意见、实行密切合作、处理用户投诉、对从业者进行指导、制定自律监管规则等。2018 年 3 月 29 日开始筹划，4 月 16 日即正式成立的日本虚拟货币交易所协会，要求从事虚拟货币交易的行业进行自律管理，在 2018 年 10 月 24 日获得日本金融厅批准。于是，该协会紧锣密鼓地配合补充性货币监管。例如，2018 年 7 月 28 日，针对散户破产的风险，协会发布一次调整杠杆交易倍数的政策，要求交易所设定顾客交易金融的上限；2018 年 9 月 12 日，该协会提交了一份规定了业务管理、内部审计、遵守法规、对不良事件的处理等事项的自律规则，得到了很好响应；2018 年 10 月 24 日，协会制定了包括打击内幕交易、反洗钱措施等在内的国内交易所管理框架，以部署安全标准，保护广大顾客用户的资产安全。

2019 年 1 月 9 日，该协会宣布吸纳五个加密货币交易作为Ⅱ类成员，壮大了协会力量，也完善了监管架构。至今，该协会的自律式监管得到政府的认可，被社会广泛接受和认可，起到了很好的监管作用。这也是我们可以借鉴的经验。

（二）新加坡的经验

新加坡国土面积小、资源匮乏、农业和制造业发展的制约条件较多。但是，新加坡却依靠地缘优势、制度优势、开放市场优势，在短短几十年内一跃成为亚洲“四小龙”之首和全球第四大国际金融中心，创造了经济发展的巨大奇迹。新加坡的对外开放程度很高，且主要以金融业、银行业和服务业作为国家的主导产业，因此很注重金融创新和银行业的国际化发展。新加坡政府给予国内各大银行的金融扶持政策也相对宽松，充分鼓励各商业银行大力提升国际化水平。新加坡的商业银行在优越的经济宏观环境和政府的支持下，不断积蓄自身实力，积极参与世界金融创新实践活动，其国际化程度也位列全球领先地位。可以说，新加坡商业银行国际化战略的顺利实施，不仅是因为它们具有独到的战略眼光、先进的金融创新理念、与时俱进的跨国经营管理技术，更是因为新加坡政府给予的重视和支持。

新加坡国土面积较小，国家政府所颁布和实施的法令法规能迅速有效地实施和执行。而国家政府对世界金融市场发展趋势的预测和把控，将会直接影响商业银行的金融创新步伐和发展方向。事实证明，新加坡政府对商业银行国际化发展的指引和导向都是正确且明智的。自2009年比特币和区块链技术兴起，新加坡政府对区块链技术支持下的虚拟性补充性货币的发展高度重视，全力着手营造适合区块链技术、虚拟性补充性货币在新加坡扎根的较为宽松开放的宏观金融环境，并公开要求相关金融部门和金融机构必须与时俱进，大力推进以区块链技术为基础的金融创新。在短短几年的不懈努力下，新加坡的金融创新和金融科技取得了长足进步，以区块链技术为支持的虚拟性补充性货币的发展也处于全球领先水平。新加坡也成为适合发展补充性货币的又一绝佳选址地。新加坡政府对补充性货币采取了支持和积极监管的态度，不断致力于完善与之相匹配的金融监管体系，在主动降低补充性货币市场准入门槛的同时，又积极治理不符合监管要求的补充性货币，取得的成绩令人瞩目。

2013年，新加坡先后建立itBit（当前认可度和信任度最高的比特交易所）、Gocoin（比特币、类比特币等虚拟性补充性货币支付平台公司）以及 8 个比特币 ATM 机（支持比特币钱包服务、兑换、网关及支付服务）。Coinpip、BitX 等公司也开发出各种比特币、类比特币等虚拟性补充性货币的 App，为广大用户和商家提供支付、兑换、储存等各种相关服务，进一步促进了虚拟性补充性货币在新加坡的运用和扩张。与此同时，新加坡政府进一步表明态度，为虚拟性补充性货币在新加坡的发展给予了利好政策性倾斜。新加坡税务局公开表示，如果比特币被用于长期投资，将免征税收。新加坡金融管理局（Monetary Authority of Singapore）则公开宣布不会对经济主体在从事商业活动过程中使用比特币的交易进行行政干涉。此外，金融管理局明确表示，新加坡央行对区块链和虚拟性补充性货币的金融监管采用“沙盒”机理，只要是在“沙盒”中注册并备案过的金融科技创业公司（Fintech company），如果其所开展的业务与现行法令发生冲突，官方可以向其提供业务技术性指导和服务，就算被官方终止业务，公司也不用承担任何法律责任。2015 年，新加坡政府为鼓励金融科技创新，投入 2.25 亿美元拟在 5 年内建立包括区块链记录系统项目（如区块链孵化器、万向区块链实验室等）在内的智能金融中心。智能金融中心的重要职能是促进区块链和虚拟性补充性货币对新加坡金融市场的重塑和革新，提升金融科技创新的效率，增强金融市场的活力和吸引力，为新加坡金融科技创新设定合理的“边界条件”，营造全新的金融风险防控体系和法律环境，以实现既能满足活动主体的要求又不会超越政府可控范围的金融创新目标。2015 年 11 月 4 日，CAIA-SKBI 加密货币国际会议在新加坡隆重召开，会议针对区块链、比特币、智能合同及其他虚拟性补充性货币对新加坡金融市场以及全球金融业的革新作用进行了探讨，并着重分析了虚拟性补充性货币在以新加坡为主的亚洲宏观金融环境下的适应性。由此可见，虚拟性补充性货币对金融市场的重大影响和作用，已经被新加坡乃至全世界关注。在新加坡政府的支持和引导下，新加坡的商业银行积极推进区块链技术和虚拟性补充性货币的运用及监管，并将其纳入实施国际化战略的重要内容。以新加坡大华银行（UOB）为例，2015 年 8 月，大华银行联合新加坡的9家金融科技创新企业[①]正式启动了区块链加速器项目，并在此基础上建立了以区块链技术为核心，虚拟性补充性货币为载体的智能合约平台服务体系（smart contracts as a service）。该体系能迅速提升大华银行在从事跨国经营业务时的效率和安全性，简化进出口贸易活动中相关的大量金融纸质工作，并结合智能合约资源库自动执行安全协议，在全球范围内实现资金的高度整合和资源的优化共享。2018年5月，新加坡中央银行（金融管理局MAS）拟放宽基于区块链的去中心化交易所的市场准入门槛。2018年9月19日，新加坡金融管理局将补充性货币分为应用型、付款型和证券型三类，认为新加坡现存的证券及期货法能适用于对证券型补充性货币的监管，其将监管重点放在了付款型补充性货币上。同时，新加坡国立大学（NUS）公开创建了名为“加密货币战略、技术和算法中心”的区块链研究中心，旨在成为世界上最重要的区块链研究中心之一。这一中心的建立，也标志着新加坡政府与高校研发机构携手合作，共同致力于探寻对补充性货币进行监管的有效策略的新突破。

由此可见，在新加坡政府的大力支持下，新加坡的商业银行均有充分的理由和动机对虚拟性补充性货币的未来发展持较乐观的态度，并对其监管充满信心。纵然在虚拟性补充性货币被运用于商业银行的跨国经营管理过程中必然存在很多潜在问题和风险，但虚拟性补充性货币的种类繁多且在不断的自我完善的过程中，这些问题和风险也会随着其技术的进步和成熟逐渐得以解决。同时，虚拟性补充性货币的更新换代也较快，新一代的虚拟性补充性货币必然会显示出比上一代更多的功能和更强大的优势。此外，虚拟性补充性货币如果被广泛运用于跨国支付等常见的金融业务和活动中，商业银行也会更加积极主动地与其他金融机构或者企业建立合作和联盟关系，以综合各方的技术力量和资源，借助金融市场的多方平台，大有将虚拟性补充性货币运用于跨国经营管理及监管的优势发挥到极致的趋势。

---

① 9家企业分别为：Attores、CardUp、FinMitra、FinReg、Nickel、Ssino Connect、Stock 2 Day、Tuple、Turnkey Lender。

五、经验的启示与挑战

上述可知，我们选取美国、欧盟、日本和新加坡这四个具有代表性的国家和组织为典型分析对象，分别从微观层面和宏观层面两个角度，探讨了这些国家和组织对补充性货币（特别是虚拟性补充性货币）实施监管的主要经验和做法。我们通过大量事实资料、数据和案例，在微观层面梳理了这些国家和组织的典型商业银行在补充性货币发行和监管方面的具体做法；在宏观层面总结了这些国家和组织的政府在补充性货币发行和监管方面的成功经验，以期对我国在补充性货币的监管上提供可借鉴的启示。

我们之所以选取美国、欧盟、日本和新加坡这四个国家或组织为分析对象，主要原因如下：第一，从金融实力上看，它们都属于发达国家或地区，其商业银行国际化的发展水平都居于世界前列，且这些商业银行的国际化发展历史和经验教训值得研究和借鉴；第二，从地理位置上看，这四个样本都属于国际金融中心和重要枢纽，大致可以覆盖全球的大部分金融市场，对全球金融市场的运行和发展影响很大，具有典型性和普遍意义；第三，从时间纬度上看，这四个样本的金融市场发展有的历史较长，有的历史较短，可以基本覆盖商业银行国际化的不同发展阶段，便于更全面直观地分析其商业银行的整个发展历程；第四，这四个样本对虚拟性补充性货币的发展和金融科技创新都持有较开放和支持的态度，且虚拟性补充性货币在这四个样本地区的发展都较快速，能基本反映世界金融市场革新的主要潮流和趋势。以比特币为例，这些样本国家和组织对补充性货币监管都有共性及一定的自身特点。

世界上主要国家对于比特币的监管情况梳理见表 5.2。

表 5.2 世界上主要国家对于比特币的监管情况

合法性	国家	认定	监管措施	税务规定
合法	英国	财产	英国金融行为监管局 FCA 表示首先会考虑比特币在金融创新领域的应用，而监管不会有固定的时间框架	英国税务机关为了对比特币交易征税，拟修改税法
	德国	记账单位	德国联邦金融管理局（Ba Fin）规定开办比特币公司至少要满足六项严格条件，包括要拥有 73 万欧元注册资本金、管理层具备相应从业资格、出具详尽的商业计划书、符合资本充足率标准、引入反洗钱机理、定期按需向 Ba Fin 进行汇报	用作私人用途时，比特币是合法的私有财产，持有者可免税；但用于商业用途则要交税，如某人在一年之内通过买卖比特币获利，要缴纳 25%的资本利得税。如果持有比特币一年以后再交易，不用交税
	法国	财产	法国财政部表示，计划执行对金融机构的新规定，要求比特币分销商和其他平台在用户开设账户之前验证他们的身份	对比特币销售获得的利润征收资本利得税
	加拿大	数字货币	2014 年实施世界上第一个比特币法律 C-31 法案	该法案规定，比特币企业需要保存可疑的交易记录、验证程序、可疑交易报告，并在 PCMLTFA 的要求下注册货币服务业务
	美国	金融工具或财产	美国国内税收署规定如果将比特币等虚拟货币视为与财产对等，财产交易相关的基本税收原则也适用于虚拟货币交易	如果比特币被当作工资或服务费支付，接收方需要缴纳个人所得税；如果比特币被视为同股票、债券一样的资本用来投资与交易，收入得失将被按照资本所得税方式处理。比特币制造者的交易收入，则遵循个体经营的税率，收入按交易当天比特币的市值结算
	日本	财产	制定比特币交易规则，加强对比特币的监管，计划把比特币置于“税法”“反洗钱法”“消费者保护法”等法的管理之下，拟改变比特币游走法律缝隙之间的局面	拟对比特币交易收益征税，拟对使用比特币购物同样征收消费税

表5.2(续)

合法性	国家	认定	监管措施	税务规定
合法	澳大利亚	财产	税务当局发布了一份关于比特币的税收准则	个人使用1万澳元以下的比特币不用缴税，企业使用比特币可能会涉及纳货劳税、资本利得税和附加福利税
	新加坡	财产	新加坡金融管理局计划监管包括比特币交易所运营商在内的虚拟货币中介机构，以防范可能存在的洗钱和恐怖分子筹资风险	为包括比特币在内的虚拟货币交易制定了税收政策
态度中立	韩国、爱尔兰、肯尼亚民、荷兰、新西兰、葡萄牙、土耳其、西班牙、尼加拉瓜、马耳他、以色列、冰岛、希腊、爱沙尼亚、丹麦、塞浦路斯、巴西等大多数国家			
禁止或限制	俄罗斯、泰国、印度尼西亚、玻利维亚			

资料来源：作者自行整理绘制。

（一）监管方案的经验分析

通过对美国、欧盟、日本和新加坡这四个国家或组织监管补充性货币的具体做法进行仔细分析和研究后，我们认为值得注意和借鉴的成功经验如下：

第一，在微观层面上，积极鼓励具有雄厚经济实力和深远影响力的银行等金融机构自行发行补充性货币。这些“内部币”的发行权和监管权归发行主体，发行主体会基于自身安全和发展的需要，自觉自主地监管所发行的“内部币”的运行。也即是说，本着“谁发行，谁监管，谁负责”的原则，将对“内部币”的监管与发行主体的自身发展进行绑定，从而确保这些补充性货币得以有效监管。当银行等金融机构计划发行“内部币”时，按照国家政府的规定流程向相关金融监管部门提交申请，在国家监管部门对发行者的发行资质和实力进行评估和审核后，符合发行“内部币”标准的银行等微观主体即可获得该“内部币”的发行权和监管权。国家政府将补充性货币的发行权和监管权下放给符合标准的微观主体，后期只需要按照常规金融监管流程和步骤，定期追踪或不定期抽查这些微观主体的运营情况和所发行“内部币”的流通使用状况即可。如果这些微观主体运行一切正常，国家政府在监管补充性货币方面将节省大量的人力和物力；如果一旦发现“内部币”出现任何异常，国家政府可以随时采取其他措施进行干预和控制。如美国“花旗币”的顺利发行，就是一个较成功的典型实例。“花旗币”成功发行的原因，我们认为有如下几点：①花旗银行在国际金融市场上的地位和影响深远，属于金融行业龙头，本着追逐巨额利润和永久垄断优势的动机，其自身就有着充分的自觉性和能动性确保“花旗币”的稳定运行和扩张。“花旗币”的信誉度越高，使用的客户越多，其价值和价格越高。因此，花旗银行本身就有着维护和监管“花旗币”顺利运行的强大动力。②花旗银行自身实力雄厚、资源丰富，能保障“花旗币”监管渠道的畅通和监管措施的落地。③花旗银行处于国际金融行业的头部地位，能在行业内部充分调动监管资源（如监管专业人员、监管合作企业、评级机构等），迅速组织和构建强有力的行业监管团队，针对“花旗币”在实际运行过程中出现的缺陷问题进行及时修补和完善，并进一步促进补充性货币在金融行业内的创新，加速金融科技的发展。对于行业内的其他竞争对手来说，它们也自发成为“花旗币”的监管者，因为它们也会千方百计地试图寻找到“花旗币”的缺陷，以作为攻击花旗银行的武器。但正是由于这样的“竞争者效应”，反而促使了花旗银行在监管“花旗币”过程中的谨慎和不遗余力。④花旗银行的国际化程度很高，有着巨大的国际社会关系网络和跨国业务，在全球范围内有着众多的分支机构、下属机构、关联公司和合作伙伴，能形成强有力的内部化市场，确保“花旗币”在内部市场的顺利运行。而这些内部化市场的微观主体，由于和花旗银行有着紧密的利益连接和合作关系，也能自觉、自愿、自发地成为“花旗币”的监管辅助主体，可以及时向花旗银行传递各种监管信息，保证花旗银行能实时掌握“花旗币”的最新动态，以制定灵活的监管应对方案。而较高的国际化水平，也为花旗银行监管“花旗币”的运行，提供了更畅通的监管渠道、监管途径和监管方案。

第二，在宏观层面上，根据不同国家的实际情况，灵活实施对补充性货币的监管。美国的各个州对补充性货币持有不同的态度，较难统一管理。因此，美国政府实施了联邦和州的分级监管。首先，沿用现有的金融监管框架，将补充性货币纳入现有监管体系中。其次，由联邦政府对待监管的补充性货币的性质和范畴进行界定，明确立法。为了明确补充性货币的监管部门，2019 年 12 月，美国国会起草了《2020 年数字货币法案》，进一步确定了可以监管补充性货币的联邦机构，并对补充性货币的属性、分类进行了详细说明。该法案将待监管的补充性货币分为证券属性、商品属性、货币属性和财产属性四类。属性不同，则负责监管的部门不同。相关监管部门会在补充性货币的发行资质、交易活动、税收缴纳以及打击犯罪等方面进行管理和控制。这样，证券交易委员会、金融犯罪执法网络、国税局、商品期货交易委员会、金融消费者保护局等金融监管机构能分工明确、精准监管，不会造成重复监管、权力交叉、权责不明、推诿扯皮、效率低下、监管条款矛盾等问题。最后，联邦政府还将补充性货币的宏观监管权力下放到地方政府。地方政府设立州金融管理局，根据当地的实际和对补充性货币的态度，灵活采取不同的监管措施。

第三，实施监管“沙盒”模式，以逐步放开、“摸着石头过河”的基本思路，给予补充性货币生存和发展的适度空间。既保证补充性货币能发挥自身优势，促进金融创新与金融科技合规发展；又能将其可能带来的风险扼杀在可控的范围内，从而实现监管对象和监管机构的良性互动。英国和新加坡在实施监管“沙盒”模式方面，具有较好的经验。英国成立了由财政部、英格兰银行和金融行为监管局等组成的数字货币工作组，在监管“沙盒”内部对补充性货币风险进行有针对性的管控。补充性货币交易平台可以申请进入监管“沙盒”参与监管测试，整个测试流程包括申请、测试和推出。新加坡于 2016 年发布了《金融科技监管“沙盒”指引》，其监管“沙盒”环境较为宽松，但新加坡政府将补充性货币的监管纳入新加坡金融管理局的监管职权内，不断推出更新版本的《数字通证发行指南》，要求企业在使用补充性货币进行支付前必须接受必要的调查。

第四，形成强有力的补充性货币监管联盟，本着“团队作战，其利断金”的理念，充分发挥监管联盟成员的自身优势，实施统一的监管措施和政策对补充性货币进行区域化监管。众所周知，欧盟、阿拉伯货币基金组织、西非货币联盟是当今最著名的货币联盟组织。这些货币联盟成立的初衷，就是为了集中资源和优势力量，节约货币管理和兑换成本，防范货币危机。货币联盟的主要积极作用在于：其一，促进经济一体化，有利于联盟内各国的经济趋同和产业结构合理调整。其二，有效抗击投机和游资的冲击，减少套利机会，稳定联盟内部金融稳定。其三，促进联盟内部的统一货币发行体系和监管制度的完善，联盟发行的统一货币拥有更强劲的国际信用背书，更容易被民众接受和信赖，因此更具有金融市场的竞争力。其四，能有效防范货币危机。货币联盟会建立货币共同基金和汇率联合干预机制，通过丰沛的共同基金平抑各国国际收支，联合干预机制调节和稳定汇率，应对可能出现的货币危机。在货币联盟的背景下，充分发挥联盟优势对补充性货币进行监管，具有利用跨时空监管及国际协议监管的独特性和优越性，这无疑能使对补充性货币的监管效率更高，监管范围更广，监管效果更显著。

第五，积极充分发挥金融行业机构和民间金融组织的监管资源和力量，鼓励它们协助国家政府对补充性货币进行合理监管。如前所述，日本在这一方面做得较好。日本承认补充性货币的合法地位，从国家立法层面搭建了专属监管框架。在日本，补充性货币的监管主要由日本金融厅负责。为了积极发挥金融行业和民间金融组织的力量和作用，日本金融厅还先后批准设立了由企业代表、法律人士组成的研究小组和行业自律组织，主要职能有：①负责收集补充性货币交易数据，了解最新市场风险和发展动态；②定期举办学术研讨会，讨论其交易习惯、制度、状况、风险；③指导从业者开设及运营交易所，引导补充性货币投资者正确进行投资；④与日本当局定期交换意见，提供补充性货币相关的监管立法咨询；⑤处理用户投诉、制定补充性货币行业自律监管规则；⑥制定和完善包括打击内幕交易、反洗钱措施等在内的国内交易所管理框架，以部署安全标准，保护用户资产安全。在日本金融厅的积极推进下，“虚拟货币兑换业务研究会”“日本虚拟货币交易所协会”“合格的资金结算业务协会”“补充性货币交易平台行业协会”等多家补充性货币行业自律组织表现活跃。至今，这些组织的自律式监管得到了政府的认可，也受到社会民众的广泛支持。日本政府所实施的“补充性货币行业自律监管”模式和思路，值得我们借鉴和学习。

从以上几个样本国家或组织对补充性货币的监管经验来看，一方面，我们可以借助外部有利因素的力量来实现对补充性货币的有效监管，这包括国家政府对补充性货币的支持（美国、新加坡、日本、欧盟的立法支持）、宏观环境对补充性货币的优化（英国、新加坡的“沙盒”监管）、金融创新对补充性货币的激励（美国花旗银行的“花旗币”在全球发行）、商业银行利用补充性货币进行国际化的意识革新（花旗银行等），都是很重要的监管实践和监管方案。同时，我们也可以通过内部有利因素的创造来实现对补充性货币的有效监管，这包括利用国际化程度高的典型商业银行构建内部化监管市场（花旗银行）、激发金融行业内部的竞争对手和合作伙伴协助监管（花旗银行）、建立和鼓励行业民间组织和机构实施监管（日本的行业自律组织）、构建补充性货币监管联盟对在联盟国区域内部运行的补充性货币实施监管（欧盟）等。

（二）现有监管方案的挑战分析

结合上述国家或组织的监管模式和方案的分析，我们可以学习和借鉴一些经验，但我们也会产生一些困惑和问题。

第一，各个国家对补充性货币的态度和监管力度不同，有的国家将补充性货币的监管直接纳入现有监管体系之中，有的则对补充性货币单独立法。有的国家采用强制的行政手段实施监管，有的国家采用较宽松的政策实施监管。那么，结合中国的现实国情，如果我们未来要充分发挥补充性货币的优势，让它们能为我国的金融市场发展服务，就应该采用“具有中国特色的补充性货币监管模式”。那么，什么样的监管模式才是真正适合中国的呢？

第二，我们已经发现，积极发挥微观主体的监管作用和功能，能有效辅助和配合国家政府对补充性货币进行监管。因此，鼓励商业银行国际化水平的提高、加快行业自律组织和民间金融组织的构建、激励金融机构的科技创新都能实现对补充性货币的有效监管。但是，如何促进商业银行国际化水平的提升？如何合理引导国际化水平较高的银行或金融机构合理、合法、合规地从事监管活动？如何保证行业自律组织、民间金融组织、商业银行等金融机构获得国家政府的下放权力之后，不会和国家政府的监管活动和制度产生冲突？民间监管组织如果数量过多，是否会造成国家宏观调控政策的失灵？

第三，国家政府实施“沙盒”监管模式，本身属于一种金融创新行为。创新的过程总是伴随着漫长而艰辛的尝试。因此，在“沙盒”监管模式的初期，我们必须接受的事实是，申请“沙盒”监管测试的企业数量较少。因此，如何激励更多的微观主体加入“沙盒”监管测试？被选中测试的企业和没有被选中的企业，在同样的产业生态内，却有不同的监管环境，是否存在不公平的问题？如何有效评估参与测试的企业通过了“沙盒”测试？测试合格后的企业，又能享受哪些福利？测试完成后，国家政府会对测试“沙盒”覆盖区域开放哪些权限？后续的监管制度和负面清单有哪些？监管机构和部门是否真的能在制度和法律层面对“沙盒”测试合格的监管对象给予实质性的政策倾斜？

第四，如果构建补充性货币监管联盟，实施的统一监管制度和政策是否会对联盟内部成员国的宏观调控效果产生负面影响？联盟内部成员国的补充性货币风险和危机，是否更容易相互传染？联盟内部对补充性货币的监管方案，是否会产生分歧？如果产生分歧，如何确保监管联盟的统一监管方案顺利落地和实施？

综上，我们认为，这些国家或组织对于补充性货币的监管模式、策略和方案固然有值得借鉴和学习的成功经验，但也存在一些客观缺陷和潜在风险。我们在学习、借鉴这些成功经验的同时，也应该结合中国自身的国情，进行自我剖析、总结和反思，探索出真正具有中国特色的补充性货币监管模式和思路。

第六章　中国补充性货币的监管模式及机理

在弄清补充性货币的内涵、种类、特征，了解其在中国乃至全球的演变及发展过程后，通过一定的方法，选择适当的途径，借鉴国际经验，立足中国实际，我们就可以较好地对补充性货币进行监管。但是，由于在监管过程中，不同国家在各个方面毕竟存在较大的差异，特别是人文、历史、市场、制度、传统习俗均不同，会形成对补充性货币监管的不同模式。在当代中国，由于外国的模式毕竟不能照搬，故有必要建立具有中国特色的补充性货币监管模式。

一、补充性货币的监管模式与监管目标

所谓模式，是指事物在发展过程中遵循一定规律，形成的稳定的形式。补充性货币的监管模式，是指在补充性货币的监管过程中，根据其内在规律形成的一种稳定的监管形式。当然，这种形式在不同历史文化、制度习俗的国家是不相同的，而在同一国家发展的不同时期，补充性货币的监管模式也有不同的特点。一个国家补充性货币监管模式的形成，除与这个国家的历史文化、制度习俗有关之外，最主要的是取决于补充性货币监管的目标。一般而言，一个国家的历史文化、制度习俗等是难以改变的。这就决定了这个国家补充性货币的监管模式整体框架的

稳定性。在这个稳定框架中，随着补充性货币监管目标的调整，我们即可采用加以应对的具体模式。如前所述，补充性货币在中国的发展经历了若干不同的时期，如初级发展时期、中级发展时期，并逐渐向高级发展时期演进。而在以实物票证、实物贵金属作为补充性货币（此时贵金属已不作为法定货币）之时，因其所为引发经济社会危机的可能性较小，政府对其的监管目标不在于限制它们的扩展，反而在于鼓励它们扩展，以期望通过它们对法定货币的职能补充促进金融的发展。前述“中华红色经济之都”的补充性货币的监管实践即是如此。而在实体股票、债券或信用卡之类盛行的补充性货币发展的初期阶段，股票、债券等对经济社会的冲击力剧增，一方面政府希望补充性货币发挥自己的积极作用，另一方面又担心这个时期的补充性货币产生巨大的风险。因此，这个时期对应的监管模式必然在前一时期的监管模式基础上有所调整。当然，我国当前正处于补充性货币从初级发展阶段向中级发展阶段的过渡期，补充性货币监管模式也随着政府的监管目标而调整。例如，我国政府提出在2018年完成调控三大目标之首即化解金融风险。而当今中国的金融风险在相当大的程度上在于补充性货币的冲击。2015年中国股市债市振荡以及与金融系统紧密相连的房地产市场振荡即是最好的说明。所以，2018年上半年，中国政府适时提出“宏观审慎”的金融目标，实际上也包含了补充性货币的监管目标，必须围绕“去杠杆”的“宏观审慎”目标实施。当然我们正处于当代高新科技迅猛发展、补充性货币迅猛发展的阶段，处于补充性货币从低级发展阶段向中级发展阶段演进的过渡时期，中国的补充性货币的监管模式应有这一时期的适应性，并随着补充性货币的发展而发展。中国补充性货币发展阶段与补充性货币监管模式的关系如图6.1所示。

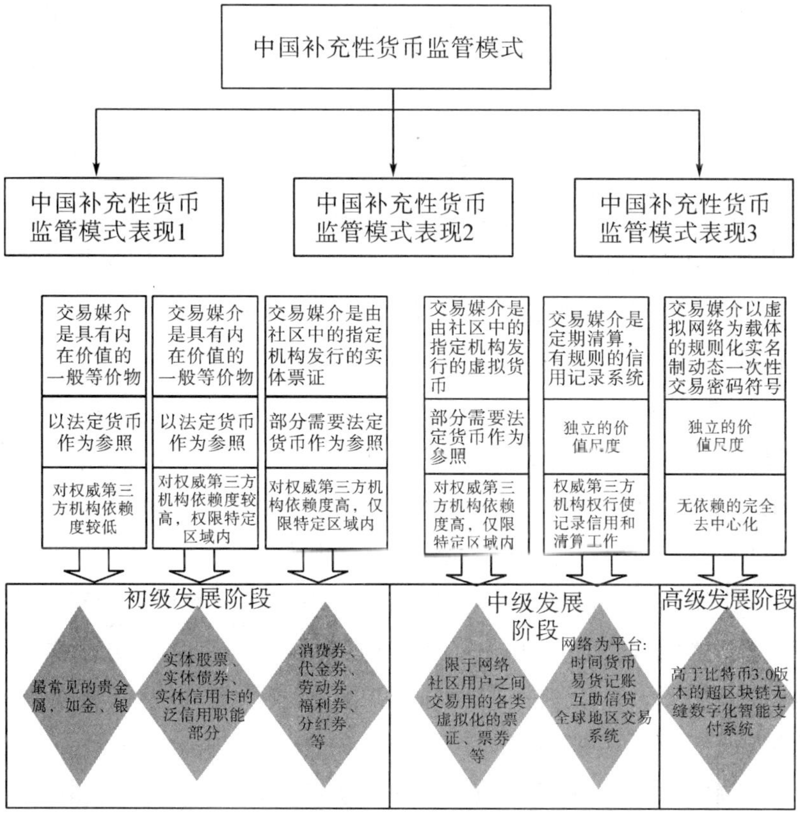

图 6.1　中国补充性货币发展阶段与补充性货币监管模式的关系

显然，在中国补充性货币监管模式的作用下，补充性货币一定能消除其消极影响，在当今中国发挥自己的重要作用，从而实现高效健康的发展。

二、补充性货币的监管模式类别

如前所述，全球各国都根据本国国情和金融环境，制定了适合自身金融发展所需的补充性货币监管方式和策略。很多西方发达国家，都认识到补充性货币对本国金融发展的重要作用，对补充性货币的监管方式，也主要采取了三类：将补充性货币监管纳入现行金融监管框架体系、为补充性货币制定独立的监管框架体系、对补充性货币实施监管“沙盒”等。使用第一类监管方式的代表国家是美国。美国采用这种监管模式，既给予了补充性货币一定的发展空间，又要求其必须适应现有的监管框架。这种监管方式的优点在于，只是在原有监管框架基础上进行调整和创新，不会带来过度的颠覆性调整，能尽可能在最大程度上确保国内金融市场的稳定性。使用第二类监管方式的代表国家是日本。作为全球为数不多的为补充性货币提供法律保障的国家，在 2016 年，日本修订了《资金结算法》及其他一些相关法律。日本将补充性货币纳入日常监管，并从国家立法层面搭建了专门的监管框架①。2019 年至今，日本不断完善相关法律法规，逐步加强和完善了对补充性货币的监管规范。第三类监管方式是对补充性货币实施监管“沙盒”测试。英国、新加坡等国家是实施这类监管方式的典型代表。这类监管方式只在特定的范围内，对特定的金融机构或企业给予特定的较宽松的金融创新权利，从而给予补充性货币一定的发展空间。这种监管模式将测试区域和测试对象与非测试区域和非测试对象进行了严格的分割，因此相较于前两种监管模式，更显谨慎。

在了解当前主要发达国家对补充性货币的具体监管做法和监管模式后，我们开始探索在未来适合中国的补充性货币监管之路。当前，中国对补充性货币的监管方式与上述提及的三大主流监管方式完全不同，对补充性货币的发行、流通等采取了严格的监管方法，实施的是“一票否决制”，即通过行政强制命令，禁止关于补充性货币的一切活动。中国不承认补充性货币的法律地位，并将补充性货币的发行、流通和交易等活动定性为非法金融活动，严禁任何组织和个人从事此类活动，并禁止各个金融机构和支付机构开展与虚拟性补充性货币（如比特币、类比特币等）相关的业务。

我们认为，中国当前采用的禁令模式，是符合自身的国情和金融市场发展现状的。与发达国家相比，中国的金融市场起步较晚，金融体系发育仍然不足，抵御金融风险的能力还较欠缺。在这样的情况下，对补

① 贺同宝. 国际虚拟货币监管实践研究［J］. 北京金融评论，2018（3）：3-7.

充性货币采取严令禁止的监管方式，无疑是最稳妥、最安全的做法。补充性货币种类繁多，且有着自身的优势和特点，如果加以合理运用，必然能为金融发展做出积极贡献。同时，虚拟性补充性货币与金融科技的联系非常紧密，随着金融科技的深度渗透和广泛使用，虚拟性补充性货币的优势和作用也会越来越凸显。补充性货币的长期存在和不断发展，将成为未来金融深度发展的一个趋势。此外，虽然中国采用了禁令监管模式，但全球其他国家对补充性货币的态度和监管方式都相对缓和宽松，这些国家的监管模式将有利于补充性货币在全球的扩张和发展。因此，在全球一体化的背景下，中国与其他国家有着频繁的金融活动，而其他国家的补充性货币的崛起，必然也会对中国产生溢出效应。中国对补充性货币的禁令在短期内不会被解除，但从全球金融发展的整体趋势来看，这种禁令监管模式在未来终会随着中国金融市场的日趋成熟和全球金融市场的不断融合而逐渐解封。在未来，如果中国放开了对补充性货币的禁令，寻找到适合中国国情的、行之有效的监管模式就成了一项非常重要的任务。

那么，补充性货币的监管要由谁来管理？由谁来负责？监管的目标是什么？监管的工具和手段是什么？可采用的监管的政策有哪些内容？这些问题，都是值得我们深入研究的。要回答这些问题，我们必须要厘清中国补充性货币的监管机理。而要研究中国补充性货币的监管机理，首先就必须了解中国现行的金融监管体系。

众所周知，世界现行的金融监管体系主要分为三种模式，即单一（统一）监管模式、多元（多头）监管模式和双峰监管模式。单一监管模式是指由一家金融监管机构对金融业实施高度集中、中央集权式的监管。当前世界上大多数中小国家偏向采用这种监管模式。英国在1998年改制前，也采用过单一（统一）监管模式。多元（多头）监管模式是指不同机构主体监管不同金融业务。这种模式虽然分工较细，但错综复杂，对机构监管主体之间的协调性要求很高。美国是多元（多头）监管模式的典型代表。双峰监管模式的主要特征是把审慎监管与行为监管进行了分离，前者主要监管银行业和保险业市场，后者主要负责证券业市场。这种模式旨在实现宏观政策和微观监管密切沟通互动的监管目标，分业监管，分工协作，协调性高，且权责分明。荷兰、加拿大、澳大利亚和现在的英国，都主要实施双峰监管模式。同时，审慎监管又分为宏观审慎监管和微观审慎监管。宏观审慎监管重点防范系统性风险，通过考察各类宏观指标（如货币供需总量、资产价格、信贷总量、机构杠杆率等），从宏观层面关注整个金融体系的运行情况及其与宏观调控政策（如货币政策、汇率政策、财政政策等）、实体经济的关联度。微观审慎监管重点防范个体风险，通过考察各类微观指标（如流动性、不良贷款率、资本充足率等）从微观层面关注单个金融机构的运行情况和潜在风险行为。

这三类监管模式各有特点，没有绝对的孰优孰劣。不同国家根据自身的实际情况，选择适合的监管模式，以实现监管效率的最优。但相较于其他监管模式，双峰监管模式在2008年全球金融危机之后更受追捧。双峰监管模式造就了监管机构各司其职、彼此独立的监管样态，其特点主要表现在三个方面：第一，能尽量避免金融监管中价值目标的多元化导致的利益冲突；第二，能促进监管协调，从而较好弥补规则制定滞后性的缺陷，较有效地避免监管真空的状态；第三，能将监管机构按照监管目标重新整合，符合国际监管体制改革的趋势。

当前，中国实施的也是双峰监管模式，并非常注重宏观审慎监管。2016年，中国人民银行就将现有的差别准备金动态调整和合意贷款管理机制升级为宏观审慎评估体系。2018年3月13日，十三届全国人大一次会议第四次全体会议正式宣布，中国金融监管全新框架正式形成。自2004年开始实施的“一行三会”金融制度（中国人民银行、中国银行业监督管理委员会、中国证券监督管理委员会、中国保险监督管理委员会），正式更新为“一委一行两会”的架构（中华人民共和国国务院金融稳定发展委员会、中国人民银行、中国证券监督管理委员会、中国银行保险监督管理委员会）。金融监管新框架标志着我国的金融监管由分业监管向混业监管转变。党的十九大报告首次将宏观审慎框架和货币政策并列，并称其为“双支柱”调控。这些举措，都充分说明了中国宏观审慎框架的不断完善和金融监管体系的逐步成熟。

在中国的金融监管体系逐渐趋于完善、宏观审慎监管被高度重视的条件下，未来补充性货币在中国也会有发展的空间，对补充性货币的监管模式也会发生变革。

那么，在未来，适合中国补充性货币监管的模式是什么样的呢?

我们认为，由于中国现行的金融监管体系是重视宏观审慎监管和微观审慎监管相结合，并与行为监管并行的“双峰”监管模式和“一委一行两会”的新金融监管框架（见图 6.2），这为补充性货币的监管创造了非常优越的条件。双峰监管将监管的矛头指向了金融领域的整体风险，而不再仅仅关注金融机构自身。通过审慎监管防范金融体系发生系统性风险，保持金融市场的稳定；通过行为监管对金融机构的投机性经营进行规范，打击市场中的不正当竞争，同时还要保护金融消费者和投资者的合法权益。虽然中国的金融市场发展仍落后于发达国家，但“双峰”模式能从宏微观两方面对补充性货币的运行进行更有效的监管。

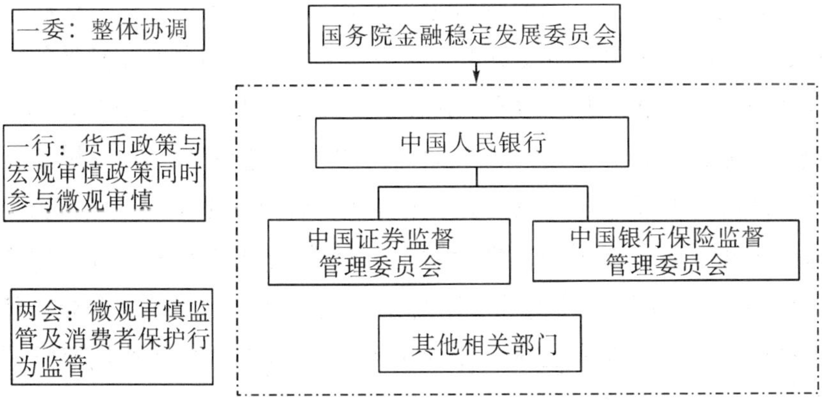

图 6.2　中国现行的“一委一行两会”和“双峰”模式金融监管框架

我们认为，补充性货币的监管虽然涉及多个方面，但按照监管的范围，可分为广义的监管和狭义的监管两类。广义的监管指具有广泛意义，可扩展到全社会乃至国际社会的监管。而狭义的监管则是指具体层面、具体环节的监管，这种监管仅涉及或覆盖一个国家内的某些地区、行业及部门乃至补充性货币的某具体运行环节。因此，对中国补充性货币的监管，应该根据中国金融体系发展的成熟程度，实施动态的、阶段性的、广义或狭义层面的监管模式和方案。这个具有中国特色的补充性货币监管思路回答了补充性货币的监管者、监管责任主体、监管目标、监管工具和手段、监管政策等相关问题。我们设计的具有中国特色的补充性货币监管思路分为以下三个监管阶段：

第一阶段：在中国金融市场发展的初中期，抗风险能力较弱，因此可以采用严明禁令的监管模式，直接禁止一切补充性货币相关活动。

第二阶段：在中国金融市场发展的成长期，在中国金融宏微观审慎监管并存的框架下，可以考虑将补充性货币直接纳入现行监管体系，并根据现行监管体系实施的监管模式，选择灵活的监管方案。如中国之前实施“一行三会”分业监管，对补充性货币的监管就可以选择“多头模式”与之匹配，并成立专门的补充性货币监管机构负责补充性货币的具体运行监管。但如前所述，多头监管模式由于负责监管的机构和部门过于复杂，会存在监管职权不明晰、监管机构协调度不高的问题，必然会影响到补充性货币的监管效果。而现阶段中国实施了“双峰”监管模式，中国人民银行主要负责宏观审慎监管并参与微观审慎监管，新成立的银保监会和证监会主要承担微观审慎监管和各金融机构行为监管的职责，那么我们对补充性货币的监管也可以选择“双峰”模式与之匹配，即可以考虑将对补充性货币的宏观监管权归于中国人民银行，而银保监会和证监会根据补充性货币的具体类型分别实施微观审慎监管（如消费券、类比特币等属于银保监会的监管范围，证券类补充性货币归于证监会监管范围等）。同时，还可以考虑有选择性地使用监管“沙盒”模式，根据各省份金融市场发展的实际程度，有针对性、有步骤地对某些类型补充性货币进行松紧不一的监管测试。如果在某一地区，补充性货币在监管“沙盒”测试区域内运行较好，可以逐渐扩大“沙盒”的规模和适用范围。

第三阶段：在中国金融市场发展的成熟期，即中国金融体系已经较完善，且抗风险能力较强，这时我们可以考虑将对补充性货币的监管独立于现行金融监管体系，构建与现有金融监管框架并行互通的补充性货币监管框架。这个补充性货币监管框架下设专门的补充性货币监管分层机构，对不同类型的补充性货币进行更加细致的分类监管；对补充性货币运行的不同活动进行过程性监管；对补充性货币监管与法定货币监管的交互进行协调监管。这一阶段，负责补充性货币监管的相关机构职责更明晰、分工更细致、监管能力更强，且有完整的监管路径和法规体系。针对不同类型的补充性货币，也能根据具体情况，采用不同的监管技术。此外，积极发挥行会、民间机构和民众的力量，鼓励和支持非政府监管组织为补充性货币监管出力。同时，积极融入国际金融市场，借助国际性权威机构和组织的力量，与多个国家实现以联盟监管、国际国内接轨监管为手段的监管模式，从而在更大程度上充分发挥补充性货币的优势，促进中国金融业的发展。

以上我们对未来中国补充性货币的监管模式进行了思路设计，可以看出，在第一、第二阶段主要是狭义监管；第三阶段则是狭义监管和广义监管的结合。本书着重研究第二、三阶段补充性货币在中国的监管模式。那么，补充性货币在中国采用上述提及的监管方案，是如何具体确保其行之有效，具有可操作性的呢？要回答这个问题，我们就需要分析补充性货币的监管机理。

三、补充性货币监管机理的实质

纵观世界货币发展史，货币形态经历了商品货币—金属货币—信用货币三个阶段。而在这个过程中，大量补充性货币不断诞生。货币作为商品的一般等价物，最大的特征在于人们对其价值的普遍认可，即最本质的特征还是基于人与人之间的信用。从货币形态演变的规律可以发现，每一次货币形态的演变都是为了使得商品交换更加方便，即都会减少商品交易的搜寻成本和交易成本。随着经济的快速发展，货币形态已经逐渐趋于数字化，其中以比特币、莱特币及其他虚拟性补充性货币为代表。毋庸置疑的是，无论是实体形态，还是虚拟形态，补充性货币在履行及扩展货币职能的同时，都已经作为一种新型的货币工具逐渐被人们普遍接受和认可。

前已所述，在中国金融发展的第二阶段，我们可以把对补充性货币的监管纳入现有“双峰”监管框架中。中国人民银行主要负责宏观审慎监管并参与微观监管，银保监会和证监会主要负责微观审慎监管和具体行为监管。那么，中国人民银行对补充性货币的宏观审慎监管是如何实现的呢？其中的监管机理是怎样的？

众所周知，中国采用的是由中央银行直接控制基础货币的供应模式，中央银行还通过货币乘数的影响来控制市场上的货币供求变动。而从人民币供给量模型来看，补充性货币的发行和使用可以提高货币乘数，并在增加人民币供给量的同时使其更容易输出到海外，避免造成国内经济的通货膨胀。根据货币乘数理论，设人民币供给量为 M，则有 $M=C+D$，其中 C 为现金余额，D 为存款余额；中央银行基础货币 $B=R+C$，其中 R 为准备金余额，C 为现金余额。由货币乘数模型 $m=M/B$（M 为货币供给量），可以派生得到货币乘数[①]

$$\frac{M}{B}=\frac{C+D}{R+C}=\frac{\frac{C}{D}+1}{\frac{R}{D}+\frac{C}{D}}$$

其中，$\frac{C}{D}$ 是现金与活期存款的比率，$\frac{R}{D}$ 是准备金率。若在模型中考虑补充性货币后，将补充性货币定义为 E，那么货币的供给量为

$$M=C^{*}+D^{*}+E$$

其中，C^{*}、D^{*} 分别是使用了补充性货币之后的现金余额和存款余额，则货币乘数为

$$\frac{M}{B}=\frac{C^{*}+D^{*}+E}{R^{*}+D^{*}}=\frac{\frac{C^{*}+E}{D^{*}}+1}{\frac{R^{*}}{D^{*}}+\frac{C^{*}}{D^{*}}}$$

---

① 推导过程引用贝多广，等. 补充性货币的理论、最新发展及对法定货币的挑战［J］. 经济学动态，2013（9）：4-10.

比较$\frac{M}{B}=\frac{C+D}{R+C}=\frac{\frac{C}{D}+1}{\frac{R}{D}+\frac{C}{D}}$，$\frac{M}{B}=\frac{C^{*}+D^{*}+E}{R^{*}+D^{*}}=\frac{\frac{C^{*}+E}{D^{*}}+1}{\frac{R^{*}}{D^{*}}+\frac{C^{*}}{D^{*}}}$。

假如在发行补充性货币前的准备金率$\frac{R}{D}$与发行了补充性货币之后的准备金率$\frac{R^{*}}{D^{*}}$相等，当发行补充性货币代替传统货币，且补充性货币不真正转换为人民币时，现金存款与存款比率$\frac{C^{*}}{D^{*}}$显然比发行了补充性货币之前的比率$\frac{C}{D}$低，此时$\frac{C^{*}+E}{D^{*}}$的值与$\frac{C}{D}$的值相等。因此在考虑了补充性货币之后的货币乘数会增大，也即是说，补充性货币的发行能增加货币乘数对金融市场的影响作用。

可以发现，补充性货币的一个明显优势在于，除了其本身具备支付和提款功能外，还可以成为具有投资价值的金融工具。根据传统的货币乘数理论可以看出，补充性货币在充当可投资的金融工具的同时，又可以行使货币的基本职能，如交换媒介、储存手段等。因此，补充性货币的发行不仅可以拓宽人民币向外输出的渠道，还可以增加使用和拥有人民币的主体，这对于中国创新金融工具、完善国内金融体系、加速资本市场的成熟和实现人民币国际化进而实现中国国有商业银行的国际化都有重大的意义。当然，我们也要尽量防范它带来的巨大风险，应当对它进行有效的监管。正是因为补充性货币有这样的特点，也为中央银行对补充性货币进行宏观审慎监管的可行性提供了依据。

我们认为，补充性货币监管机理的实质，是补充性货币本身就是货币，在市场里流通后，会对原有法定货币的供给和需求造成影响，并直接作用于法定货币在金融市场中的货币乘数的影响力。中央银行原本采用货币政策调节和控制法定货币的流通和运行的效果会发生扭曲，在使用货币政策调控和监管法定货币运行的同时，对补充性货币的监管也能起到类似的作用，且在货币乘数的影响下，监管效果更为凸显。也即是说，中央银行对法定货币的原有监管手段和调控工具（如货币政策）对补充性货币的监管仍然适用。

四、广义的补充性货币监管机理

如前所述，广义的补充性货币监管是指监管主体和监管范围更加广泛，可扩展到全社会乃至国际社会。我们认为，广义的补充性货币监管，可以分为四种实现途径：一是常规性监管；二是国际协议监管；三是跨时空监管（网络监管）；四是国际化监管。当然，要完成广义的补充性货币监管，往往是上述各方面的综合运用。但在一定的条件下，这些监管途径又有所侧重。因而不同的监管途径，其机理亦不尽相同。

（一）常规性监管的机理

常规性监管实际上是一种运用法律、经济、行政等手段，以政策法规为表现形式，通过一定途径，运用一定方法，限制或制止风险的一种监管途径或策略。2017 年 9 月，鉴于比特币投机性太强，可能对我国宏观经济产生冲击和风险，我国出台了禁止比特币业务在中国开展的法规和政策，使得比特币的流通在中国戛然而止。这是运用国家行政法规和政策对补充性货币实施监管的最典型例子。一般而言，补充性货币属于对宏观经济层面影响较大的事物，出台进行监管的政策也往往带有全国性、全面宏观性的特征。当然，如果补充性货币仅在一些地区范围内产生影响，那么这些地区的地方政府也可以出台相应的法律法规及相应的政策对其进行监管。一般而言，常规性监管一般是要在补充性货币运行过程中，国家政府认为其运行和扩张可能会对经济社会产生巨大负面冲击的情况下实施，并要根据所出台的相应政策的监管效果随时进行调整和完善。这种监管效果的调整方案和力度是补充性货币在受到法律、政策、宏观经济环境等制约条件下运行而获得的反馈结果所确定的。如果反馈的结果好（正反馈），则国家相关监管部门会继续加大这种常规性监管的力度，延长监管政策或法规的实施或生效时间。如果反馈的结果不好（负反馈），则国家相关监管部门会及时停止或修正这种常规性监管所出台或颁布的政策或法律法规，使监管效果重新转好。这样，相关监管部门会随时关注和监测补充性货币在常规性监管实施下的运行状况和所取得的监管效果，不断地获得反馈（包括正反馈和负反馈），从而不断调整监管政策，旨在最终获得最佳的监管效果。常规性监管可以直接通过出台宽松或者严苛的法律法规、政策，对补充性货币的流通规模进行控制，从而控制其对法定货币的货币乘数大小，以实施有针对性的灵活监管。常规性监管的实施主体，一般来说就是中央银行。其监管机理的运行见图6.3。

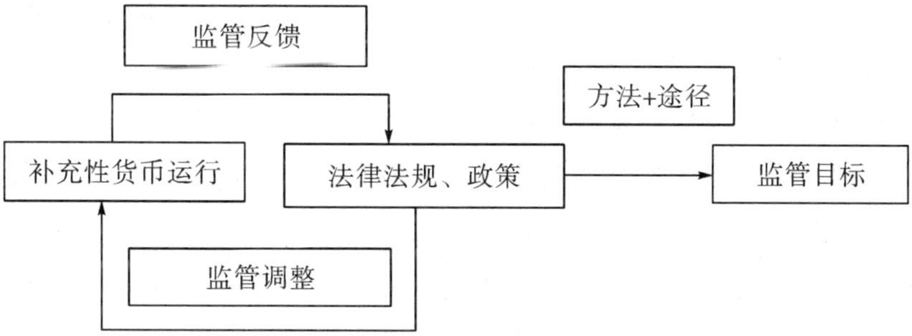

图6.3　常规性监管机理的运行

（二）国际协议监管机理

国际协议监管是指针对补充性货币的运行情况，特别是补充性货币可能通过对某国或其他国家经济社会造成的强大冲击引起社会震荡的风险，若干国家联合起来通过一定途径，采用适当的监管方法，经过多轮谈判，达成协议对补充性货币进行监管的途径和策略。国际协议监管的最大好处在于可在国际间形成对补充性货币的监管系统，防止补充性货币向其他国家释放风险，造成国际社会的经济震荡，从而把国际间的经济损失减小到最低的程度。

当然，进行国际协议监管，一个重要的前提在于受到补充性货币运行冲击时，这种冲击表现为：其一，对协议国家都要造成风险危害；其二，各协议国对补充性货币在运行中可能形成的风险危害要达成共识；其三，各协议国中任何一个成员国不得将补充性货币的风险向他国转移，危害他国安全且损害他国利益；其四，在签订协议后，各协议国应共同遵守及维护签订的有关协议，并随时沟通，共同解决新出现的问题。

事实上，国际社会各国间就普遍出现的共同问题互相协调，签订协议，共同遵守的事例屡见不鲜。例如“防止核扩散协议”“全球环境保护协议”“区域全面经济伙伴关系协定（RCEP）”……但类似的，这些协议毫不例外都必须像补充性货币的监管协议一样，具备上述四个前提。这是因为，其一，补充性货币如果不给各个协议国带来同样的危害的话，必然产生无危害国的消极对待，造成各协议国的利益冲突和不和谐。其二，如果各协议国对补充性货币运行过程中造成的危害没有共识，同样会造成各协议国的不一致，从而行动无法统一，协议不能协调，补充性货币运行风险无法被有效监管。其三，如果各协议国中有成员国利用补充性货币运行风险为本国谋取利益，一定会破坏协议国之间的团结，在任何时候都不可能形成真正意义上的合作协议，则补充性货币的监管也无法实施。其四，各协议国之间即使达成了对补充性货币的监管协议，但如果其中有的协议国不予遵守，不加维护，则该协议只能是一纸空文，毫无意义。因此，这同样无法对补充性货币进行有效监管。

所以，在上述前提条件具备之后，补充性货币的监管就可以在较广泛的范围内实现，从而有效地防止补充性货币在运行中的各种不利因素。其监管机理在于：当补充性货币相关运行信息传递到各协议国后，各协议国之间进行协商，形成协议，并按协议实施。在实施过程中，一旦实施结果反馈到各协议国之后，各协议国将再进行协议，再实施监管……从理论上来说，这个过程将会是一个不断循环、周而复始的过程。国际协议监管的实质，是若干个协议国之间通过协商达成共识、互通消息，在国际协议监管成员国区域内调节补充性货币对金融市场的货币乘数大小。监管的实施主体一般是由国际协议监管成员国共同推举的领袖国，或者各成员国经协商后共同建立的国际协议监管机构（如国际协议监管委员会等）。国际协议监管的机理运行见图 6.4。

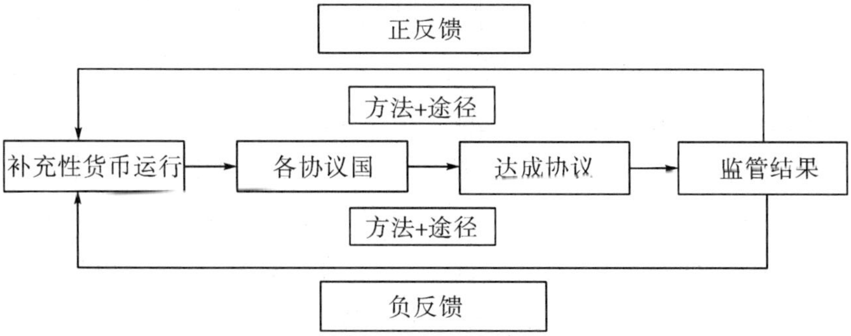

图 6.4　国际协议监管机理

（三）跨时空监管机理

跨时空监管有两个方面的含义，一方面是国内的跨时空，一方面是国际的跨时空。由于互联网的大范围普及和深入发展，国内的跨时空监管往往是融入国际的跨时空监管之中的。

一般而言，在一国范围内，跨时空监管主要是运用以互联网为主的高科技手段，从信息化方面着手予以监管的。作用于实体性补充性货币的监管，主要是运用信息化手段对其运行状况实施全面监控，并将监控到的信息反馈至监管部门，由监管部门制定相应的监管方案，从而实施监管的。而对于虚拟性补充性货币，则可以根据虚拟性补充性货币的实际运行状况，直接运用信息化手段对其予以管理控制，直至减小或消除其带来的负面影响，必要时甚至可以阻止其运行。其监管机理运行见图 6.5。

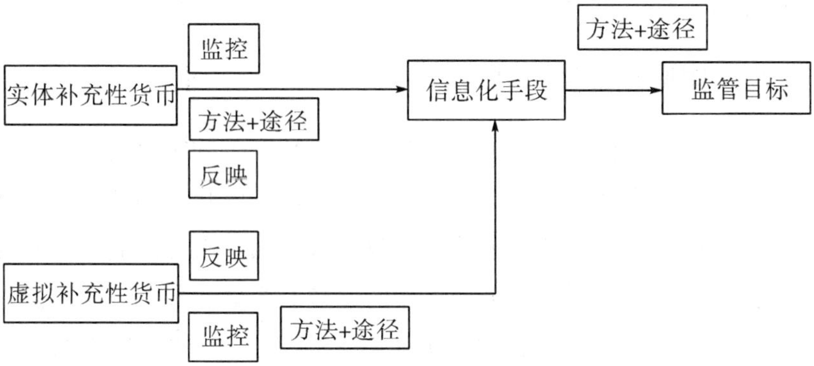

图 6.5　一国范围内补充性货币跨时空监管机理

但作为国际社会的跨时空监管情况就要复杂得多了。首先，对补充性货币实施国际社会的跨时空监管，与国际协议监管类似，需要相关国家共同协议以协调矛盾，并通过信息化手段实现协议国之间的联网互通以便实时监控；其次，对补充性货币实施国际社会的跨时空监管，监管对象应该侧重为虚拟性补充性货币。实体性补充性货币的监管则如上所述，由各国依据自己的实际情况各自运用信息化手段予以监管。见图 6.6。

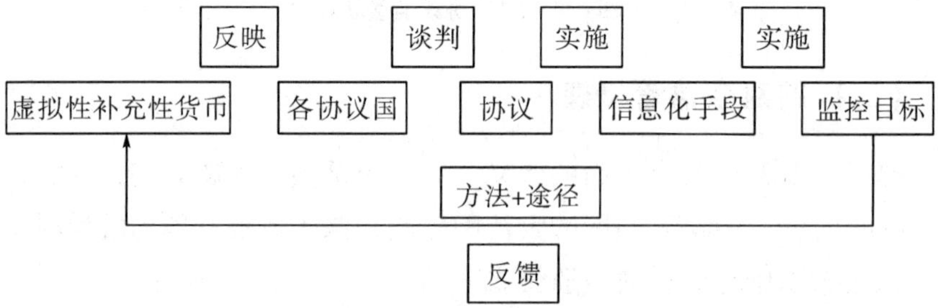

图 6. 6　国际社会虚拟性补充性货币跨时空监管机理

无论是国内的跨时空监管，还是国际的跨时空监管，跨时空监管的实质都是监管主体灵活运用高科技手段，对补充性货币的运行情况进行实时追踪、监测、传递、反应和高速处理，以更迅速、更高效的方式，调节和控制补充性货币作用于不同时间和空间的金融市场的货币乘数大小。跨时空监管的实施主体包括宏观审慎监管主体（中央银行）、微观审慎监管和行为监管主体（如银保监会、证监会）及其下属的金融科技监管部门、社会民间组织等。

（四）国际化监管机理

随着经济全球化的快速发展，中国经济社会的国际化进程也不断加快。特别是与补充性货币密切相联系的人民币国际化、商业银行国际化的进程的加快，使补充性货币的正负效应都成倍扩大。因此，对补充性货币实施国际化监管是一条十分重要的途径。当然，长期以来，我们通过企业“走出去”战略促进了人民币的国际化，但效果仍然有限。一些学者的研究成果表明，中国商业银行国际化是人民币国际化乃至各领域国际化的关键所在。即使近年来人民币加入SDR，商业银行国际化的重要作用依然没有改变。所以，对补充性货币实施的国际化监管，实际上就转化为通过中国商业银行的国际化途径、综合应用对应的方法实施的监管策略。

我们认为，补充性货币与中国商业银行的国际化具有直接相关性和间接相关性①。通过充分利用和适当调整中国商业银行国际化的影响因素，以期达到影响中国商业银行国际化进程乃至对补充性货币实施国际化监管的目的。从其直接相关性而言，对中国商业银行的信贷业务国际化、中间业务的国际化的监管，将直接作用于对补充性货币的国际化监管。就其间接相关性而言，中国商业银行的新建投资、跨国并购及其他附属途径（如跨境金融服务、战略联盟、联营、合并、境外上市发行债券等），同样也作用于补充性货币的国际化监管。事实上，基于补充性货币与中国商业银行国际化的紧密关系，我们可以发现，中央银行和银保监会对商业银行进行宏观和微观审慎监管的各项措施和政策，均能沿着“商业银行国际化→人民币国际化→补充性货币”这一条传导途径影响补充性货币在金融市场上的活动和表现。因此，国际化监管的实质，是国家宏观审慎监管、微观审慎监管和行为监管的结合运用。国际化监管的实施主体，是由中央银行，银保监会（共同协作、实施外部监管），商业银行（积极配合、进行内部自查监管）组成的。因此，补充性货币的国际化监管机理运行见图6.7。

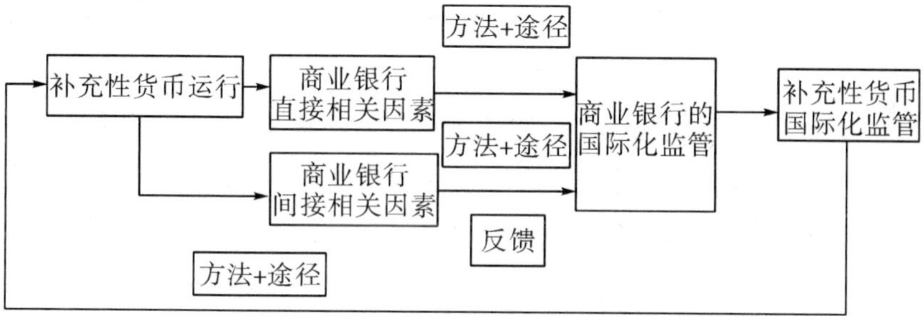

图6.7　补充性货币国际化监管机理

① 蒋海曦. 补充性货币与商业银行国际化途径的间接相关性［J］. 四川大学学报（哲学社会科学版），2017（6）：120-130.

当然，上述四种广义补充性货币的监管机理，虽然不尽相同，但都从不同的途径、角度为补充性货币的运行带来了很大的影响，从而能实现对补充性货币进行有效监管的目标。

五、狭义的补充性货币监管机理

整个国家层面乃至国际社会层面对广义上的补充性货币监管，其机理与狭义上的补充性货币监管有所不同。前已所述，狭义的监管是指具体层面、具体环节的监管。这种监管仅涉及或覆盖一个国家内的某些地区、行业及部门乃至某一事物的某具体运行环节。因此，对于一个行业或机构来说，通过内部的相应环节和特定的具体措施所实施的对补充性货币的监管，称为狭义的补充性货币监管。

狭义的补充性货币监管能更直接、更迅速地将监管效应传导至待监管目标，从而达到局部地区、相关单位或机构有效监管补充性货币的目的。与广义的补充性货币监管相比，狭义的补充性货币监管具有监管力度更强、监管效率更高、监管效果更明显的特点。一般而言，补充性货币给经济社会带来的负面冲击，首先会表现为动摇原有的金融市场稳定状态和正常秩序，然后再通过金融市场传导到其他领域或行业，对经济社会造成其他形式的负面冲击和影响，严重时或将扰乱整个国家或世界范围内经济社会的稳定状态。学者们通常会将金融稳定的衡量指标分为一般衡量指标和特定稳定指标两类①。如果说广义的补充性货币监管机理在于通过一些更直接、更宏观的方式遏制补充性货币给一般衡量指标带来的负面冲击的话，则狭义的补充性货币监管机理就在于遏制补充性货币给特定稳定指标带来的负面冲击。而狭义的补充性货币监管，也存在着多种具体的监管机理。

① 傅冰. 货币国际化进程中的金融风险与对策［M］. 北京：冶金工业出版社，2013：12.

（一）监管的“权力制衡”机理

关于“权力制衡”思想，是政治学家亚里士多德最早提出的，他将国家机构分为三个部分，分别是议事、行政管理和审判。这种思想被西方国家广泛利用，存在局限性和政治虚假性。但在微观层面上看，企业和金融机构利用这种思想，也能实现有效监管补充性货币的目标。“三权分立”，相互协调制约，保证权力科学合理运用，是“权力制衡”机理的核心。事实上，在一些国家，这种机理被运用得很好。“权利制衡”的运用促使了美国很多的银行或金融机构形成适合自身发展的经济管理模式。以美联储为例，美联储的“权力制衡”机理运用得较好。美联储作为美国货币政策最高决策机关，它的运行促进了美国金融市场的繁荣发展。美联储的“权力制衡”体现在它的 7 名最高埋事会成员是先经过总统提名再由参议院同意来决定的。在美联储的运行机理中，内含着独立与制衡两个基本原则。对货币政策进行决策时，理事会的 7 名理事会成员各持一记名投票，采用合议表决制。在独立性方面，人事与预算独立是美联储一直坚持的原则，理事会理事一旦确定，即可任期 14 年之久。董世坤（2012）指出，美联储是世界公认独立性最高的中央银行[①]，美国经济既稳定又快速的发展态势离不开美联储的相对独立性。在中国，不少企业及金融机构也都有类似“三权分立”的机构和运行机理。由于补充性货币特别是类比特币等新型数字加密货币具有去中心化、交易费用低、信息透明和中立自由等优点，所以当补充性货币进入企业或金融机构时，能自由地在企业或机构内部流动，所有循环或交易信息都能透明公开并被记录，故能保证企业或金融机构内部类似“三权分立”的各职能部门之间的沟通更加顺畅，消除信息不对称的协调障碍和死角，平衡各部门之间的利益关系，提升类似“三权分立”各部门的联动性和凝聚力。这样一来，对补充性货币实施“权力制衡”监管运行机理的效率和效果也将随之提升。由此可见，补充性货币与

---

① 董世坤．美联储独立性的影响因素分析：政治系统论的视角［J］．亚太经济，2012（1）：75-79.

“权力制衡”监管运行机理之间存在着相辅相成的关系。因此，当企业或金融机构突然遭遇补充性货币带来的外部负面冲击时，可以考虑通过内部权力部门各个环节的独立作用和相互联系，暂时启动类似“三权分立”的运行协调方案，通过“权力制衡”的运行机理，抵御补充性货币所带来的外部冲击，从而实现对补充性货币的监管目标。因此，中央银行作为一级，银保监会和证监会作为一级，企业或金融机构作为一级的中国式“三权分立”权力制衡监管机理的运用，对补充性货币的监管能起到极大的成效。

（二）监管的委托代理机理

委托代理是对补充性货币监管的又一机理。当企业处于单个业主制度时，企业由企业所有者亲自管理。随着资本的不断积累和企业规模的不断扩大，企业的制度也随之变为合伙制。企业的合伙人通过招聘或其他方式来引进人才管理企业，信任是他们进行合作的桥梁。20 世纪初期以后，企业的组织形式多变，企业规模扩大化，企业股东日益增多，主要的组织形式体现为公司制。公司企业制度在运行过程中，企业开始多元化发展，经营管理的难度加大，对决策者的能力要求也不断提高。因此，企业的所有者开始逐渐退出管理领域，转向雇用专业化的人才并授权给他们来经营管理企业，从而形成了现代企业制度，其表现出所有权与资产控制权相分离的特点。委托人与代理人的行为关系产生矛盾，因而美国经济学家伯利和米恩斯提出了“委托代理理论”。这一理论中的“委托人”和“代理人”均源于法律，当 A 授权 B 从事某项活动时，委托人即为 A，代理人即为 B。该理论的主要思想用以上的委托代理关系表达就是：A 授予 B 一定的权力，同时要求 B 按照 A 的意愿服务。在现实中，显然 B 的自身利益与 A 的利益存在差异，即两者的目标函数不同。由于存在信息的不完全和信息的不对称，B 的行为极有可能偏离 A 的目标函数，而 A 又无法清楚看到偏离，因此很难避免此类问题的产生。委托代理关系在经济学上更加广泛，在任何一种信息不对称或信息不完全的交易中，代理人往往拥有信息优势，而委托人不具备信息优势。这就促使代理人在委托人不知情的情况下，做出有利于自身利益而损害委托人利益的行为。如果要避免这种问题的发生，委托人需要花费大量的人力、物力和财力去观察代理人的行为，这种代价就是代理成本。

委托代理关系被经济学家视为一种契约，委托人与代理人通过这种契约关系进行交易，委托人可以通过契约来约束和激励代理人的行为获得利益。这一过程中代理关系就已形成，代理成本和代理收益也随之产生①。代理成本是指代理人为了自身利益给企业带来的损失和委托人监督代理人支付的费用，主要包括风险成本和激励约束成本。风险成本是指代理人没有完全按照契约尽职尽责履行责任和义务，导致委托人的相关利益未能达到最大化所带来的相关损失。激励约束成本的相关费用支出是委托人为了激励约束代理人的行为而支出的成本。

由上述分析，可以将委托代理机理的产生原因归纳为以下三点：其一，委托人与代理人的目标函数不同。委托人的目标是要实现企业利润最大化，站在经济人的假设角度分析，代理人的目标是实现自身利益最大化，委托人的目标无法完全包含代理人的目标。其二，存在信息不完全和信息不对称。代理人对企业的相关信息了解得比委托人多，而委托人又无法有效监督代理人的行为。其三，契约的局限性。委托代理关系实际上就是一种契约关系，契约的制定不可能涉及各个方面而达到完美的境界。因此，契约的有限性不能有效约束代理人的行为，从而导致委托人的利益受到侵犯。阿尔奇安和德姆塞茨（1972）提出团队生产论，团队之间的合作可以使生产效率大幅度提高，但是很难得知每个成员的贡献大小，这会使成员存在偷懒行为②。因此，委托代理会解决这类问题。将委托代理的机理运用于补充性货币的监管中，则相当于为抵御补充性货币带来的风险冲击增加了缓解带与防火墙。

委托代理的监管机理的特点有以下三点：其一，它是一种经济利益

① ROSS S A. The Economic Theory of Agency: The Principal Problem [J]. American Economic Review, 1973, 63 (2): 134-39.

② ALCHIAN, DEMSETZ, H. Production, Information Cost, and Economic Organization. American Economic Review, December 1972, 62: 777-795.

关系。无论是委托人还是代理人，他们都是“经济人”，因此他们各自追求自身的利益最大化，从而表现出经济利益关系。其二，它是一种不完备的契约关系。委托者授予代理者相应的权力需要通过书面协议来说明，这种特殊的合作关系就表现出一种经济契约关系。实际上，事物在不断地变化，存在不可预测事件，因此，这种契约也是不完备的。其三，它是动态的过程。在个人企业中，业主亲自管理企业，对企业的信息非常熟悉，所以不存在委托代理关系。在合伙制企业中，随着企业合伙人的增加，委托代理关系变得更复杂。在公司制企业中，委托代理关系发生了根本性变化，委托代理对象的实质就包括了补充性货币在内的资产。在现代企业中，委托代理层次多级化，代理链更加复杂化。所以，在现代企业中，补充性货币的监管显得更加重要与复杂。

在委托代理问题存在的表现形式方面，道德风险和逆向选择是委托代理机理中表现最为典型的。道德风险是在合同签订之后，合同一方在知道自己不需要完全承担责任后追求自身利益最大化的过程。逆向选择是在合同签订前，由于双方拥有的信息存在严重的不对称，从而导致劣品驱逐良品的现象。道德风险与逆向选择这两种形式的相同点和不同点如表 6.1 所示。

表 6.1 道德风险与逆向选择的异同

表现形式	相同点	不同点
道德风险	由信息不对称造成	合同签订后
逆向选择		合同签订前

由于道德风险及逆向选择的存在，会使委托代理运行机理的效率降低，而补充性货币特别是类比特币等新型数字加密货币具有去中心化、信息透明和中立自由等优点；所以当补充性货币进入企业或金融机构时，能保证企业或机构内部的所有信息和运营行为都能透明公开并被记录，企业或金融机构内部的道德风险或逆向选择（如贪腐、寻租等）现象会在极大程度上被抑制甚至消除。由此可见，在企业或金融机构内部使用补充性货币，能提升委托代理机理的运行效率和效果。而委托代

理机理能顺利高效地运行，必然会增强其自身的监管能力和效率。监管效应的增加，自然会提升其对补充性货币的监管力度和效果。不难发现，补充性货币与委托代理运行机理之间也存在相辅相成的关系。需要强调的是，从整个宏观社会的层面来看，补充性货币在扩张和运行的过程中可能会带来一些金融风险和社会问题（如洗钱、金融诈骗等），但当补充性货币进入某一特定的微观主体（如企业、金融机构）内部时，其运行的一切轨迹和生态圈的循环活动信息将在微观主体内部完全被公开且可追溯，形成一个透明安全的运行闭环，极大地缓解或消除潜在的金融风险和安全隐患。

以商业银行为例，补充性货币加入后，通过商业银行中的委托代理机理防止其冲击是有显著效果的。商业银行中的委托代理与企业中的委托代理存在一定的差异[①]。其一，银行合约、资产不够透明，信息不对称或者信息不完全普遍存在于每个银行，在金融行业体现得更为明显。这使得存款人无法获得相关信息，即使要获得相关信息也需要付出很高的成本；同时，增加了银行监管成本。银行资产的不透明性，使得银行的股东在签订相关合同和举行相关投票时增加了决策成本。其二，银行产品比较特殊，特殊性主要体现在质量不能立刻观察，需要经过一段时间才能发现。在一般行业里，存货的积压表示流动性差，市场效益不好；而对于银行来说，资金的积累所产生的效益好坏视情况而定。其三，银行的资本结构具有特殊性。银行的资本结构与一般公司企业的不同之处在于存在大量的存款，自有资本占比很少。这种资本结构极容易带来股东——债权人代理问题。股东往往追求高风险高回报的项目，这在很大程度上损害了债权人的利益。虽然这种问题持续存在，但是银行仍然能够正常运行。这其中的主要原因是有国家和政府的信誉作为保障，这样存款人会放心将货币存入银行，同时，政府会增加道德风险成本的支出。由于道德风险及逆向选择问题的存在，银行的风险会被强化。而补充性货币加入运行后，道德风险和逆向选择等问题会被弱化。

① 李维安，曹廷求. 商业银行公司治理：理论模式与我国的选择 [J]. 南开学报（哲学社会科学版），2003（1）：83-89.

因而委托代理运行机理则能对有效监管补充性货币发挥更好的作用。

中国国有商业银行的委托代理层次多，委托代理问题复杂，其外部委托代理链条可以分为四个层次（见图 6. 8）。

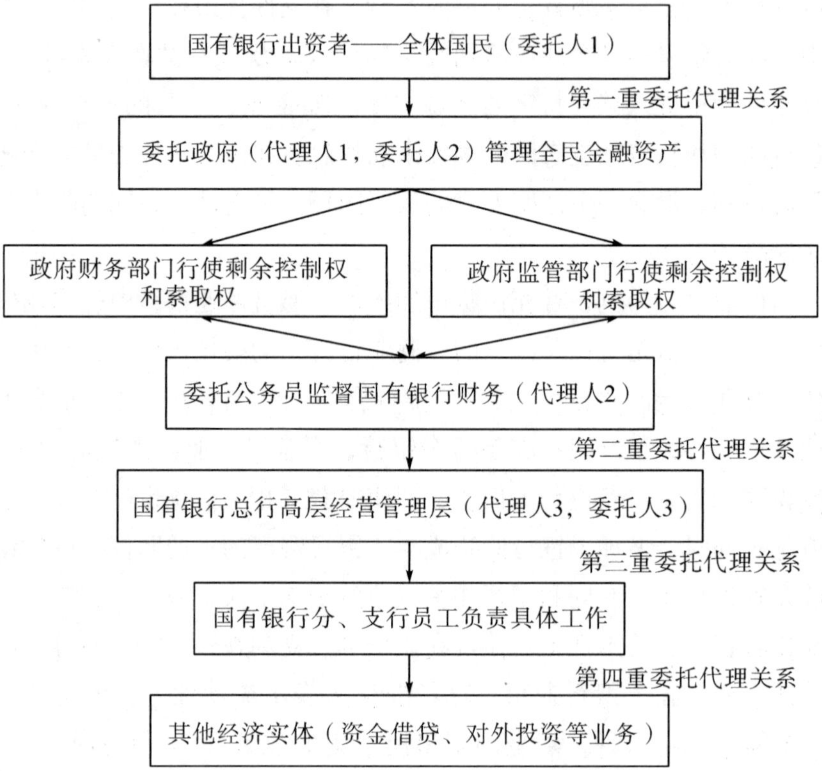

图 6. 8　中国国有商业银行外部委托代理链条

通过图 6. 8 可知，在显示的委托代理链条关系当中，全体国民与委托政府的委托代理关系中，全体国民之所以成为链条中的最初委托人，是因为国有资产的最终所有者是全体国民。这里的全体国民不具备订立契约的能力，而且也没有自己定义良好的支付函数，因此，这里的全体国民不具备委托代理理论中委托人所具备的条件。这一层次的委托代理链条只具有理论分析的价值。政府对国有商业银行进行行政授权，国家以信用来担保固定国民存款，帮助银行吸收大量存款，是希望银行可以实现国家的利益最大化。政府指定官员充当委托人，但并非资产所有者；以行政方式确定的代理人（银行行长）不一定具备经营管理能力。

政府难以评价作为代理人的银行行长，因为评价的标准不能仅仅局限于某一个或几个指标。代理人经营不好，不会损害个人利益；代理人经营得很好也不会增加自己的利益。这就使得代理人得不到激励，缺少工作的积极性，导致偷懒、腐败等现象出现。在补充性货币冲击的情况下，补充性货币的额外价值会激励代理人加强工作责任心和积极性，加强对包括补充性货币在内的资产的监管，对补充性货币的冲击形成防护墙。

在分析国有商业银行外部委托代理关系的同时，也要关注国有商业银行内部委托代理关系。厘清各级分行之间的代理关系，有利于采取针对性的措施解决存在的问题，来提高银行的运作效率及加强对补充性货币的监管。国有商业银行内部委托代理链条如图 6.9 所示。

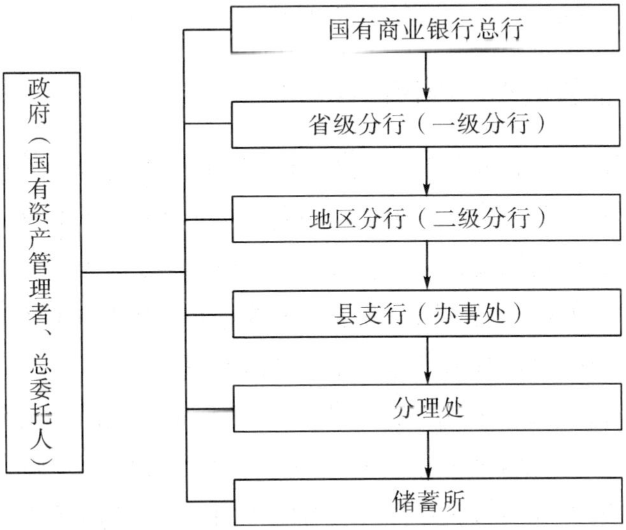

图 6.9　国有商业银行内部委托代理链条

由图 6.9 可知，作为委托人的总行以自身信用为担保，并分给分行一些营运资本，使分行执行相关的经营管理事务。在此基础上，分行又充当委托人的身份去委托下一支行，以此类推。由此可以看出，国有商业银行内部委托代理链条很长，各层委托代理关系各具特色。在国有商业银行分支机构地方化倾斜不断加深的格局下，管理层次不断变多，使得管理成本费用提高。委托代理链条过长、管理层次过多，导致信息不对称和信息不完全问题变得更加严重，同时也形成了高额监督成本和代理成本。信息的不对称和不完全，导致双方必定有一方的利益受损，在这个过程中也会增加相应的成本。当分行受到总行的委托时，分行在经营管理时会充分考虑自身利益而造成对国家利益的损害，内部的管理人员在委托人不知情的情况下不断强化控制力。在这种情况下，要提高运行效率，减少成本，特别是要得到补充性货币的额外利益，就必须充分发挥补充性货币在国有商业银行闭环生态圈内运行的独特优势，促进委托代理运行机理的完善和改良，以消减原本存在的逆向选择和道德风险，提高信息的透明度。这样，运用加入补充性货币之后的委托代理形式加强国有商业银行各层级的管理，最终会对补充性货币取得良好的监管效果，从而确保委托代理监管机理的正常运行和持续完善。

（三）监管的组织架构改善机理

补充性货币的监管效果，还有赖于企业或商业银行的组织架构改善。在组织架构改善机理作用下，补充性货币的监管可以更为有效。商业银行的组织架构复杂多样。职能式、事业部式、矩阵式是商业银行主要的三种组织架构。而不同的企业或商业银行其组织架构存在差别，对组织架构进行改善，有助于对补充性货币的监管。

（1）职能式组织架构。把从事相同或者相似职能的人员分配到同一部门是职能式组织架构的主要思想，同时它是以职能为导向进行发展完善的。该组织机构的核心目的是希望将同一领域的专业化人才聚集在一起，使他们在一起交流协作、分工合作，来提高专业化程度和工作效率。职能式组织机构适用于规模较小的商业银行，例如根据业务需要，商业银行将主要的职能部门划分为不同的部门，将银行组织划分为市场管理部、营销管理部、资金管理部、风险管理部等。组织的最高层（行长）负责信息的传递和部门的沟通，根据不同的职能部门，行长分别设立相应的各部门总经理。总经理运用手中的权力对各个职能部门进行管理，行长仍然掌握着最终决策权。商业银行各职能部门的管理模式呈现垂直型，这种管理模式具有信息传递高速有效、决策效率高和分工明确等优点。其缺点在于，高度集权将导致员工的积极性较低。因此，这种类型的组织架构不适合大型商业银行。

（2）事业部式组织架构。根据产品、客户或者地区将组织划分为多个事业部，每个事业部可以独立制订战略计划和相关决策。日常事务由各个事业部负责完成，总部只负责总体的重大决策。随着商业银行规模的不断扩大，职能式组织架构逐渐被事业部式组织架构替代。由于事业部的划分有的是根据产品和服务来划分的，这使得某些事业部类似“专卖店”，特色鲜明，每个事业部独立完成银行最高层的任务。这种组织架构的优点在于：银行最高管理层不用管理日常经营活动，只用专注于长远的战略决策的制定；可以提高各事业部门员工的工作积极性和主动性，激发员工的创新思维，提高银行的经营效率；各事业部之间在合作中竞争，使得激励制度的作用得到高效发挥。综合以上优点能够使商业银行不断提高自身的核心竞争力。其缺点在于，机构重置增加管理成本；银行的各级权力过于分散，难以管理；事业部之间的信息传递一旦受阻，将难以团结协作，导致商业银行整体利益受损。

（3）矩阵式组织架构。矩阵式组织架构同时具备了职能式组织架构和事业部式组织架构的特点，在横向事业部中具备着纵向职能专业化的优势。外界环境不断变化，各项制度不断完善的同时，组织架构也在不断创新。无论是职能式组织架构还是事业部式组织架构都存在或多或少的缺陷，而这些缺陷严重影响了经营效率和决策效率。为了解决这些问题，人们在实践中不断探索，产生了矩阵式组织架构。矩阵式组织架构的优点在于，提高了信息传递效率，管理层次更加合理，提高了组织对外界环境变化的敏感度等。其缺点在于，矩阵式组织架构横向兼容了纵向优势，出现了双重领导问题，要想在这种领导方式下形成良好高效的经营状态，需要部门员工懂得共享信息资源且自身具备较高的综合素质；在矩阵式组织架构中，人员活动灵活性大，组织稳定性大大降低。巴林银行就是因为没有克服矩阵式组织架构的缺点而破产的典型案例。因此，矩阵式组织架构虽然是较好的组织架构，但是每个商业银行要根据自身实际情况努力克服这一组织架构存在的缺陷，而矩阵式组织架构的成功运用则需要商业银行提升适应能力。

显然，对于不同的组织架构，我们应该对补充性货币的监管形式进行合理的调整。而对应不同的组织架构补充性货币监管机理，也必然会形成不同的补充性货币监管效果。我们应该根据商业银行内部组织架构的类型和实际情况，有针对性地选择、实施和调整对补充性货币的监管运行机理。一般而言，商业银行之间的竞争十分激烈，要面对多方面的挑战。只有建立合理的组织架构并不断调整和完善，才能使商业银行的经营管理更加高效。因此，组织架构的调整和完善是十分必要的①。

首先，以花旗银行为例。花旗银行的组织架构在面对外界环境的变化时，进行了三次重大变革。其一，花旗银行由原来的区域性组织架构变为设置了个人银行部、公司银行部等组织部门。其二，将之前的几个组织部门改为业务部门、服务部门和公司委员会。业务部门分为机构银行、投资银行和个人银行业务部，服务部门分为金融服务部和法律事务部。其三，在第二次变革的基础上，引入组织设计概念，适当减少了组织层次，提高了部门之间的协作效率。花旗银行一直延续至今的具体的组织架构如图 6.10 所示。

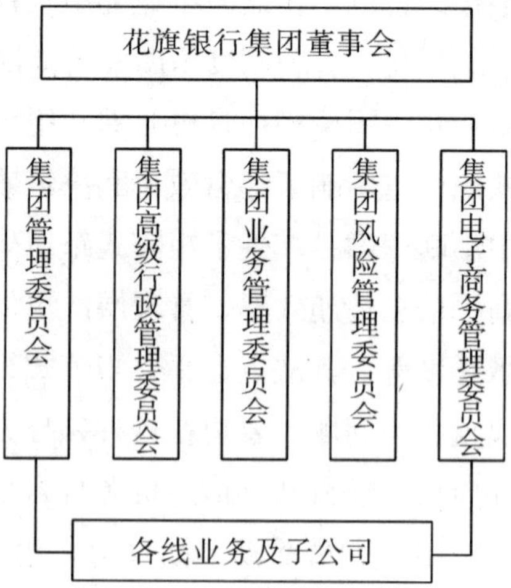

图 6.10 花旗银行现行的组织架构

① 王婷. 商业银行总行“大部制”组织架构改革探析［J］. 金融纵横, 2015（6）: 81-87.

花旗集团首先根据业务划分，然后根据全球的地域划分，实现了横向职能部门和纵向产品线交叉的矩阵式组织架构。这种组织架构有效避免了信息传递的低效率，提高了信息获取的充分性；组织架构的合理性使得花旗银行的品牌理念被清晰了解，地区的划分能够满足不同区域的产品差异需求，创造了国际化的本地银行的品牌优势①。采取矩阵式组织架构体现了以客户为中心，满足不同地域的需求，针对不同客户形成自身的优势品牌。纵横交叉的矩阵式组织架构使得各职能部门和垂直的领导关系能够有效运行。决策权的灵活运用、区域主管之间的相互协调，可促进产品更好地融入市场。非集权式的管理风格有利于风险管理，避免了个人决策的失误。

其次，以我国几个典型的国有商业银行为例。中国工商银行是世界最大的银行之一，在 2014 年年初进行的新一轮的组织架构调整，主要内容有：其一，缩减二级部门数量，精简部门中心；其二，在不断强化原有利润中心的基础上，增加新的业务部门，例如电子银行部可以提高产品研发，银行卡业务部可以提高营销业务量；其三，增设渠道管理部，并作为一级部门来管理电子渠道；其四，明确分层，不断加强各层营销能力；其五，精简风险管理部门，将原来 8 个部门压缩成 5 个。中国农业银行在 2014 年第一季度也对组织架构进行了大规模改革，改革的主要内容包括整合机构、设立新兴业务部门、再造创新研发体系等。为了顺应国际银行业发展的潮流，中国银行、中国交通银行等商业银行也纷纷加快推进组织架构的改革。

但是，我国大型商业银行的组织架构仍然存在一系列问题，例如存在设置模式行政色彩浓厚、委托代理链条较长、职能设置导致信息传递低效率等问题。以中国建设银行为例，中国建设银行原有的组织架构如图 6.11 所示。中国建设银行的管理模式是上级行管理下级行，这些部门各司其职。

---

① 凌轩坤. 跨国银行矩阵式组织架构模式分析：以德意志银行和花旗集团为例 [J]. 农村金融研究, 2006 (4): 53-55.

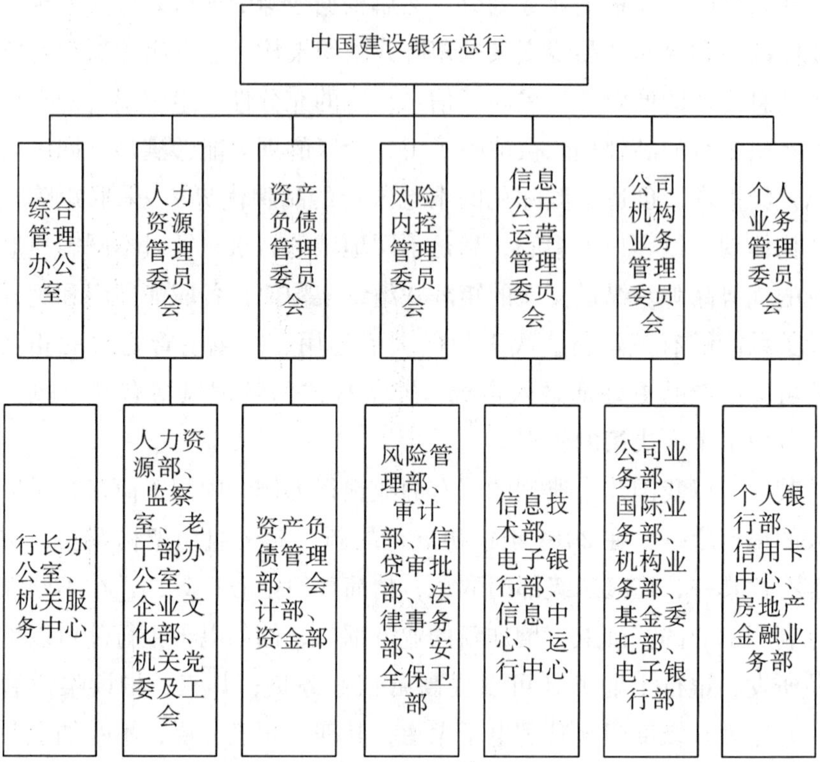

图 6.11 中国建设银行组织架构

由此可见，以中国建设银行为代表的中国大型商业银行的职能部门，存在岗位重叠问题。这种组织架构存在着很多缺点：首先，岗位重叠会增加银行的管理监督成本，造成资源浪费，降低银行经营管理效率；其次，这种组织架构阻塞了信息的横向传递，导致信息的不完全和信息不对称的产生，继而产生更严重的问题，必须对组织架构进行改良和完善，解决运行效率较低、运营交易成本过高等问题，实现对补充性货币的有效监管。在组织架构的改进和完善方面，上述美国花旗银行的经验可资参考，以为我国商业银行的组织架构改进和完善提供思路和经验借鉴，从而提升对补充性货币的监管效率和效果。

六、狭义补充性货币监管的对策建议

如前文所述，广义补充性货币监管主要是从宏观层面按时空、网络、协议及国际合作等方面对补充性货币进行的监管，具有更宏观的复杂性及系统性。这里则侧重对狭义补充性货币监管提出对策建议。通过对狭义补充性货币监管机理的分析，我们不难看出，无论是权力制衡机理、委托代理机理还是组织架构改善机理的正常运行，都可选择结合下列的对策，以充分发挥商业银行等金融机构对补充性货币的监管作用。

1. 所有权设置

从以上分析可知，对商业银行进行股份制改造可以提高其经济效益，其所有权的设置应包括以下内容：

（1）股东多元化改革。商业银行的资本运营要避免一股独大的问题，国家控股权的合理安排至关重要。股东多元化可以让民营企业甚至个人参与其中，但是各种类型的参与者比例要科学合理，以免出现部分股权严重倾斜的现象。我们可以采取相应措施，使参与者在相对控股的情况下维护国家利益，从而来防范宏观经济风险。引进外资股可以促进战略合作，学习国外先进商业银行的优秀经验，有利于提高我国商业银行的国际化水平。

（2）完善银行治理组织体系。健全股东大会、董事会和监事会制度，坚持“三会”分设、三权分开、协调制约等基本原则，建立现代银行制度，保证监管到位。完善责任追究制度，并切实执行以保证监督作用的有效发挥。基于“经济人”的基本假定，建立科学的激励制度，例如代理人的股票期权是代理人与银行之间利益的桥梁，这种利益关系将长期发挥激励作用。

（3）内部组织架构改革。国际上很多先进银行采用的是扁平的矩阵式组织架构，这种组织架构的层次少，总行对分行进行垂直管理。总行与分行的责权分明，总行在水平层次上强化岗位职能，考核各部门的业绩、管理分行的薪酬以及对分行进行任命。分行行长以发展业务为工作重点，同时也起到协调的作用。各个业务单元相对独立，因此要完整明确地界定每一个业务单元的权责。每个独立的单元需要兼顾对上和对下的责任，合理分配权力和责任，真实反映各分行、部门和产品的经营绩效。实践表明，大型跨国商业银行采用扁平式矩阵式组织架构能使银行的经营管理更加高效①。

（4）优化竞争市场。商业银行应该顺应时代发展潮流，借助市场发展成为上市公司，实现自身的不断发展。我国国有商业银行在面对所有者不明确和资源配置效率低下等压力时，经过不断完善产权制度后建立了现代商业银行制度。在市场中，竞争可以促进资源的合理配置和管理经营的效率提高。中美世贸协议的达成，使得美国银行可以准入中国市场，为中国银行注入了新的活力。虽然外资银行进入中国可以带来先进的管理技术和充足的资本，但是中国商业银行也面临着巨大的竞争压力。竞争可以促进发展，有利于推动中国商业银行现代化进程。本着互惠互利的原则，双方可以更容易准入对方市场，这样我国经营较好的商业银行就可以在海外开展业务，从而获得更广阔的生存和发展空间。

（5）激励制度再造。信息不对称和信息不完全，导致了委托代理问题的产生，要想避免这个问题的产生，就要使代理人完全遵照委托人的意愿去完成相应的任务和目标。借鉴国外商业银行激励机理的经验可知，实现长期激励管理人员主要通过以下两种方法：其一，建立经理人员股票期权制度，将经理人员的薪酬与绩效相联系，避免了股东和经理人员之间的利益冲突，实现了股东利益最大化和资源的有效配置。股票期权制度可以留住优秀的高级管理人员，人才不会在短期内流失。通过股票期权，并且经理人的薪酬与业绩相联系，股东可以大大减少代理成本。委托代理问题的产生是代理人目光短浅的行为所致，而股票期权制度的建立可以调整代理人员将目光转向长期的现金流量和经营管理绩效。其二，建立内部员工持股制度，通过发行限制性股票，来限制股票

---

① 缪洋，牛聪．基于流程银行视角的中国商业银行组织架构变革探析［J］．新金融，2016（4）：29-32.

的出售期限。限制性股票的发行使员工可以享受银行利润分配，起到激励的作用，但是，如果这种激励程度不大，那么相应的激励效果不会很好。国外商业银行激励制度的建立值得我国国有商业银行学习和借鉴，建立长期的激励机理意味着员工积极性的提高，从而避免优秀人才的流失。

2. 发挥市场约束作用

发挥市场约束作用对于三大微观机理的塑造都是有好处的。

（1）规范信用评级机构的发展。信用评级机构进行监督适用于自由竞争市场的市场主导型监管模式，这种模式广泛被美国、英国和部分北欧国家采用[①]，相关的法律政策由政府提出，一定程度上约束了信用评级机构。为了维护市场经济秩序正常运行，就要更加重视信用评级机构的突出地位，从而加强对信用评级机构的监督和管理。姜楠（2014）指出我国信用评级机构监管仍然存在较多的问题，例如立法层次较低、监管权力不一、未能规避信用评级机构利益冲突等问题[②]。因此，要有针对性地规范信用评级机构的发展，强化信用评级机构利益冲突的监管，完善信用评级机构自律机理。

（2）完善信息披露制度。商业银行的短视，造成了部分银行信息的严重失真。我国国有商业银行已经在市场上市，其信息的披露更要增加透明度，在市场中发挥积极作用。商业银行应该强化制度的建设和完善，避免管理不善和风险增加带来的严重损失。

（3）深化银行业的对外开放。银行业的对外开放，可以促进银行的良性竞争。中国可以学习和借鉴国外银行的服务效率和改革方式，增加外部资金进入渠道。商业银行对外开放不但可以让外资银行进入中国，中国商业银行也可以考虑在海外上市。中国也有很多商业银行收购境外上市银行的成功案例，例如在2000年4月19日，中国工商银行成功收购了香港友联银行。银行业的深度开放，使我国商业银行能与其他发达国家的商业银行加强合作和联系，学习它们的先进组织管理和监管

① 林胜蓝. 国际信用评级市场监管模式的经验借鉴和启示［J］. 福建金融，2011（2）：14-16.

② 姜楠. 我国信用评级机构监管框架设计［J］. 经济纵横，2014（7）. 55-59.

经验，综合运用和共享资源，形成“命运和利益共同体”，共同致力于对补充性货币的研发和监管的项目中，从而共享补充性货币带来的红利。

3. 组织架构变革

组织架构改善和变革有利于企业及金融机构提高效率，加强对补充性货币的监管。这对于形成良好的组织架构改善机理也是十分重要的。在组织架构改善过程中，具体应做到下列几点：

（1）组织架构设置要因地制宜。组织架构的优化，可以使委托人和代理人的目标函数更加接近，银行制定的战略决策才可以顺利地执行。如 Danamon 银行组织架构是在专业化经营的思路指导下设置的，体现出各个流程和职能部门设置的细化。

（2）组织架构的作用要明确。扁平化的矩阵式组织架构可以实现风险管理和业务发展的协调平衡，垂直化的组织架构减少了委托代理现象的发生。层级设置要以客户为中心，根据目标客户群的需要并结合银行的各种资源状况，设置科学合理的业务部门。当委托人和代理人的目标利益函数趋于一致时，可以对代理人产生长期的激励作用。科学的组织架构一方面可以使信息的传递更加高效，从而可以提高决策的效率；另一方面可以加强内部控制，减少多层次的委托代理问题。

（3）组织架构的设置要具有灵活性。外部环境处于一个不断改变的状态，那么就要求组织架构的设置要有足够的灵活性和弹性，以便能够随时调整。如果不考虑灵活性，那么每次在改善组织架构时将付出更高的成本。总体来说，国际上各个商业银行根据实际情况构建了各具特色的组织架构体系，虽然细节上有所差异，但是总体原则相似。这一总体原则即都是为了提高商业银行的经营管理效益，保证战略顺利实施，减少管理风险和成本，取得对补充性货币监管的积极效果，从而实现利益最大化的目标。

第七章　中国补充性货币的监管方法

前面我们着重探讨了中国补充性货币在中国金融市场不同发展阶段应该选择的监管模式，并从广义和狭义、宏观和微观层面结合中国的实际情况，分析了中国补充性货币的监管机理。我们认为，如果补充性货币并未得到合理运用及有效监管，或者有外部因素干扰补充性货币的运行机理而未及时摒除，补充性货币的正向效应（如对货币政策的扩大效应、人民币国际化和商业银行国际化的传导效应等）则无法充分表现出来，甚至会造成负面效应。即是说，如果对补充性货币的监管利用不当，也可能给中国的金融体系带来巨大的风险。

当然，这些风险是排除了系统性风险的非系统性风险，也即是说，我们在清晰认识到补充性货币可能带来的潜在风险种类后，可以采取各种措施降低风险事件发生的可能性，或者把可能的损失控制在一定的范围内，以避免在风险事件发生时带来的损失。本书认为，我们对补充性货币可能带来的潜在风险采用的监管和控制方法应是综合的，应实现的目标是：风险回避、损失控制、风险转移和风险滞留。补充性货币监管的问题，如前所述，主要通过广义和狭义、宏观和微观两方面监管的结合来解决。而在监管之时，还应多部门协调配合。正如学者们认为的那样，“不同的监管机构要相互配合”“与各类金融市场的监管者保持频繁公开的对话，从而增加市场的稳定性”①。而补充性货币造成的经济社会冲击及风险促使我们积极探索对中国补充性货币进行监管的对策和

① 刘明康，吴敬琏. 控制系统性风险改革之路［M］. 上海：上海远东出版社，2010：104.

方法。当然，就大的分类来看，风险分为系统性风险和非系统性风险。但我们这里主要从风险的具体内容来考虑。这些具体风险主要有政策性风险、技术性风险、心理性风险、经济性风险、社会安全性风险等，因此，我们也主要重点分析对应这些风险应采取相应的监管措施和方法。

一、政策性、技术性风险及监管方法

（一）政策性风险及监管方法

政策性风险指由于补充性货币造成政策不确定，从而产生对经济社会的冲击和风险。众所周知，当前人民币存在着国际流通总量增长迟缓、对外价值波动较大、国际化程度不高等问题。再加之新常态下的经济形势和国内金融市场本身存在的制度缺陷、深度和广度的“先天不足”等原因，商业银行及人民币国际化迅速提升的目标在短期内较难实现。然而，补充性货币之所以能补充和替代法定货币的缺失职能，突破时间和空间的限制，在全球范围内自由流动和交易，是因为它具有的特性和优势。特别是大量的金融衍生品都属于补充性货币范畴，而“衍生工具都是高杠杆效应的，可以带来巨额利润，也可能成为阿喀琉斯之踵”①。处于高级发展阶段的补充性货币，由实体形态逐渐演变为以虚拟形态为主，具有智能化、高科技化和独立价值衡量标准的交易媒介特性，很容易与其他产业渗透和融合。因此，中国商业银行如果运用自由流动、形态多样、高科技含量的补充性货币代替人民币参与各类跨国业务的经济活动，创新以补充性货币计价的金融投资工具和衍生产品，以补充性货币进行国际贸易结算，从而扩大中国商业银行在海外金融市场的占有量，就能迅速提高自身的国际化水平。

然而，中国政府对补充性货币特别是对各类票证、虚拟形态的补充

① 普林格. 中央银行风险管理的新视野［M］. 卡文，方洁，张立勇，译. 北京：中国金融出版社，2010：104.

性货币并不持宽容开放的态度，反而给予了诸多严苛的限制和约束。可以说，中国是当前全球众多国家中对补充性货币监管最为严格的国家之一。究其原因，是由于较之西方发达国家，中国的金融市场起步较晚、基础较差、体系脆弱。为了确保中国金融市场的稳步发展，稳固人民币的法定地位，减少外来竞争冲击，维持正常的市场秩序，防范洗钱等犯罪风险，中国对补充性货币的监管和控制非常严格。例如，当比特币在全球范围内兴起时，中国人民银行和其他相关部门在 2013 年专门发布了《关于防范比特币风险的通知》[①]，严禁比特币作为货币在市场上流通使用，并要求从事比特币交易的互联网中介平台应该依法在电信管理机构备案。至今，中国对虚拟形态的补充性货币的监管模式仍然是明令禁止，没有改变。

比特币是补充性货币在向高级的发展阶段演变过程中最初始的虚拟形态，它从诞生之日开始就迅速在各个国家扩张开来，受到全球的热烈推崇。然而，中国政府明令禁止比特币在中国的扩张，直接将比特币排除在了中国金融体系之外。在这种情况下，具有国企性质的中国国有商业银行也不可能有机会运用比特币或类比特币等虚拟形态的补充性货币推进自身的国际化进程。因此，这种政策性风险的存在，导致补充性货币无法在中国国有商业银行内部使用和推广，使补充性货币目前丧失了作为提升商业银行国际化水平有效途径的展示机会。

根据这种政策性风险的特点，本书认为只要中国政府在合适之时能借鉴某些发达国家（如新加坡、日本等）的经验，根据中国国内的实际情况，适当放开金融机构对类比特币的虚拟形态补充性货币在中国金融体系中的运用限制，并利用国家政府的力量加以有效监管和控制，中国国有商业银行就有机会运用补充性货币的优势提升自身的国际化水平并防范风险。中国政府可以先选定 1~2 个国有商业银行的分支机构作为试验点，对这些试验点进行为期 3~5 年的观测和监控，就可以得到使用类比特币的虚拟形态补充性货币后银行国际化水平得以提升的结

---

① 文件全名为：《中国人民银行 工业和信息化部 中国银行业监督管理委员会 中国证券监督管理委员会中国保险监督管理委员会关于防范比特币风险的通知》（银发〔2013〕289 号）。

果。这种监管方式，类似于监管“沙盒”模式，只不过这种监管“沙盒”的审核条件更苛刻，对待试验补充性货币的类型挑选也应该更谨慎，并且应该根据在试验过程中暴露出的风险问题进行随时监测、处理和改进。事实上，中国已经初步具备设立监管“沙盒”的基础物质条件和技术条件。监管“沙盒”的实现基础，是有金融科技创新的强力支持。因此，监管“沙盒”在中国的建立，无疑是一种大胆创新。目前，在北京、海南、贵州等地都开始了金融科技领域监管“沙盒”的试验，虽然不是针对补充性货币的监管“沙盒”，但这也为以后的补充性货币监管“沙盒”的建立给予了示范性的借鉴参考。监管“沙盒”这种风险控制方法，就是风险转移，即将补充性货币可能带来的风险转移到少数实验点，待实验结果出来后再进行合理决策，制定相应政策并推广。

（二）技术性风险及监管方法

补充性货币存在的技术性风险，主要在于几个方面：其一，由于补充性货币在金融市场上的实际运用场景还处于逐渐开拓和探索阶段，之前并没有太多的历史经验和成功案例可以提供参考；因此，对于中国金融监管的管理层和决策层来说，怎样将补充性货币的优势充分利用以促进中国金融发展，还需要不断地尝试和实践。这种尝试和实践需要时间来检验其有效性，也需要付出物质成本、精力、勇气和耐心。其二，补充性货币分为实体形态和虚拟形态两种类型，且种类繁多，各具特点，我们无法参考某一具体类型的补充性货币之前的监管经验来设计另一种补充性货币的监管方案，也无法将对实体形态补充性货币的监管方案照搬到对虚拟性补充性货币的监管上。同时，随着补充性货币更多地向虚拟形态发展，补充性货币变得更为复杂多样，我们找寻虚拟形态补充性货币的普适性监管方案、相关监管数据和监管例证就更加困难。正如一些专家认为的那样，以数字货币为形式的补充性货币，“是多学科融合的产物，典型的技术密集加知识密集。其技术原理复杂，包含了金融学、密码学与加密算法、分布式网络、共识算法、数字签名、区块链、职能合约等多个领域”[①]。其三，中国的金融监管模式已经由过去的分业监管逐渐转为了混业监管，在金融发展的第二阶段，补充性货币的监管也应被纳入现有的金融监管框架之中。然而，中国的金融监管模式已发生了重大的变革，这也意味着过去的传统监管方法和监管标准（如对核心资本率的监管等）可能不再适用于新的监管模式。而建立补充性货币的监管方案本身就是一个探索性问题，监管的难度更大，监管的技术性要求更高。其四，随着互联网的普及和金融科技的飞速发展，许多创新性的金融产品、金融业态、金融活动层出不穷，也自然要求有更高级更先进的金融科技管理手段和监管技术（如客户个人隐私保护技术、生物识别与支付技术、复杂网络与机器学习技术、态势预测与感知技术、特征提取技术、金融网络分析技术等）对这些新事物进行监管。传统的金融监管机构和监管方案无法适应这些创新性的事物。与此同时，这些创新性事物与复杂多变的补充性货币相互交织，更增加了对在金融科技迅猛发展背景下产生的各类新型虚拟形态补充性货币的监管难度，出现了很多监管的灰色区域。

虚拟形态的补充性货币的技术性风险存在于其技术性逻辑算法原理的设计、产生、交易发生各个环节。如前文所述，对虚拟形态的补充性货币比对实体形态的补充性货币监管更为困难。虚拟形态的补充性货币主要由三层结构组成，即底层、中间层（金融账户）和顶层（身份验证）。这二层结构的每一层都存在着复杂的加密要求，特别是中间层和顶层，需要进行金融账户、征信、生物特征等多方面的加密和解密。因此，加密和解密、监管机构和组织的跨时空监管协作、信息传递和共享、资源的匹配等技术，都是急需突破的监管技术。由于当前的虚拟形态补充性货币以比特币为主要典型代表，因此这里我们以比特币为例，来说明补充性货币可能存在的技术性风险。要了解其技术风险，我们需要理解比特币背后的设计思路、数学基础及底层技术原理，然后在掌握其技术原理的基础上，我们才能及时发现并迅速弥补其潜在的技术性风险。

---

① 李涛，丹华，邬烈瀚. 区块链数字货币投资指南［M］. 北京：中国人民大学出版社，2017：91.

1. 比特币的货币发行所用算法与模型

比特币的产生，需要以密码学及加密算法和模型作为底层技术基础。在其发行过程中，主要涉及的底层技术加密算法和函数、模型是哈希函数及算法。比特币类加密性补充性货币使用的哈希算法起源可追溯到 1990 年 MIT 的 Ronald L. Rivest 教授提出的 MD4 算法，算法在 MD2 基础上引入了 Merkle-Damgard 结构，输出为 128 位，是目前常用的哈希算法的雏形。第二年 Den Boer 和 Bosselaers 指出 MD4 的安全隐患，同年，Rivest 教授在 MD4 基础上增加了“安全带（safety-belts）”，形成了 MD5 算法，并在 RFC 1321 标准中被加以规范。在之后十余年，MD5 算法成为主流的哈希算法，比特币另外使用的 RIPEMD160 算法也是 MD5 的变形。下面，对哈希函数和哈希算法进行详细论述。

哈希（Hash）函数又称散列函数或杂凑函数。哈希函数是区块链的基石，而算法的安全性决定了加密货币的安全性。函数能将任意长度的输入转化为固定长度的输出，且输出满足以下条件：

（1）正向快速：给定明文，能很快计算出哈希值；

（2）单向性：无法根据哈希值逆向计算出输入；

（3）输入敏感：对输入进行微小的改变，会导致哈希值发生很大变化；

（4）抗冲突性：已知明文 m 的哈希值 $\text{Hash}(m)$，找到另一串与 m 不相同的明文 m' 满足 $\text{Hash}(m)=\text{Hash}(m')$ 是计算不可行的。

比特币的货币发行通过“挖矿”的方式进行，本质是求解一种难以计算但容易验证的数学问题。“矿工”通过公布数学问题的答案，并由全网验证结果的正确性，实现加密货币的发行。在密码学中，哈希函数的单向散列特性难以求逆但容易验证，在加密货币中得到广泛应用。例如比特发行（“挖矿”）算法采用 SHA256 函数，“挖矿”需要求解的数学问题如下：

$$\text{SHA256}[\text{SHA256}(\text{block\_header})]<\text{Target}$$

其中，block_header 为 80 字节的区块链的头部，Target 与挖矿难度相关（挖矿难度全网动态调整）。

区块链头部 block_header 的格式梳理见表 7.1。

表 7.1　区块链的头部 block_header 的具体格式

域	用途	更新情况	长度(字节)
版本号	区块版本号	由当前协议指定	4
前一个区域哈希 hashPrevBlock	256-bit 长度的前一个 区域哈希值	新区块的建立	32
默克尔根哈希 hashMerkleRoot	256-bit 长度，由所有的 交易组成的默克树 计算得到	新交易加入 修改第一个交易的文本描述 （挖矿时可修改）	32
时间戳	从 1970 年 1 月 1 日 起的时间戳	随时间变化更新	4
Bits	当前挖矿难度 （Target）的编码	全网协商修改挖矿难度	4
Nonce	32bit 的随机数	挖矿时更新	4

资料来源：https://en.bitcoin.it/wiki/Block_hashing_algorithm，经作者自行整理。

可见，“挖矿”算法本质上是不断地修改随机数 nounce 和第一个交易的文本描述，找到一个取两次 SHA256 后小于 Target 区块头部（block_header）。例如，第 277 316 区块的 Target 为

0000000000000003a30c00000000000000000000000000000000000000000000

则挖矿的目标是找到合适的随机数，满足其双重 SHA256 的计算结果小丁 Target，即 62 个 bit 必须为零，实际挖掘结果为

0000000000000001b6b9a13b095e96db41c4a928b97ef2d944a9b31b2cc7bdc4

由于哈希的单向散列特性，无法根据特定的哈希值反向计算出满足要求的输入文本，因此“挖矿”只能通过穷举的方式进行。

Merkle 树通常也被称作 Hash Tree（哈希树）。顾名思义，就是存储 hash 值的一个树状结构模型。Merkle 树的叶子是数据块的 hash 值（数据块：文件或者文件的集合）。非叶节点是其对应子节点串联字符串的 hash。默克尔树（Merkle）是一种二叉树，除叶子节点外的每一个节点都是其下属两个子节点数据拼接的哈希值。具体见图 7.1。

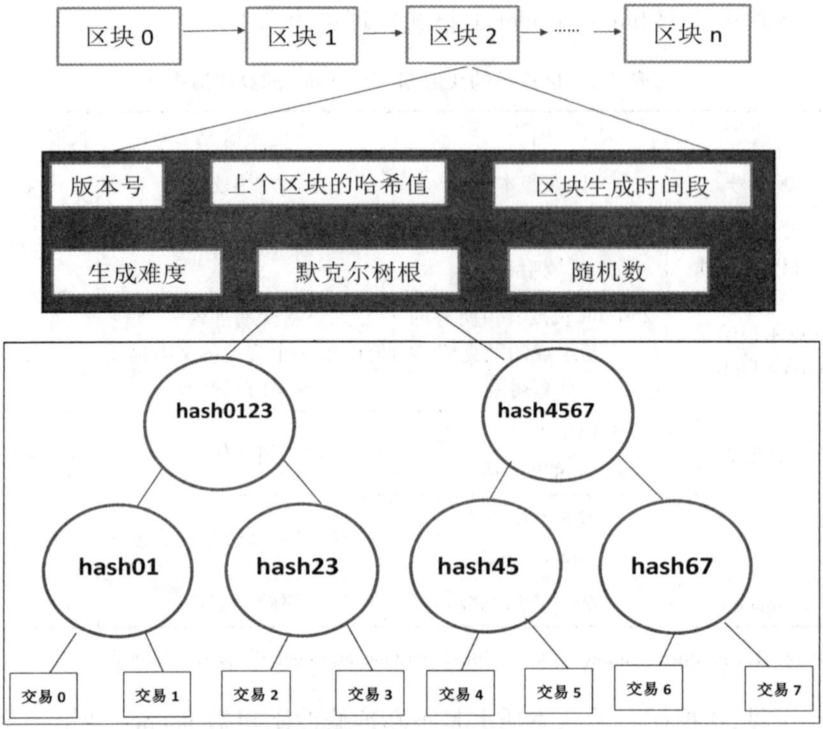

图 7.1　默克尔树结构

资料来源：作者自行绘制。

在图 7.1 中，画圈部分构成一个默克尔树，具体结构特征如下：

- 叶子节点为交易 0~交易 7；
- Hash01 为 HASH（交易 0｜｜交易 1），hash23、hash45、hash67 类似；
- Hash0123 为 HASH（hash01｜｜hash23），hash4567 类似；
- 默克尔根的计算为 HASH（hash0123｜｜hash4567）。

因此，若需要验证交易 4 的正确性，我们需要下载交易 5 的数据、hash67 及 hash0123，验证方式如下：

（1）计算 hash45 = HASH（交易 4｜｜交易 5）；

（2）计算 hash4567 = HASH（hash45｜｜hash67）；

（3）计算默克尔根 = HASH（hash1234｜｜hash4567），并比较与期望是否相符；若相符，则验证通过。

2. 比特币的货币发行可能存在的技术性风险及监管方法

通过上述哈希函数的原理描述，不难发现，哈希函数存在一些固有的技术设计缺陷。而这些缺陷，将会给补充性货币的发行带来潜在性技术风险。若哈希函数存在安全隐患，即攻击者可以在较短时间内找到明文 m' 满足 $Hash(m) = Hash(m')$，则攻击者可以：

（1）加速“挖矿”进程，无中心情况下，破坏货币的发行秩序；

（2）伪造签名文本，如将“Alice 转给 Bob 的 100 个 bitcoin”修改为“Alice 转给攻击者的 1 000 个 bitcoin”，并通过全网验证；

（3）破坏数据的完整性，任意修改账本。

随着哈希分析技术的不断深入发展，人们提出了许多针对 MD5 的攻击算法，使得算法的抗冲突性受到极大挑战。于是，美国国家安全局（NSA）、美国国家标准与技术研究院（NIST）发布了安全哈希算法（Secure Hash Algorithm），简写为 SHA。

1993 年 NIST 发布了最初的安全哈希算法标准，该算法现在常被称为 SHA0。然而，在发布后由于安全隐患很快被撤回，该研究院于 1995 年发布了修订版的 SHA 算法，即 SHA1。SHA0/SHA1 算法完全继承了 MD4/MD5 的算法的框架（Merkle-Damgard 结构），通过修改算子、增加迭代轮数、增加输出哈希值长度，以提升算法的安全性。随着哈希分析技术的发现，人们陆续提出了针对 SHA0/SHA1 算法的攻击技术。其中，以 2005 年王小云等人的研究最为有名，通过王小云的哈希分析算法，技术人员能在 15 分钟左右攻破 MD5 算法，同时该算法也能将攻破 SHA1 的尝试复杂度降至 2^{63}。

为对抗哈希分析技术的发展，NIST 于 2002 年正式发布了 SHA2 算法族，包括 SHA256、SHA384、SHA512 三个算法，并在 2004 年加入了 SHA224 算法。SHA2 算法族沿用了 MD4/MD5 的算法框架，并针对当时的哈希分析算法，针对性地修改了算子，并进一步增加迭代轮数和哈希输出长度。目前，SHA2 算法族已成为应用最广泛的哈希函数。虽然尚未找到有效的针对 SHA256/SHA384/SHA512 的攻击，但由于安全原因，专家已建议不使用 SHA2 家族中输出最短的 SHA224 算法。

MD5 以后的 SHA0/SHA1/SHA2 哈希函数均属于 MD4 家族，算法框架均采用 Merkle-Damgard 结构，只是在算子、迭代长度、输出哈希长度等方面进行了修改，因此，对 MD5/SHA1 的攻击同样会导致 SHA2 的安全性下降。为寻找新的算法，NIST 举办了 HASH 函数的竞赛，对 51 个候选算法进行了数年的评估。在 2012 年，NIST 最终选择了 Keccak 算法（读作“ket-chak”）作为 SHA3 标准，并通过配置不同的参数得到不同的算法，包括四个固定输出长度的函数 SHA3-224、SHA3-256、SHA3-384、SHA3-512 及两个可变输出长度的函数 SHAKE128 及 SHAKE256。Keccak 算法采用创新的“海绵引擎”（sponge structure）作为加密算法的框架，可抵御当时已知哈希分析的攻击。以太坊使用 SHA3 作为哈希函数。然而，目前 SHA3 算法的应用不如 SHA2 广泛，针对 SHA3 的分析技术研究也没有 SHA2 成熟，因此 SHA3 的安全性还需时间检验。

除了国际密码算法标准外，我国国家密码管理局于 2010 年 12 月 17 日发布国产哈希算法 SM3（相关标准为“GM/T 0004—2012”），算法采用 Merkle-Damgard 框架，输出哈希长度为 32 字节，与 SHA256 安全强度相当。

哈希算法的发展历程见表 7.2。

表 7.2　哈希算法发展

年份	函数	结构	输出哈希长度（字节）	安全性
1990	MD4	Merkle-Damgard	16	不安全，可很快构造出碰撞
1991	MD5	Merkle-Damgard	16	不安全，可很快构造出碰撞
1993	SHA0	Merkle-Damgard	20	不安全，可很快构造出碰撞
1995	SHA1	Merkle-Damgard	20	不安全
2004	SHA224	Merkle-Damgard	28	高安全场合不推荐
2002	SHA256	Merkle-Damgard	32	目前安全，比特币使用
2002	SHA384	Merkle-Damgard	48	目前安全
2002	SHA512	Merkle-Damgard	64	目前安全

表7.2(续)

年份	函数	结构	输出哈希长度（字节）	安全性
2010	SM3	Merkle-Damgard	32	国产密码，安全性与SHA256相当，目前安全
2012	SHA3-224	海绵引擎	28	目前安全
2012	SHA3-256	海绵引擎	32	目前安全，以太坊使用
2012	SHA3-384	海绵引擎	48	目前安全
2012	SHA3-512	海绵引擎	64	目前安全
2012	SHAKE128	海绵引擎	可变长，NIST要求不低于32字节	目前安全
2012	SHAKE256	海绵引擎	可变长，NIST要求不低于32字节	目前安全

3. 比特币的交易过程

如前文所述，数字货币交易过程相对简单，只需一方通过签名将数字货币转至另一方即可，对于比特币，签名算法采用ECDSA。例如Alice要转一个比特币给Bob，具体流程如图7.2所示。

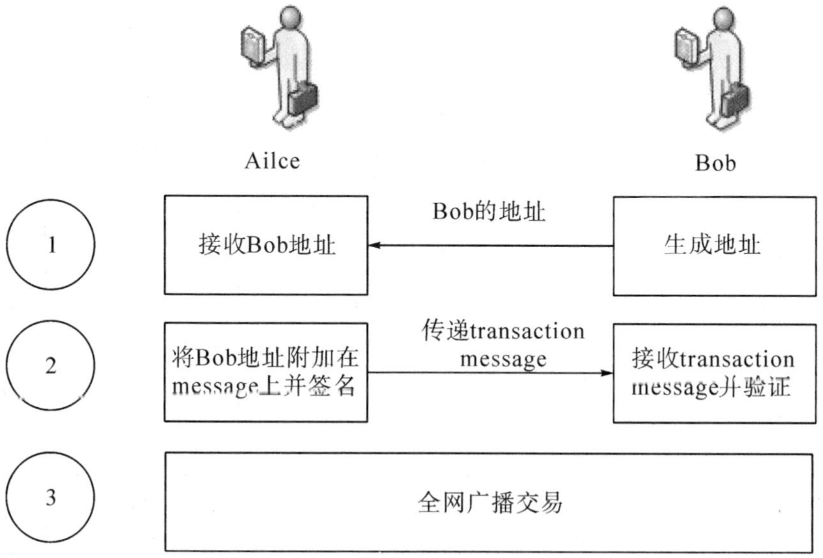

图7.2 比特币交易流程

比特币的地址生成采用两个散列函数 SHA256 和 RIPEMD-160 对公钥 T 求散列生成，如式（7.1）、式（7.2）所示。

$$HASH160 = RIPEMD160\ [SHA256\ (T)\ ] \tag{7.1}$$

$$address = base58\{0x00 || HASH160 || \lfloor SHA256[SHA256(0x00 || HASH160)]/2^{224} \rfloor\} \tag{7.2}$$

其中，base58 为二进制到文本的转化函数，$\lfloor x/2^{224} \rfloor$ 代表取 x 的前 224 位。可见，Bob 的比特币地址只与公钥相关，通过公钥可迅速计算出 Bob 的地址。由于散列函数的单向性，只知道地址不能反求出 Bob 的公钥，需要在网上查询或向 Bob 发送消息询问。

为保障区块链（block chain）的完整性，散列函数的输入除了包含 Bob 的比特币地址及 Alice 附加的交易消息，还包括前一个区块（block）。接下来，Alice 将利用自己的私钥签名，并附在区块（block）后面，形成区块链（block chain）中新的 block，并链在原区块链的最后。因此，若攻击者试图修改区块链的任意交易历史，将导致完整性验证和签名验证不通过。

交易消息生成如图 7.3 所示。

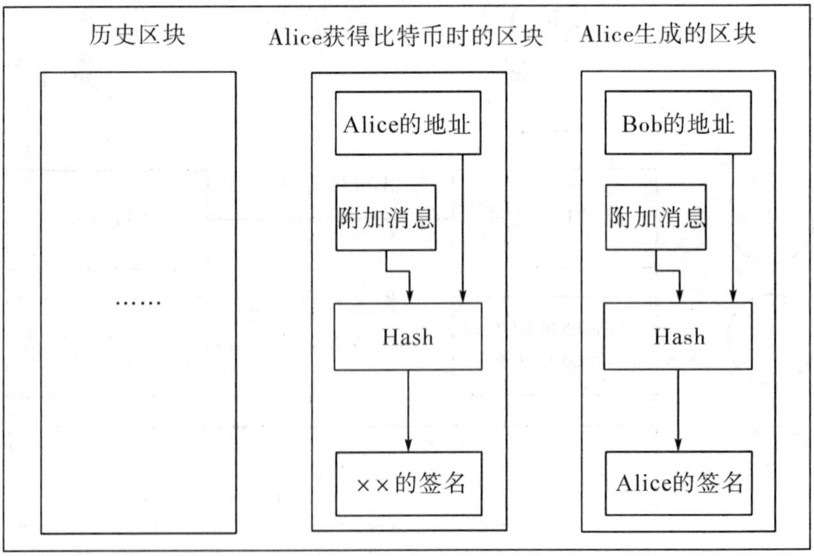

图 7.3　交易消息生成流程

当 Alice 签名将比特币转至 Bob 时，Alice 就失去了对比特币的所有权，该比特币只有通过 Bob 的签名才能发生转移。然而，Alice 可对 Bob 和 Eve 同时签名，即“重复使用”问题。对于有中心节点的网络，可通过中心节点再次签名实现交易的不可逆性。而对于比特币这种分布式网络，可通过全网广播的方式验证 Alice 是否已经事先将该比特币花掉。若已经事先花掉该比特币，Bob 及相关全功能节点将收到 Alice 花掉该比特币的区块链，根据签名所有全功能节点均可验证证据的正确性。可见，在比特币网络中，分布式全能节点扮演交易中心的角色。

4. 比特币的交易过程存在的技术性风险及监管方法

由上述分析可知，比特币等虚拟补充性货币在交易过程中会因为其底层技术基础本身存在环节上的漏洞而产生技术性风险，主要的技术性风险可分为密码学风险、私钥遗失、泄露风险和其他技术风险。

（1）密码学风险

①哈希函数风险。

如前所述，若哈希函数存在安全隐患，即攻击者可以在较短时间内找到明文 m' 满足 $\mathrm{Hash}(m)=\mathrm{Hash}(m')$，则攻击者可以：

a. 加速“挖矿”进程，无中心情况下，破坏货币的发行秩序。

回顾 bitcoin 挖矿函数，

$$\mathrm{SHA256}[\mathrm{SHA256}(block\_header)]<\mathrm{Target}$$

若 SHA256 函数被破解，由于挖矿函数是两层哈希函数，我们令 Target = 0，即可在较短时间内找到文本 m，满足 $\mathrm{SHA256}(m)=0$；同时再利用该算法在一定时间内文本 m'满足 $\mathrm{SHA256}(m')=m$：

$$\mathrm{SHA256}[\mathrm{SHA256}(m')]=0<\mathrm{Target}$$

可见，无论当前难度是多少，攻击者均可利用破解算法快速挖出所有的比特币，从而破坏货币的运行秩序。

b. 伪造签名文本，并通过全网验证。

例如原文本 m= “Alice 转给 Bob 的 100 个 bitcoin”，攻击者 Oscar 将其修改为 m'= “Alice 转给 Oscar 的 1 000 个 bitcoin + string”，攻击者可很快通过破解算法得到 string，满足：

$$\text{SHA256}(m) = \text{SHA256}(m')$$

由于签名针对 m 的哈希函数进行，因此，攻击者的修改可以全网通过，从而非法获得 bitcoin，导致全网秩序瘫痪。同时，攻击者还可以破坏数据的完整性，任意修改账本的记录信息。

②签名函数风险。

比特币交易过程中的数字签名算法如下：

ECDSA 的签名由一对整数 (r, s) 组成，每个整数的长度与 n 相同（如 256 位和 512 位）。已知椭圆曲线公钥 $\{E, G, T, n\}$ 、私钥 d，其中 $T=dG$，需要签名的消息为 x，则有 ECDSA 签名生成如下：

a. 随机生成临时密钥 k_E ，满足 $1 \leqslant k_E < n$；

b. 计算点 $R=(x_R, y_R)=k_E G$；

c. 设置 $r=x_R$；

d. 计算签名 s：

$$s = \frac{h(x) + d \cdot r}{k_E} \bmod n$$

e. 输出签名 (r, s) 。

在交易双方实施签名的过程中，容易产生的技术性风险主要在于：部分软件或计算机生成随机数的函数存在瑕疵，若临时密钥的某次签名一致，则将导致攻击者可以计算出私钥，具体算法如下：

令第 a 次签名结果为 (r_a, s_a) ，第 b 次签名结果为 (r_b, s_b) ，其中第 a 次和第 b 次使用的临时密钥（随机数）k_E 一致；则根据

$$r_a = r_b = (k_E G \quad \text{取 } x \text{ 轴})$$

可得到 $r_a = r_b$ 。其中 m_a、m_b 为第 a 次和第 b 次签名的文本正文，$h(\ )$ 为协议规定的哈希函数。为便于交易者验证交易数据的合法性，m_a、m_b、(r_a, s_a) 、(r_b, s_b) 必须在网上公开。因此，攻击者可以搜索全网的签名数据，一旦发现存在签名的 r 一致，则表明使用了相同的临时密钥，于时可根据以下公式计算出私钥 d：

$$s_a = \frac{h(m_a) + d \cdot r_a}{k_E} \bmod n$$

$$s_b = \frac{h(m_b) + d \cdot r_b}{k_E} \bmod n$$

$$\frac{s_b}{s_a} = \frac{h(m_b) + d \cdot r_b}{h(m_a) + d \cdot r_a} \bmod n, \quad 注意 r_a = r_b$$

$$\frac{s_b - s_a}{s_a} = \frac{h(m_b) - h(m_a)}{h(m_a) + d \cdot r_a} \bmod n$$

$$\frac{s_a}{s_b - s_a} = \frac{h(m_a) + d \cdot r_a}{h(m_b) - h(m_a)} \bmod n$$

$$d - \frac{\left(\frac{s_a(h(m_b) - h(m_a))}{s_b - s_a} - h(m_a)\right)}{r_a} \bmod n$$

由此可见，根据以上算法的原理，一旦获得了私钥，攻击者便等效获得了私钥名下所有加密货币的所有权，从而可以自由破坏和篡改交易记录和交易数据，进行犯罪性活动。

（2）私钥遗失、泄露风险及其他技术性风险

如前文所述，比特币的持有人都会拥有一个独一无二的私钥，来确保比特币的安全性并证明实际的所有权。但是，正是由于私钥的独一无二的特性，也不可避免地带来技术性风险。如果比特币的持有人不慎将私钥遗失，则意味着这个私钥对应的比特币已经永远在世界上消失，无法找回。因为比特币的一个自身特点就是去中心性，也就意味着它没有一个固定的发行中心（中心节点）可以有权转移其财产，无法像客户不慎遗失银行卡那样可以凭借身份证明到银行办理挂失手续，重新找回这张银行卡。所以，一旦私钥丢失，比特币就无法找回。因此，私钥遗失的技术性风险一直存在。当然，中心化的发行中心可以有权转移财产，因此也存在着不可忽视的操作风险、道德风险、信用风险等（如银行工作人员利用职权擅自挪用银行公共存款等），但这些风险的防范和监管体系已经相对完善和成熟，银行可以从制度、法律、技术、规范、道德教育等方面入手，有效解决这些风险问题。而无中心化所造成的技术性风险，目前还是一个比较棘手的监管性难题，亟待解决。

此外，如果比特币原持有人不慎将自己的私钥遗失，而被第三人知

晓，则第三人将凭借这一私钥，成为比特币的新主人。比特币的自身特性，决定了私钥是证明比特币所有权的唯一凭证，因此私钥在谁手中，谁就拥有比特币的所有权。在私钥遗失又被第三人盗取或占为己用的过程中，还会出现原持有人存储在私钥上的所有相关信息都被第三人掌握的信息泄露风险。

当然，比特币这类补充性货币还可能存在其他的技术性风险。比如，虽然全世界范围内的比特币总量只有 2 100 万枚，具有稀缺性，但要创造一个全新的和比特币功能类似的加密数字货币技术难度并不大；即比特币这类补充性货币的技术模式较容易被复制。例如：对于补充性货币的发行来说，比特币的产生是采用“挖矿”为获取途径的，而其他类似的新型货币的发行，则可以通过免费注册、低价购买或者凭借比特币以一定的比率兑换，或者另一种形式的“挖矿”来产生。而新型补充性货币的产生初期，往往会以新颖的方式和低廉的价格吸引更多的民众去持有和推广，一旦在较广泛的区域内被大众接受并使用，就很可能超越比特币，成为一颗“新星”。再如，在新发行一种类比特币的数字货币之后，其货币在市场上的运行和流通模式，完全可以照搬比特币的运行和流通模式，甚至可以结合当前的新技术（如智能合约等），凸显出超越比特币的特性和功能。因此比特币一旦被其他类型的新型类比特币货币替代，其在市场上的价格将受到巨大的冲击而很快变得一文不值。一旦这样的情况出现，持有比特币的投资者或者相关机构将会遭受巨大的经济损失，相应的金融市场也会遭遇一场难以想象的暴风雨，甚至可能引发新一轮金融危机。

（3）比特币在交易过程中的技术性风险监管方法

综上可知，针对比特币在交易过程中存在的技术性风险，较有效的监管方法应该从完善及改进其分布式账本的路径入手。主要的监管方法如下所示：

①实施中心化，要求每位交易对象对中心实名。

实施中心化的优点在于：

a. 中心化后可以提供挂失功能，用户对中心实名，但在交易过程中匿名。中心提供智能合约功能，个人对中心节点实名，但可有多个子账户。在交易时非实名，以公钥、昵称代替。这样只有监管机构可以查到实名化的交易信息，交易双方对监管机构实名；其他商业机构（如超市）或个人不能知道对方隐私（除非监管机构告之）。具体见图 7.4。

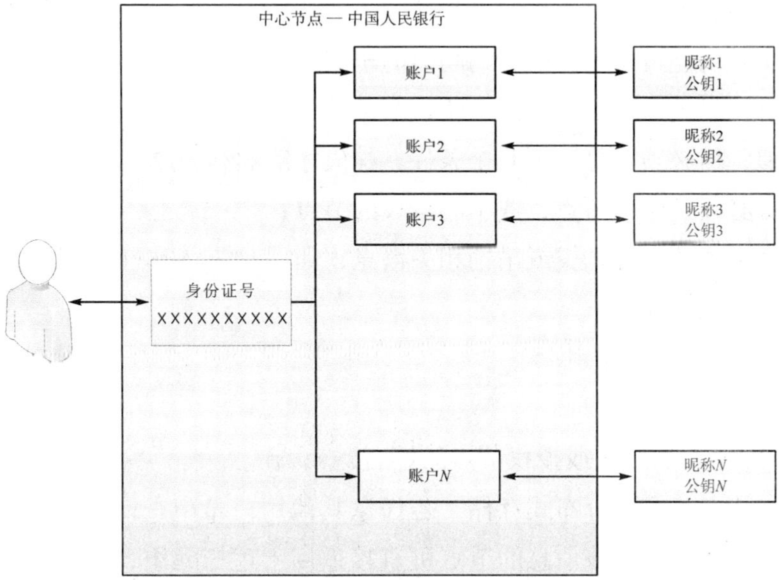

图 7.4　补充性货币中心化后受监管的技术路线

此外，交易过程中分为多个子账户也具有明显的优点，具体如下：

- 若某个账户私钥泄露，不会导致其他账户风险。
- 若私钥遗失，监管机构可新建账户。

这样，就有效地解决了之前所提到的私钥遗失或泄露造成的账户风险等技术性风险。

此外，交易过程中建立多个子账户，在本质上是智能合约的一种实现方式。比特币这类补充性货币的交易本质就是对交易消息的签名链，包括以下三元组：

※对方公钥；

※附加消息记为 message，如“转 1 000 块给 Alice”；

※签名元组 (r, s) 。

对于智能合约的一种实现方式，只需要对 message 进行修改，加入可执行的指令即可。例如对于上述交易，将 message 修改为“2019 年 12 月 12 日上午 8:00 分 00 秒转 1 000 块给 Alice”，并将其签名后的三元组｛Alice 公钥、message、签名 (r, s)｝发送给可信中心节点，中心节点将自动执行该指令，再在指定时间执行指令。若成功，将其加入分布式账本中；若失败（如账户余额不足），则取消该交易并返回错误。可见，交易功能可视为智能合约功能的子集。如果存在中心节点，则中心节点可以吊销任意子账户的公钥，实现挂失功能。其吊销方式与智能合约类似，但必须满足以下几个条件，挂失才能顺利完成：

※必须是中心节点，或中心授权的节点；

※附加消息为挂失或吊销相关信息，如“挂失 Alice 账户”；

※三元组如下：

a）被挂失的公钥；

b）附加消息；

c）中心节点（或授权节点的签名）(r, s)。

上述三元组可分布式存储，若任意其他用户希望查询 Alice 账户是否挂失，任意存储该信息的节点可直接返回上述三元组，证实 Alice 账户已被挂失，无须中心节点响应。

b. 可升级密码算法的功能，以有效监管和防止算法漏洞出现的技术性风险。如前文所述，如果在比特币这类补充性货币的底层技术算法设计中，其哈希和签名算法都采用国密算法，则能有效防止其他算法可能存在未公开的技术性漏洞和风险。若哈希分析技术取得突破，SM3 可能存在安全隐患，则应该立即考虑并着手进行密码算法的升级。对于有中心的情况，算法升级较简单，只需要中心修改服务器，客户端同步升级软件即可。但对于历史区块，则可通过新算法保证其完整性不被破坏。比如：

$$data' = (new\_r, new\_s) \mid\mid data$$

其中 data′ 为升级算法后的数据，(new_r, new_s) 为授权节点（如中心节点本身），可以利用新的哈希及签名算法对历史数据进行签名。

此外，如要保证软件在下载历史数据验证交易的正确性，还需要进行如下步骤的操作：

※下载历史数据和期望哈希值的 data′；

※利用新的哈希算法计算下载数据的哈希；

※下载授权节点的公钥；

※验证签名是否为授权节点正确。

5. 普适性的技术性风险监管方法

我们在前面以比特币为例，分析了它的运行原理、特性、可能存在的技术性风险、具体的技术性风险监管方法等问题。但是，补充性货币的种类繁多，继比特币之后的虚拟性补充性货币更是如雨后春笋般层出不穷。不同的虚拟性补充性货币具有不同的特点，比特币仅是其中的典型代表。因此，针对种类各异的虚拟性补充性货币，我们也希望能找到一些具有普适性的技术性风险监管方法。

我们认为，第一，应该大力支持监管科技的发展，并将金融科技公司作为虚拟性补充性货币技术性风险监管的主力军。前文已述，虚拟性补充性货币的产生和发展，与金融科技的崛起有着密切共生的关系。虚拟性补充性货币的底层技术，正是金融科技不断革新和发展的产物。按照逻辑，要对虚拟性补充性货币的技术性风险进行监管，自然也需要更强大的金融科技才能实现。当前，在金融科技的催生下，大量的金融科技初创公司应运而生，这些公司能运用金融科技专注于提供风险数据管理、风险分析、风险报告及避险方案的服务。由于有这些金融科技公司的存在，银行等金融机构可以和这些公司合作，在使用补充性货币的同时，根据自身实际情况精准选取所需监管服务，将对虚拟性补充性货币监管过程中的难题交付给专业化的技术性金融科技公司解决。这些公司可以提供的服务如：分布式账本概念验证项目、数据安全、监控交易、合规监管、客户信息管理、反洗钱监管、监管报告撰写及汇报、监管决策改进规划等。所以，将金融科技公司作为补充性货币技术性风险的监管主力军，可以分担银行等金融机构的监管压力，且极大地解决技术性难题。

第二，加大对技术监管的重视程度，充分利用先进的技术监管方法对虚拟性补充性货币的技术性风险进行全过程的管理和控制。在实施技术监管的过程中，应该更加注重事前和事中监管，并及时更新升级最新监管技术，确保技术监管的有效性。这些技术监管的具体内容包括对虚拟性补充性货币的交易系统的稳健性进行监管和交易认证；对交易结算的安全性和隐私保护进行监管（如使用生物特征解锁技术、多层加密技术、个人信息追踪技术、反黑客攻击技术等）；对使用虚拟性补充性货币从事金融活动产生的相关数据和记录进行实时备份等。

第三，利用先进技术，加强对虚拟性补充性货币在运行过程中产生技术性风险的环节的监管。虚拟性补充性货币的去中心化的特性，导致了被监管者的身份模糊化，监管实施主体需要有更先进的技术去追踪、发现、鉴别被监管者，同时对虚拟性补充性货币运行的全过程也需要分环节逐一进行监管。在这样的监管要求下，监管实施者除了对虚拟性补充性货币的发行（ICO）进行技术监管外，其交易平台自然也成为环节监管的重点和中心。这些交易平台本身就依托当前的金融科技运转，而要对这些交易平台进行技术监管，意味着必须有更先进的技术，针对补充性货币交易平台的收入规模、交易业务及规模、安全性、评级、合规性、交易费用、融资活动等进行有效监管，防止黑客攻击、内幕交易、虚假交易、洗钱、诈骗、恐怖融资等。因此，要对虚拟性补充性货币交易平台的技术性风险进行监管，必须采用最先进的、以金融科技为支持的监管技术，贯穿于交易平台和交易系统的每一个环节。此外，在具体实施技术监管的实践中，还必须要根据交易平台的实际功能和提供的服务层次，选择与之匹配的、精准的技术监管方法。交易平台的行业归属不同，技术性监管的方式和手段也会有很大差异。常见的几类交易平台的具体技术监管方法如下：

（1）咨询服务交易平台。这类交易平台主要为用户提供交易信息和协助决策的服务，核实交易实时信息，提供基本面和技术面分析结果，不参与实际交易过程。监管实施者对这类交易平台的技术性监管，是要确保这些平台提供的信息的真实性，并实时追踪监测其提供的咨询决策服务是否合规合法，是否存在欺诈行为。

（2）结算与融资服务交易平台。这类交易平台通过提供金融交易的便利，向用户收取服务费用和融资利息，因此属于金融业务类交易平台。此类交易平台的技术性风险主要来源于交易的过程。在进行技术监管的过程中，用户的隐私信息保护、交易的安全性、黑客攻击等问题是需要关注的重点。

（3）做市商服务交易平台。这类交易平台通常具有一定的信誉度、资本实力和融资能力，可加速市场流动性。虽然这类交易平台可以通过自身的操作抑制其他交易者的交易操纵行为，但由于其本身也具有强大的实力，不排除受利益驱动而自身对交易市场进行不正当操纵的行为。因此，在对此类交易平台进行技术监管时，应采用先进技术实时、长期、常规性观测此类交易平台的持续交易行为，以防止其不正当操作和交易活动。

通过以上对技术性风险的产生原理和监管方法的分析和论述，我们不难发现：

处于高级发展阶段的补充性货币，以其特有的区块链技术为基础，为全球的经济秩序和经济实体带来了前所未有的机遇和挑战。我们如果想要把握时机，借助高级发展阶段的虚拟形态补充性货币的自身独特优势来发展金融，就必须与世界接轨，跟上时代的步伐。首先，我们应该对补充性货币及背后的科学技术和知识尽数掌握；其次，应该对目前运用补充性货币的国家和机构进行了解，把握它们的相关研究动向及最新发展情况；再次，应该将自身的发展情况进行比较研究；最后，才能作出应对技术性风险的具体策略。值得一提的是，区块链的智能合约技术、创新交易机理、点对点交易模式，使虚拟形态的补充性货币可以运用在国际金融市场的各个领域。如建立全球分布式清算结算体系，提高跨境支付效率；P2P 分布式借贷网络平台，降低借贷成本并实现全球无障碍安全交易等。这些技术，都要求我们充分掌握并分析判断其利弊和隐藏风险，以便能顺利规避这些技术性风险。虽然补充性货币背后蕴藏着巨大的技术支持，但这也意味着其存在无法避免的技术性风险。在核心技术缺失的情况下，单纯将金融服务外包或信息技术外包，都将面临极大的不可控风险①。补充性货币的加入，更会加剧这种风险。如果我们自身缺乏具有这些技术和知识的人才，就无法了解补充性货币背后的技术机理，又或者是我们对这些技术理解有误，不仅没有办法正确合理地运用补充性货币，反而有可能造成巨大的损失和严重的后果。

操作性风险是一种典型的技术性风险。如果金融业务通过补充性货币由线下移到线上，则“币流”成为直接的信息流。于是，不法分子完全可以对金融“数据仓库”进行攻击，造成失密、资金转移、欺诈甚至“币流”阻断。因此，要弄清操作风险的关联因素和产生原因，针对投资银行业务、金融市场业务、电子银行业务、互联网金融业务、供应链金融业务等实施全面监管。“形成各部门齐抓共管的联动态势”②，杜绝风险造成损失。所以，由于操作风险的重要性，《巴塞尔新资本协议》引入了“操作风险”的概念③。

然而，补充性货币以及其背后的技术性风险是无法被完全避免的。将补充性货币广泛运用在促进中国商业银行国际化、人民币国际化和金融相关的其他各类场景中，这本身就是大胆的尝试和创新。如果我们因为害怕这些风险就墨守成规，停滞不前，那么注定无法进步。只有直面技术性风险带来的挑战，不懈探索，才能在风险中找出内在规律，并寻找到降低技术性风险的可能方法。因此，本书认为，对于补充性货币可能存在的技术性风险，我们需要采用风险保留的解决方法。只有在充分了解技术性风险的产生原理、存在表现、来源、特性及可能带来的后果，并让存在的技术性风险完全暴露出来，我们才能根据具体问题，运用金融科技手段，寻找到解决风险的途径。

---

① 闫海峰. 金融服务外包风险管理［M］. 北京：经济管理出版社，2013：75.

② 中国监察学会建设银行分会. 国有控股银行操作风险防范与管理［M］. 北京：经济科学出版社，2015：307.

③ 封晓玲，于秀艳. 银行操作风险传导与机制［M］. 北京：清华大学出版社，2014：24.

二、心理性、经济性风险及监管方法

（一）心理性风险及监管方法

我们在运用补充性货币的同时，可能会引发心理性风险。虽然中国各企业或者金融机构可以发行自己的补充性货币或者直接使用东道国当地的主流补充性货币作为经营跨国业务的交易、结算工具，但这种交易、结算工具要被东道国及其他国家的客户广泛接纳，还需要一定的时间。尽管补充性货币的使用能促进人民币走出中国国门，甚至能替代人民币进行全球范围内的金融活动，且不会受到东道国为了防范他国法定货币“侵入”本国造成汇率风险而设置的若干规则约束，但补充性货币的发行者通常是非国家政府的中国商业银行或者东道国银行及东道国社区，其最初的流通与交易也只局限在一定的地域范围内，并未被东道国所有的居民熟知。如果是东道国当地主流的补充性货币，东道国客户可能会较快地接纳和使用；但如果是中国商业银行自行发行的补充性货币，东道国客户可能会存在不信任及疑虑，要说服它们接纳并使用，需要较长的时间。这是一种心理性的风险，人们在面对自己不熟知的事物和领域时，通常会以消极观望或直接拒绝的态度来对待，以保证自身安全。此外，由于中国商业银行发行的补充性货币对东道国部分客户来说，是外国的货币，其内在价值完全在于中国商业银行本身的综合实力、信用度和商誉。因此，为了尽量缩短东道国客户对补充性货币的接纳期限，中国商业银行必须扩大宣传力度，提高海外知名度，树立良好的品牌形象，增加补充性货币的海外价值。同时，还应该充分利用一切现有资源和平台来强化补充性货币的运行基础，比如将补充性货币的运用与自贸区联盟、社会关系网络体系等资源和平台相结合，强化补充性货币对海外市场的影响力和作用。此外，东道国客户本身可能会因为宗教信仰、道德标准、价值观念、文化习俗、民族特性等原因对中国产生排斥心理，而这种心理可能会扩散到有关中国的所有事物。补充性货币在这些对中国具有排斥心理的客户范围内很难被接纳，这是一种可能存在的现实。这种心理性风险一般较难降低，只能靠长期的努力来改变。对于这些心理性风险，能解决的方法则是风险保留，即正视这样的风险存在，并尽量做好应该做的工作。同时，对此风险造成的负面效应和努力后的结果，不盲目乐观，应该随时保持冷静的态度，从容对待，并做好心理准备解决有可能出现的一切问题和后果。

（二）经济性风险及监管方法

补充性货币的运用不当，也可能会给中国金融市场带来较大的经济性风险。前文已述，中国金融市场由于起步较晚，还处于不成熟的脆弱发展期，比较容易受到外部冲击而造成动荡。正因如此，中国政府对补充性货币的限制和监管非常严格。由于补充性货币的表现形态丰富、种类繁多且具有法定货币不具备的新功能和优势，很容易在市场范围内流动，也就更具有对法定货币的威胁力。特别是补充性货币一旦进入风险投资领域，则它形成的风险会进一步加大。在许多情况下，以补充性货币作为风险投资的行为，是一种高复杂性、高技术性、高经济性的行为，其领域“涉及评估、投资、管理、审计和高技术知识等多方面学科”①，因此，必须高度重视。然而，补充性货币的发行，也可能使金融市场对法定货币的需求量增加，从而引发通货膨胀。这种情况会加大人们对法定货币的不信任和对国家未来经济形势的悲观情绪，甚至会引发经济危机。早在2008年全球金融危机爆发前夕，不少学者就敏感地意识到，随着大量的金融工具创新品种频出，大量补充性货币出现，使得“金融脱媒”日益严重，进而各类市场经济主体“风险承担能力堪忧，加剧了投资品种高风险性与投资者低风险承担能力的错配”②，从而引发危机。事实证明，的确如此。同时，如果中国商业银行引入补充性货币作为经营跨国业务的主要使用币种，也可能会创造出各种实体或

---

① 刘建香. 风险投资的投融资管理及发展机制研究［M］. 上海：上海交通大学出版社，2012：68.

② 孟辉，杨如彦. 中国金融工具创新报告［M］. 北京：中国金融出版社，2008：8.

虚拟的补充性货币，加速金融市场上补充性货币的数量、种类和创新速度的发展。补充性货币的空前发展，很有可能给中国的金融市场带来巨大的冲击和挑战。如果中国企业或商业银行等金融机构的自身实力不足，则有可能无法驾驭自己创造的补充性货币，最终造成损失和其他负面后果。因此，我们要使用补充性货币作为促进金融市场发展的工具，就必须充分认识到补充性货币可能会带来的经济性风险。本书认为，面对这些经济性风险，我们采用的控制方法应该以“预防为主，防治结合”，即预先考虑到各种可能发生的经济性风险，并事先做好风险防范预案，尽量将经济性风险可能带来的损失降至最低。经济性风险是可控风险，如果我们能了解经济性风险产生的根源，就能对症下药，实施有效的风险控制方案，从而有效降低经济性风险造成的损失。

三、社会安全性和其他风险及监管方法

（一）社会安全性风险及监管方法

我们已经知道，补充性货币可以作用于提升商业银行的国际化水平和法定货币的国际化水平，也能扩大货币政策的效应。我们认为，对中国而言，将补充性货币运用于金融领域可能产生的社会安全问题是最大的隐患和威胁。由于人民币尚未完成国际化进程，中国政府对金融市场的资本管制非常严格。但是，随着中国资本账户开放度不断增大，社会安全性风险也随之增大。当开放度超过 0.7 以后，社会安全性风险更加巨大①。而补充性货币的加入，将起到推波助澜的作用。因此，将补充性货币引入中国金融市场，可能会打破中国对金融市场有效监管的正常秩序。此外，补充性货币的运用，存在着发生洗钱和庞氏骗局等犯罪风险的可能性。例如，2016 年 1 月 27 日，瑞典警方正式宣布“维卡币”

① 中国人民大学国际货币研究所. 人民币国际化报告（2015）［M］. 北京：中国人民大学出版社，2015：53.

的运营方式为金字塔式传销，违反了瑞典的相关法律。显然，利用“维卡币”等类比特币进行犯罪活动，并不是唯一的案例。

长期以来，补充性货币的滥用及相关违法犯罪活动一直威胁着中国的社会安全。比如，由于对虚拟形态补充性货币的投机行为可能获得极为丰厚的利润，社会公众很可能用全部的储蓄参与到这种高危投机活动中。由于中国的金融市场监督体系尚未健全，很多利用补充性货币进行虚拟传销的投机者将恶意哄抬或压低补充性货币的价格，以牟取更高的不法利益。这些金融欺诈或骗局，很可能在短时间内耗光社会公众的全部积蓄，更会严重扰乱与补充性货币相关的所有投资项目和合法交易的正常运行秩序，造成社会动荡和产生经济危机。又如，补充性货币的约束体系、问责体系、惩罚体系都还在完善之中，中国金融市场对补充性货币的监管机理尚不成熟，其可能会成为金融恐怖主义分子和金融犯罪分子滋生非法活动的温床。2015 年，香港发生的富豪绑架案中，绑匪要求以比特币作为人质的赎金，就是因为比特币的匿名性特征。再如，随着补充性货币交易所的兴起（如火币网等），补充性货币对中国金融市场的影响力越来越大；而人民币的不断贬值，将引导社会公众将补充性货币作为新的财产保值方式不断购进。在缺乏有效管理和监督机理的情况下，补充性货币的不断走强，很可能进一步拉大社会贫富差距，激化社会内部矛盾，增加社会诸多棘手的安全隐患和风险。

由此可见，补充性货币对中国金融业存在着安全性风险，一旦补充性货币被引入中国的金融系统，各类对补充性货币的滥用、非法使用或洗钱等犯罪行为极有可能增加。但是，从另一方面来看，中国的金融市场乃至全球的金融市场，对于补充性货币的需求也是不断上涨的。这种巨大的潜在需求，对中国商业银行来说，无疑是开拓海外市场的难得契机。因此，中国商业银行迫切需要找到合理利用补充性货币的有效方法，特别是应对补充性货币在全球金融市场上被非法使用等问题的解决方法。本书认为，要解决补充性货币可能引发的社会安全性风险，除国家相关部门要颁布法令，对补充性货币的运行进行规范约束和调控外，中国商业银行也必须主动担负起维护国家金融市场稳定的重任，积极参与打击各种利用补充性货币进行非法活动的犯罪行为。同时，中国商业银行也应该从实际管理补充性货币的角度入手，配合相关部门通过研究犯罪分子各类犯罪手法和行为，找出补充性货币可能存在的各类社会安全性风险及漏洞，并及时进行风险防范和损失控制，将补充性货币的运作引入合法路径，从而在不影响社会安全稳定的同时，有效提升自身的国际化水平。需要强调的是，国家层面对补充性货币的约束和管制很严，就是因为缺乏对补充性货币的信任。而要使国家的约束机理做到张弛有度，为补充性货币营造一个适合生存和发展的环境，中国商业银行必须表现出高度的责任感，在运用补充性货币进行国际化的同时，就应该制定相关的安全性风险防范措施，将这些安全性风险扼杀在萌芽状态，为国家相关部门减轻负担，从而强化国家相关部门对补充性货币的信心，促进补充性货币在中国的健康发展。

（二）其他风险及监管方法

除了上述补充性货币的风险及监管方法之外，还有其他的风险，当然也会形成相应的监管方法。例如，其一，企业风险及监管方法。企业风险主要指补充性货币造成的对企业加大财务杠杆，从而影响企业投融资及正常运行的风险。那么，应对此类风险，专家们一般认为主要加强企业的内部控制的设计流程、进行内部控制整体框架设计、组织架构内部控制设计、发展战略内部控制设计、人力资源内部控制设计、社会责任内部控制设计、企业文化内部控制设计、资金活动内部控制设计、采购业务内部控制设计以及资产管理、销售业务、研究与开发、工程项目、担保业务、业务外包、财务报告、全面预算控制、合同管理、内部信息传递及信息系统内部控制的设计[①]。其二，操作性技术风险及监管方法。这类风险主要是指在市场主体内部具有不完善的内部程序和系统，特别是外部事件及人员操作失误形成的风险。它可能对市场主体的财务状况、员工队伍、声誉等多方面造成重大损失。它可以表现为通过

① 李三喜，徐荣才. 基于风险管理的内部控制［M］. 北京：中国市场出版社，2013：11.

补充性货币的作用，因内外部欺诈、安全事件、客户或业务的活动、业务中断或系统失效、执行或交割管理不当所形成。这种风险有涉及面广、风险覆盖面大、收益与风险不成正比、风险与业务规模及复杂度成正比、主要源于市场主体内部等主要特点。针对此类风险，我们主要根据《巴塞尔新资本协议》的要求，将操作风险作为资本监管的范畴，纳入资本充足率计算公式进行考量，监管操作风险资本的过程，并根据基本指标法、标准法、高级计量法进行风险资本的监管。学者们还提出了“第一、二、三支柱中的操作风险的监管方法”[①]。其三，国际互动风险与监管方法。国际互动形成的风险主要是金融市场间发达国家以证券为代表的补充性货币的互动效应、中国金融市场与国外金融市场补充性货币的互动效应及国内各金融子市场之间的互动效应之间的关系形成的风险。这种风险会在国际间的证券市场上迅速形成传染效应，从而直接冲击国家的金融体系。而重大事件往往成为互动影响的重要因素。专家们认为，中国金融市场自身波动的风险全球最大[②]。而对互动性风险的监管方法主要在于主动进行预警与化解。其四，信息系统研发风险及监管方法。随着现代企业及商业银行的经营对信息系统的高度依赖，特别是信息系统的复杂度增加，信息系统的研发风险日益增大。它主要表现在安全设计风险、系统漏洞风险、变更维护风险、合规性风险、外包性风险等。而信息系统研发风险的监管方法主要是进行安全培训、风险评估、安全评审、安全检查和测评以及安全评价与考核等方面，大都反映在技术层面。而专家们总结了国外许多类似的监管实例，给我们对补充性货币形成信息系统研发风险监管方法有很好的启示[③]。其五，金融衍生品交易风险及监管方法。大多数金融衍生品，实际上是补充性货币。它们在交易中形成的综合风险即为交易风险。而交易风险大都是操

① 周玮. 商业银行操作风险管理暨内部控制评价理论与方法［M］. 北京：中国金融出版社，2014：10.

② 杨威月. 中国金融市场的国际互动与风险控制［M］. 北京：中国金融出版社，2015：19.

③ 蔡创，张方，陈典友，等. 商业银行信息系统研发风险管控［M］. 北京：机械工业出版社，2016：39.

作风险、交易对手风险、流动性风险及法律风险的综合。因此，这类风险在监管的方法上也必须是综合的，有针对性的。一些学者通过国内外案例的总结，说明了风险监管的具体实施方法，可资借鉴[1]。实际上，根据学界及实践界的研究成果，补充性货币引发的风险主要引起金融安全网的系统性风险，再通过金融市场传导到实体经济，从而影响到整个经济社会。尽管在法定货币的系统性风险监管及防范中，我们可以通过最优存款保险制度、资本充足率监督、最后贷款人作用、强调银行监管和存款保险纪律及加强国际间的系统性金融风险管理合作等方法来化解，但法定货币形成的系统性风险与补充性货币形成的系统性风险尚有区别，其监管方法也应有区别。然而，从各方面构筑安全的金融网络来对风险进行监管的确是一个重要思路。

① 卢供巍，等．当代金融衍生供给交易风险控制案例教程［M］．北京：经济科学出版社，2011：49-100.

第八章　补充性货币的监管效应——基于比特币的分析

2009 年比特币出现以来，新型虚拟性补充性货币强烈冲击着大众长期持有的传统的金融理念。且不同国家对待比特币的态度大有差异，甚至同一个国家在不同时期对其所持的态度也差别明显。例如，2015 年俄罗斯成为全球第三个正式明令禁止比特币的国家；2018 年 4 月 23 日中国宣布比特币交易平台和 ICO 平台退出中国；2013 年泰国在明确封杀比特币后，最近又主动接纳比特币。在这种背景下，比特币的发展仍然十分迅速，这也间接地印证了它具有相当大的发展潜力。与传统货币相比，比特币具有相当大的优势。特别是近几年来，它在去中心化的、点对点的网络中不断产生和交易，交易时无须验证其身份，只需联网即可的优点，吸引了世界不少网民和炒家。但经过几年的发展，因比特币缺乏国家信用和财富的支撑，其安全性和币值稳定性受到了严重质疑，一个国家的态度和相关政策成为影响其价格走势的重要因素，并反过来进一步扩大了比特币的风险。尽管中国政府已经禁止比特币的流通，但比特币在国际社会的盛行，无疑会直接或间接地对中国经济社会产生冲击。因此，研究一个国家对比特币监管效应与其风险程度的关系，十分必要。而通过事件研究法及 GARCH 族模型进行研究，是一个有效的新尝试。

一、相关文献及进一步的研究

在比特币产生的不长时间里，大量学者针对比特币价格波动和风险进行了研究。国外学者主要是从宏观经济政策和政府态度、监管政策两个方面进行研究的。Reuben Grinben（2011）认为，比特币具有一定的优越性，而且政府独裁的特性有利于比特币的可持续发展以及内在价值的进一步提升，但是虚拟货币的特性可能导致匿名失败、货币职能不被认可等问题。Bob Stark（2013）、Kristoufek（2014）认为各国实施的宏观经济政策对比特币价格和市场发展的影响有限，起决定性作用的是各国政府对待比特币的态度。Plassaras（2013）认为比特币的发行虽然不依赖于政府机构，但是考虑到比特币可能会对经济造成重大冲击，因此建议将其纳入 IMF 的监管范围中。

相比于国外，国内的研究起步较晚，江海涛、何劲凯（2014）通过剖析比特币存在的法律、技术和价格风险，认为比特币不具有法偿性与强制性等货币属性，不是真正意义上的货币。徐丽丽（2016）从比特币交易平台、交易量和交易价格角度出发，认为虚拟货币投资职能和支付职能存在的风险隐患也不容小觑。邓伟（2017）认为比特币是一种完美的投机对象，也正是因为如此，会导致比特币产生泡沫。于是，他提出政府应该合理监管数字货币，引导投资者进行理性投资。雷捷、罗良文（2018）认为以比特币为代表的虚拟货币存在众多风险，建议构建虚拟货币法律风险机构。

综上所述，这些研究主要从宏观角度出发，探讨比特币的货币职能和发展情况，并注重研究比特币存在的相关风险。但是，将国家政府针对比特币发布的相关政策进行实证分析，从而研究比特币的市场价格波动、市场风险影响及防范的文献极少。因此，本书旨在通过分析一个国家发布的相关政策，分析其对比特币的影响作用，同时从比特币日度收益率事件序列的实证角度出发，分析比特币受外部事件冲击的影响。具体构建影响机理及模型如下：

（一）事件研究法概述

事件研究法主要通过影响事物的事件，利用异常收益率模型，预估事物的变化程度，从而测出其冲击程度。这里则运用它来测算分析比特币的价格波动，从而测出其风险程度。

1. 异常收益率模型

将事件分为三个窗口期：估计窗、事件窗和事后窗。事件窗内实际收益率 R_t 与正常收益率 ER_t 之间的差额表示在 t 期的异常收益率 AR_t，即 $AR_t = R_t - ER_t$。以 R_{mt} 表示 t 期的市场收益率指数，则可以得到以下三个模型：

（1）市场模型。该模型利用 R_{mt} 估计 ER_t，即假设 $ER_t = R_{mt}$，于是有

$$AR_t = R_t - R_{mt} \tag{8.1}$$

（2）市场调整模型。该模型假设 t 期正常收益率 ER_t 与市场收益指数存在影响因子，满足 $ER_t = (\alpha + \beta) R_{mt}$，其中：

- β 为可通过观测数据计算出来的影响因子［如陈汉文、陈向民（2002），文献通过 CAMP 模型计算影响因子 Beta］。
- α 是其他不可观测的影响因素。

$$AR_t = R_t - (\alpha + \beta) R_{mt} \tag{8.2}$$

（3）均值调整模型。该模型采用在 T_0 到 T_1 时期观测到的市场收益率的均值估计正常收益率 ER_t：

$$AR_t = R_t - \frac{1}{T_1 - T_0 + 1}\left(\sum_{t=T_0}^{T_1} R_{mt}\right) \tag{8.3}$$

在以上公式中，$T_0 \leqslant t_1 < t_2 \leqslant T_1$，用于计算资产在［$t_1$，$t_2$］的累积异常收益率：$CAR(t_1, t_2) = \sum_{t=t_1}^{t_2} AR_t$（$T_0$ 和 T_1 为估计窗、事件窗和事后窗

的开始和结束时刻)。

以上三个模型在异常收益率评价中最为常见，应用也最为广泛。但是这三个模型的适用范围和优劣程度不一。陈汉文和陈向民(2002)运用三种模型分析证券市场价格波动，认为均值调整模型得到的结果符合实际。此外，比特币是一种新型资产且价值与价格处于长期波动状态，尚未形成稳定的交易场所和可靠的市场指数，故我们采用均值调整模型对比特币政策事件窗内的收益率模型进行参数估计。但是，与股票市场和债券市场不同，比特币市场只涉及单一资产，无须进行多资产收益率评价，故与均值调整模型相比，其他两种模型得到的统计检验结果更为真实。

2. 异常收益率统计检验

采用均值调整模型，可以得到事件窗和事后窗内的异常收益率 AR_t，将异常收益率标准化可得：① $AR_t^* = \frac{AR_t}{\sqrt{Var(AR_t)}}$，其中 $Var(AR_t)$ 为 $T_0 - T_1$ 时期异常收益率估计方差；② $Var(AR_t) = \frac{\sum_{t=T_0}^{T_1}(AR_t - E(AR_t))^2}{T_1 - T_0}$，$E(AR_t)$ 为 $T_0 - T_1$ 时期异常收益率均值，即 $E(AR_t) = \frac{\sum_{t=T_0}^{T_1} AR_t}{T_1 - T_0 + 1}$。

为了检验政策事件对比特币价格的冲击效应，建立原假设：异常收益率在事件窗内为事件估计窗异常收益率的平均值，即 $AR_t^* = 0$。假设误差项为标准正态分布，则标准化后的异常收益率 AR_t^* 服从自由度为 $N-2$ 的 t 分布(其中 N 为时间窗口期的天数，即 $N = T_1 - T_0 + 1$)。由于比特币价格具有时间连续性特点，因此，我们使用公式(8.4)来计算比特币日收益率，其中 p_t 为比特币 t 期价格，p_{t-1} 为比特币 $t-1$ 期价格。

$$r_t = \ln p_t - \ln p_{t-1} \tag{8.4}$$

（二）GARCH 族模型概述

GARCH 模型又称广义的 ARCH 模型，是由波勒斯勒夫（Bollerslev）在 1986 年提出的。该模型主要是通过在条件方差中加入条件方差的滞后项，以更好地模拟时间序列的持续波动性。AR（m）-GARCH（p，q）模型的基本设定为

$$r_t = \left(\mu + \sum_{i=1}^{m} r_i\right) + \varepsilon_t \tag{8.5}$$

$$\varepsilon_t = \sigma_t \cdot v_t \tag{8.6}$$

$$\sigma_t^2 = \alpha_0 + \sum_{i=1}^{q} \alpha_i \varepsilon_{t-i}^2 + \sum_{j-1}^{p} \beta_j \sigma_{t-j}^2 \tag{8.7}$$

在式（8.5）、式（8.6）、式（8.7）中，r_t 为收益序列，m 为自回归 AR 模型的阶，p 和 q 为 GARCH 模型参数，μ 为收益序列的期望值，ε_t 为残差，σ^2 为条件方差，v_t 为独立同分布的随机变量且与 σ_t 相互独立，α 和 β 分别为滞后及方差参数。一般来说，“坏消息”对资产价格波动的影响与“好消息”产生的波动影响并不对称，因此 GARCH 模型并不能很好地模拟这种条件方差的波动性。

TARCH 和 EGARCH 模型是在 GARCH 模型的基础之上提出的非对称冲击模型，它们能够很好地刻画条件方差的非对称效应。TARCH 模型的条件方差为

$$\sigma_t^2 = \alpha_0 + \sum_{i=1}^{q} \alpha_i \varepsilon_{t-i}^2 + \sum_{j-1}^{p} \beta_j \sigma_{t-j}^2 + \sum_{k=1}^{r} \lambda_k \varepsilon_{t-k}^2 \cdot 1(\varepsilon_{t-k}) \tag{8.8}$$

在式（8.8）中，λ_k 是反映信息是否对称的变量。如果 $\lambda_k \neq 0$，则说明信息不对称；$\lambda_k > 0$，说明非对称效应使得资产价格波动增大；$\lambda_k < 0$，说明非对称效应使得资产价格波动变小；$\lambda_k = 0$，说明信息是对称的，不存在杠杆效应，即“好消息”与“坏消息”对资产价格产生的波动效应是相同的。其中 $1(x)$ 为示性函数，即当 $\varepsilon_{t-k} > 0$ 时，取值为 1；反之取值为 0：

$$1(x) = \begin{cases} 1, & x > 0 \\ 0, & x \leqslant 0 \end{cases}$$

在标准的 GARCH 模型中，对参数的取值有所限制，给最大似然估计（MLE）带来不便。因此，对数形式的条件方差模型，被称为 EGARCH，条件方程为

$$\ln(\sigma_t^2) = \alpha_0 + \sum_{i=1}^{q} \alpha_i \frac{\varepsilon_{t-i}}{\sigma_{t-i}} + \sum_{j-1}^{p} \beta_j \ln(\sigma_{t-j}^2) + \sum_{k=1}^{r} \lambda_k \left| \frac{\varepsilon_{t-k}}{\sigma_{t-i}} \right| \quad (8.9)$$

式（8.9）中，$\frac{\varepsilon_{t-i}}{\sigma_{t-i}}$ 为 ε_{t-i} 的标准化，当 $\lambda \neq 0$ 时，该模型也包括了非对称效应(类似于 TARCH)。$\left| \frac{\varepsilon_{t-k}}{\sigma_{t-i}} \right|$ 表示对称效应，被称为“EARCH_a”项。在 GARCH 模型中的残差分布包括正态分布、t 分布和 GED 分布，进行相关的检验之后，选项合适的分布，以提高 GARCH 族模型的精确度。

二、补充性货币监管效应：基于比特币价格的分析

（一）样本选择

本书选择了 2013 年 1 月 6 日至 2018 年 10 月 5 日期间内比特币的价格作为总体样本数据，共计 2 043 个样本观测值，数据源于 Wind 数据库。由于没有比特币直接兑换人民币的汇率，因此，我们首先用比特币兑换美元的价格，再用美元与人民币之间的汇率计算比特币兑换人民币的价格。同时，我们从美国、中国和韩国针对比特币的政策中选取代表性事件，共三个事件，查找政策事件的估计窗、事件窗和事后窗。从而，运用异常收益率和累计异常收益率估计相关政策对比特币价格波动的影响。

（二）事件研究法统计概述

本书选择美国召开比特币听证会（事件一）、中国发布《关于防范

代币发行融资风险的公告》定性 ICO（事件二）和韩国禁止数字货币匿名交易（事件三）这三个事件研究政策对比特币的价格波动和比特币的风险的影响。我们观察比特币政策事件发生前后价格波动情况，然后依据不同事件窗构建比特币均值调整模型，再对比特币异常收益率进行检验。

2013 年 11 月 28 日，美国召开比特币听证会（事件一），并总结了比特币的好处和弊端，这为美国政府承认比特币合法地位提供了政策基础。在事件日当日，比特币价格从 2 928 美元上涨到 4 103 美元，上涨幅度高达40%，随后，比特币一天内的价格虽有下跌，但是整体上保持了上涨趋势。具体见图 8.1。

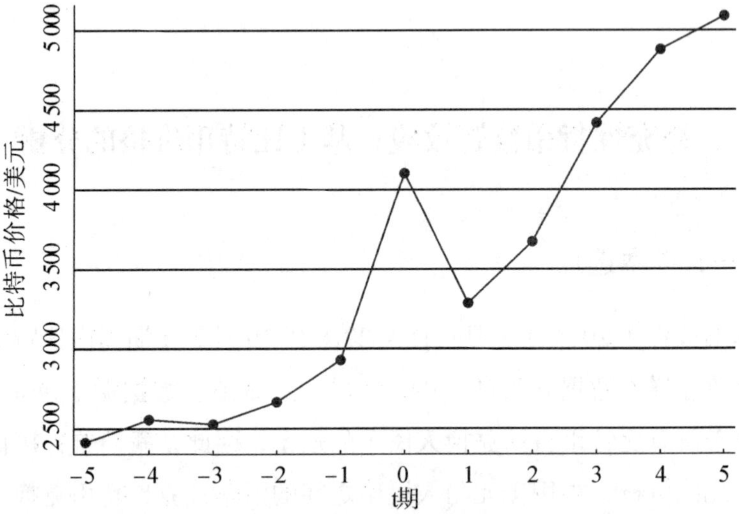

图 8.1　美国召开比特币听证会前后比特币的价格趋势

中国作为世界第二大经济体，其对待比特币的态度与美国截然不同。中国人民银行于 2017 年 9 月 4 日正式下发了《关于防范代币发行融资风险的公告》（事件二），将 ICO 定性为非法融资行为，这为关闭国内比特币交易平台打下了政策基础。在事件日当日，比特币价格从 30 064 元下降到 27 814.2 元。随后价格虽有所上升，但是并未能达到事件日之前的价格，这说明该政策对比特币的价格波动产生了深远的影响。具体见图 8.2。

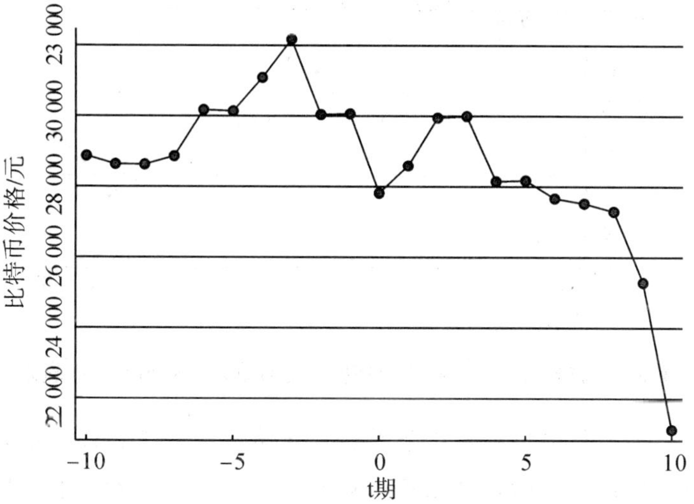

图 8.2　中国人民银行定性 ICO 前后比特币的价格趋势

韩国作为仅次于美国和日本的全球第三大数字货币市场，其实施数字货币政策是否能对数字货币价格收益率产生波动，这对研究数字货币的风险具有重要的意义。韩国于 2018 年 1 月 30 日正式禁止了以匿名银行账户进行比特币交易的行为，明确规定数字货币交易者需要和实名银行账户相连，并进行身份确认，未成年投资者和外国人也被禁止在韩国开设数字货币账户，这对比特币在韩国甚至在全世界范围内的发展产生了重大影响。在事件日当日，比特币价格从 70 196 人民币跌至 62 702 人民币，并在第六日跌至 43 441 人民币，跌幅约 40%。具体见图 8.3。

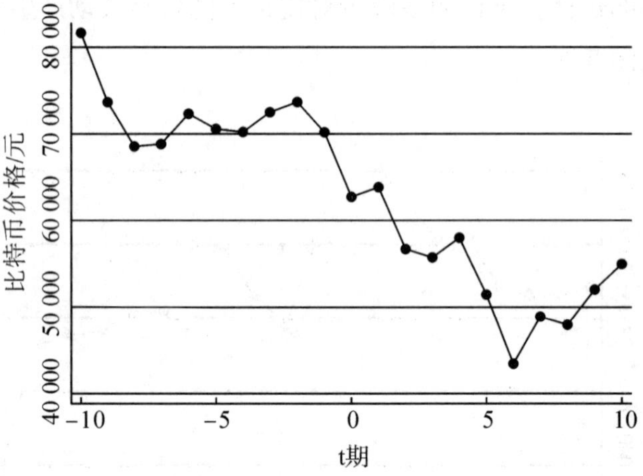

图 8.3　韩国政府禁止数字货币匿名交易前后比特币的价格趋势

基于三个事件可以得出以下结论：①美国召开比特币听证会是一个利好消息，其目的是维持比特币价格的稳定，但是从图 8.1 可知该事件使比特币的价格波动更为剧烈。②中国人民银行发布的《关于防范代币发行融资风险的公告》和韩国禁止匿名交易数字货币的利空消息虽然使比特币价格最终下跌，但是在事件日下跌之后又迅速反弹，这表明比特币处于下行通道时可能存在投机行为。③好消息和坏消息会对比特币价格产生比较大的影响，而且好消息和坏消息产生的影响强度基本一致。基于以上结论，中国对比特币等数字货币的监管较严，促使比特币的货币交易平台和 ICO 平台退出中国市场，这有利于投资者对比特币进行理性审慎的投资，也有利于中国数字货币市场的健康发展。

（三）收益率序列统计描述

一般时间序列具有尖峰后尾的特点。我们对比特币收益率时间序列 r_t 进行统计描述，得到日收益率的均值为 0.003 026，标准差为 0.049 511，峰度为 25.655 01，偏度为−1.321 652。峰度远大于正态分布的分度 3，偏度为负，这说明该收益率序列具有尖峰后尾的特征，与一般时间序列并无差异。再对 r_t 序列进行正态性检验，p 值为 0，同时结合密度分布图和正态 Q-Q 图可知，该序列拒绝了正态分布的假设。因此，根据 GARCH 模型自身的设定，我们拟采用 t 分布和 ged 分布描述 r_t 序列的尖峰后尾现象。具体见图 8.4、图 8.5。

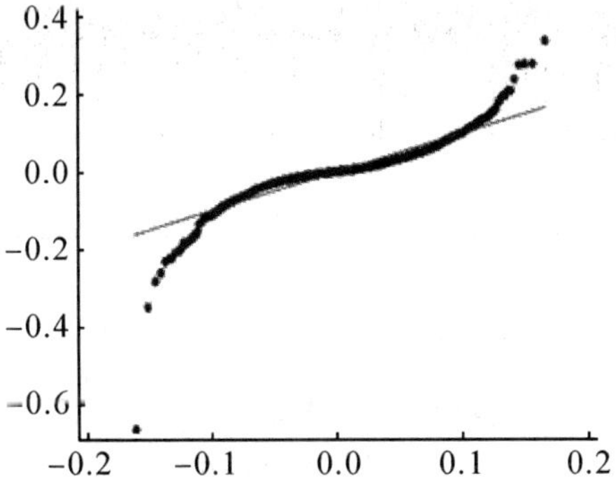

图 8.4　r_t 的正态 Q-Q 图

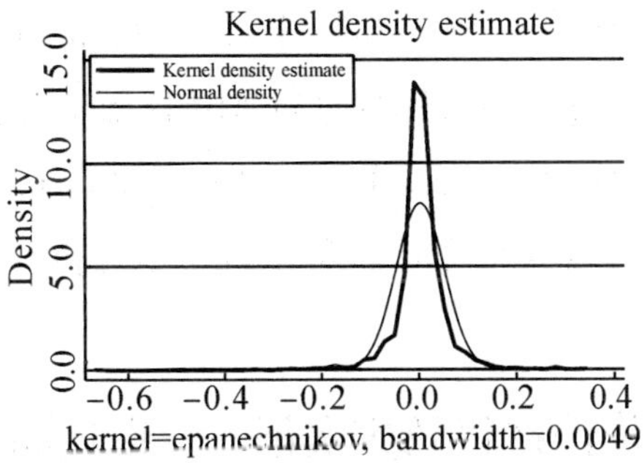

图 8.5　r_t 密度分布图

时间序列分析的基本条件是该序列是平稳的，因此我们对日收益率时间序列进行平稳性检验。首先，绘制 r_t 时间序列图，由图可知该时间序列基本在零点的上下进行摆动，基本符合平稳性时间序列的特征。其次，运用 ADF 和 PP 统计量检验，其 p 值均为 0，故拒绝了存在单位根的原假设，说明 r_t 序列是平稳的。具体见图 8.6。

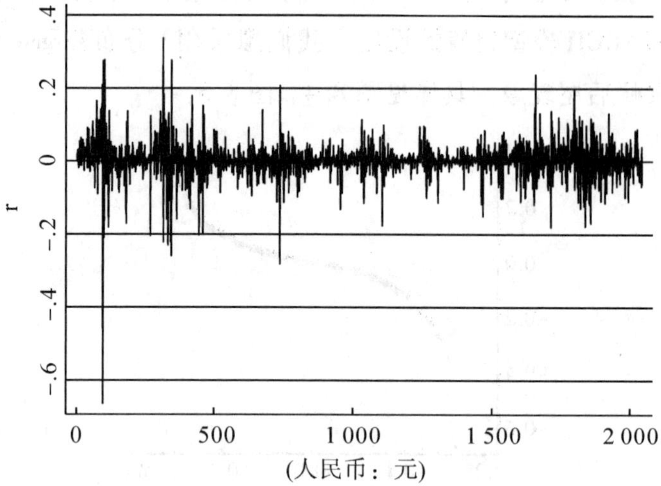

图 8.6　比特币日收益率序列图

本书拟采用 GARCH 模型（参数选取 $m=1$，$p=1$，$q=1$）分析比特币价格波动风险，因此需对 r_t 序列进行 ARCH 效应分析。对比特币日收益率序列进行 ARCH-LM 检验，LM 统计量为 332.623，并且 p 值为 0，表明该时间序列存在 ARCH 效应，可以进一步分析 GARCH 族模型。

三、补充性货币监管效应实证——以比特币为例

（一）事件研究法结论及分析

1. 美国召开比特币听证会后的实证结论分析

由于比特币每日都具有相应的收盘价格，故我们采用日度数据分别分析事件的影响。事件一发生日为 2013 年 11 月 18 日，选取的样本区间为 2013 年 8 月 10 日到 2013 年 12 月 4 日，共 117 个数据，即包含事件日前 100 天到事件日后 16 天。

事件一的收益率模型为：$R_t = 0.0014 + \mu_t$，$\mu_t \sim N(0,\ 0.004)$。

该收益率模型通过了异方差和自相关检验，表明该模型设定符合基

本要求。由模型可知，估计窗内平均收益率为 0.001 4，异常收益率用 μ_t 表示。为了准确地衡量政策事件对比特币价格的影响和检验异常收益率，需标准化异常收益率 AR_t，标准化后的 AR_t^*。见表 8.1、表 8.2 和图 8.7。

表 8.1　估计窗、事件窗和事后窗的选取（事件一）

窗口	t 期	时间段
估计窗	[-100，-6]	2013.8.10—11.12
事件窗	[-5，5]	2013.11.13—11.23
事后窗	[6，16]	2013.11.24—12.4

表 8.2　标准异常收益率统计量 AR_t^*（事件一）

t 期	日期	AR_t^*	t 期	日期	AR_t^*
-5	2013-11-13	0.802*	6	2013-11-24	-0.451
-4	2013-11-14	0.392	7	2013-11-25	0.066
-3	2013-11-15	-0.231	8	2013-11-26	1.702*
-2	2013-11-16	0.354	9	2013-11-27	0.327
-1	2013-11-17	0.723	10	2013-11-28	0.323
0	2013-11-18	2.923**	11	2013-11-29	1.675*
1	2013-11-19	-2.135*	12	2013-11-30	-0.228
2	2013-11-20	0.876	13	2013-12-1	-1.566**
3	2013-11-21	1.546*	14	2013-12-2	0.709
4	2013-11-22	0.771	15	2013-12-3	-0.060
5	2013-11-23	0.253	16	2013-12-4	0.502

注：* 表示在 10% 的水平下显著，** 表示在 5% 的水平下显著，t 分布的临界值为 1.671。下表同。

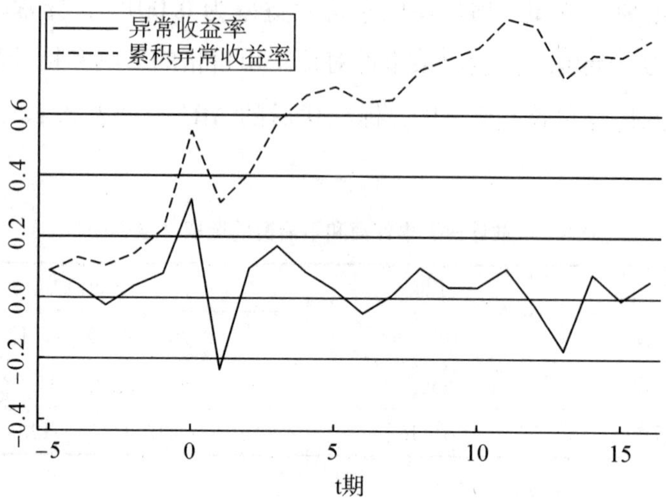

图 8.7　异常收益率和累积异常收益率曲线（事件一）

观察异常收率曲线和累积异常收益率曲线，我们可以发现以下特征：①在事件日前 5 天内，异常收益率变动不超过 0.1 且波动幅度不大，说明市场并没有预计到召开比特币听证会的利好或利空消息。②事件日当日比特币价格约有 40%的上涨幅度，且异常收益率上升到 0.3，然而在事件日第二天出现负的异常收益率。可以推断，在听证会出现利好消息之后，部分投资者大量买入比特币，导致其价格暴涨，同时，一些以较低价格买入比特币的投资者适时抛售比特币套取巨额利润，致使第二天比特币价格下跌，出现了负的异常收益率。③事后窗出现了一次较大的负的异常收益率和几次较高的正的异常收益率，这说明该事件还在持续影响比特币价格。④从异常累计收益率模型来看，在事件日前虽有所上升，但上升幅度不大，在事件日当日急速上升，并在第 11 日达到最大值 0.92。

结合表 8.2 可知，事件日的标准异常收益率为 2.923，且在 5%的水平下显著，说明召开比特币听证会对比特币价格产生显著的正面影响。事件日后的第 3、8、11、13 天均在 10%的水平下显著，说明事件对比特币价格产生的影响仍然存在。

2. 监管效应：中国定性 ICO 为非法融资后的实证结论分析

事件二发生日为 2017 年 9 月 4 日，选取的样本区间为 2017 年 5 月

27日到2017年10月4日，共131个数据，即包含事件日前100天到事件后30天。

事件二的收益率模型：$R_t = 0.0067 + \mu_t$，$\mu_t \sim N(0, 0.003)$。

该收益率模型通过了异方差和自相关检验，表明该模型设定符合基本要求。由模型可知，估计窗内平均收益率为0.006 7，异常收益率用μ_t表示。为了准确地衡量政策事件对比特币价格的影响和检验异常收益率，需标准化异常收益率AR、标准化后的AR_t^*。见表8.3、表8.4和图8.8。

表8.3　估计窗、事件窗和事后窗的选取（事件二）

窗口	t期	时间段
估计窗	[-100, -11]	2017.5.27—8.24
事件窗	[-10, 10]	2017.8.25—9.14
事后窗	[11, 30]	2017.9.15—10.4

表8.4　标准异常收益率统计量AR_t^*（事件二）

t期	日期	AR_t^*	t期	日期	AR_t^*
-10	2017-8-25	0.098	11	2017-9-15	2.440*
-9	2017-8-26	-0.274	12	2017-9-16	-0.190
-8	2017-8-27	-0.131	13	2017-9-17	0.149
-7	2017-8-28	0.028	14	2017-9-18	1.972*
-6	2017-8-29	0.700	15	2017-9-19	-1.111*
-5	2017-8-30	-0.146	16	2017-9-20	-0.192
-4	2017-8-31	0.450	17	2017-9-21	-1.375*
-3	2017-9-1	0.512	18	2017-9-22	-0.112
-2	2017-9-2	-1.394*	19	2017-9-23	0.747
-1	2017-9-3	-0.110	20	2017-9-24	-0.670
0	2017-9-4	-1.566*	21	2017-9-25	1.142
1	2017-9-5	0.387	22	2017-9-26	-0.266
2	2017-9-6	0.739	23	2017-9-27	1.304

表8.4(续)

t 期	日期	AR_t^*	t 期	日期	AR_t^*
3	2017-9-7	-0.097	24	2017-9-28	-0.188
4	2017-9-8	-1.303*	25	2017-9-29	-0.213
5	2017-9-9	-0.108	26	2017-9-30	0.581
6	2017-9-10	-0.459	27	2017-10-1	0.094
7	2017-9-11	-0.219	28	2017-10-2	-0.063
8	2017-9-12	-0.277	29	2017-10-3	-0.446
9	2017-9-13	-1.542*	30	2017-10-4	-0.542
10	2017-9-14	-3.467*	—	—	—

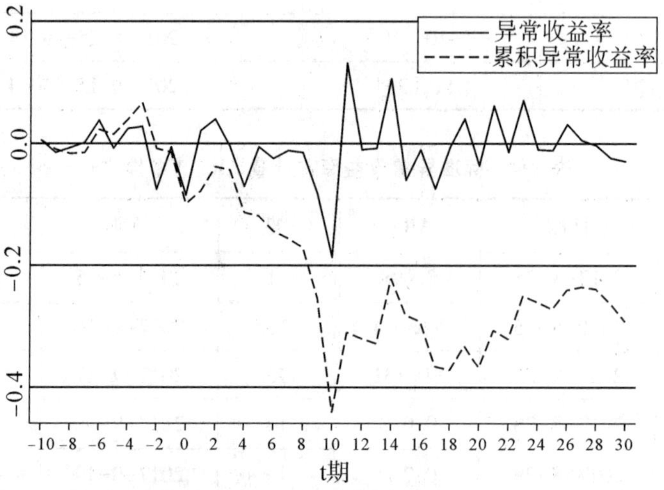

图 8.8 异常收益率和累积异常收益率曲线（事件二）

从异常收益率和累积异常收益率曲线中可发现如下规律：①事件日前 10 日至前 4 日异常收益率基本无波动，但是之后开始出现大幅波动，结合图 8.2 在事件日前 2 天价格就开始下跌且幅度较大，说明市场可能已经预期到事件的发展并做出了反应。②事件日出现 8%的负异常收益率，结合表 8.4 其标准异常收益率为-1.566，在 5%的水平下显著，说明中国宣布 ICO 是非法融资事件对比特币价格产生了显著的负面影响。③在事件日后 3~10 天连续出现负的异常收益率，并在第 10 日达到峰值，然后触底反弹，恢复正常。据此可以推断，中国在宣布ICO为非法融资之后，国内一部分投资者持悲观态度并开始退出比特币市场。④结合累积异常收益率，在事件日前2天开始出现负的累积异常收益率，并在事件日后第10日到达最低值，然后开始反弹，但在事后窗内也为超过零。

结合表8.4进一步分析，在事件日当天标准异常收益率为-1.566，在5%的水平下显著不为零，说明该事件对比特币价格产生了显著的负面影响。在事件日前2天其标准异常收益率就显著为负，说明市场已经预计到该利空消息。事件日后第4、9、10、11、14、15、17天标准收益率显著为负，则拒绝了异常收益率为零的原假设，这说明该事件产生的影响还在持续。

3. 韩国禁止匿名交易数字货币后的实证结论分析

事件三发生日为2018年1月30日，选取的样本区间为2017年10月22日到2018年3月1日，共131个数据，即包含事件日前100天到事件后30天。

事件三的收益率模型：$R_t = 0.006\,8 + \mu_t$，$\mu_t \sim N(0,\ 0.005)$。

该收益率模型通过了异方差和自相关检验，表明该模型设定符合基本要求。由模型可知，估计窗内平均收益率为0.006 8，异常收益率用μ_t表示。为了准确地衡量政策事件对比特币价格的影响和检验异常收益率，需标准化异常收益率AR、标准化后的AR_t^*。见表8.5、表8.6和图8.9。

表8.5　估计窗、事件窗和事后窗的选取（事件三）

窗口	t期	时间段
估计窗	[-100，-11]	2017.10.22—2018.1.19
事件窗	[-10，10]	2018.1.20—2018.2.9
事后窗	[11，30]	2018.2.10—2018.3.1

表 8.6　标准异常收益率统计量 AR_t^*（事件三）

t 期	日期	AR_t^*	t 期	日期	AR_t^*
-10	2018-1-20	1.321	11	2018-2-10	-0.279
-9	2018-1-21	-1.572*	12	2018-2-11	-0.946*
-8	2018-1-22	-1.122*	13	2018-2-12	1.305
-7	2018-1-23	-0.042	14	2018-2-13	-0.715
-6	2018-1-24	0.608	15	2018-2-14	1.440
-5	2018-1-25	-0.447	16	2018-2-15	0.674
-4	2018-1-26	-0.168	17	2018-2-16	0.154
-3	2018-1-27	0.357	18	2018-2-17	1.117
-2	2018-1-28	0.131	19	2018-2-18	-0.979*
-1	2018-1-29	-0.789	20	2018-2-19	0.887
0	2018-1-30	-1.712*	21	2018-2-20	-0.021
1	2018-1-31	0.155	22	2018-2-21	-1.132*
2	2018-2-1	-1.787*	23	2018-2-22	-0.976
3	2018-2-2	-0.343	24	2018-2-23	0.311
4	2018-2-3	0.471	25	2018-2-24	-0.750
5	2018-2-4	-1.812*	26	2018-2-25	-0.233
6	2018-2-5	-2.519*	27	2018-2-26	0.953
7	2018-2-6	1.593	28	2018-2-27	0.233
8	2018-2-7	-0.377	29	2018-2-28	-0.442
9	2018-2-8	1.071	30	2018-3-1	0.717
10	2018-2-9	0.690	—	—	—

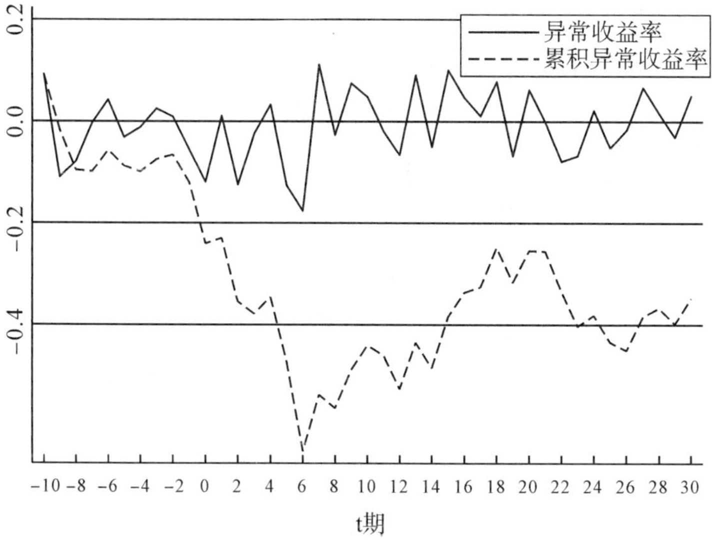

图 8.9　异常收益率和累积异常收益率曲线（事件三）

我们做出的异常收益率和累积异常收益率如图 8.9 所示，分析可得以下规律：①在事件日当日出现 12%的异常收益率，说明韩国禁止匿名数字货币交易对比特币交易产生了较大的负面影响。②在事件前 10 日内，比特币异常收益率虽有波动，但在合理范围内，即市场没有预计到该事件的发生。③事件日后比特币异常收益率波动明显大于事件日之前，并在第 6 日到达最低值。④从累积异常收益率的趋势来看，从事件日之后开始进入下行通道，在第 6 日触底并反弹。

结合表 8.6 进一步分析，在事件日当日标准异常收益率为-1.712，并在 5%的水平下显著不等于零，说明该事件对比特币交易市场产生了较大的负面影响。事件前 8 日虽然异常收益率显著为负，但是在之后的几日内并不显著，因此不能说明市场对该事件已有预计。在事件日后第 2、5、6、12、19、22 天标准异常收益率显著为负，未通过异常收益率为零的假设，说明该事件的影响仍在持续。

（二）GARCH 模型参数效应分析

在 t 分布和 GED 分布假设条件下利用 GARCH、TARCH 和 EARCH

模型（模型参数 $m=1$，$p=1$，$q=1$，$r=1$）进行参数分析，估计结果如表 8.7 所示。

表 8.7　参数分析估计结果

参数	GARCH (1,1)-t	GARCH (1,1)-GED	TARCH (1,1)-t	TARCH (1,1)-GED	EGARCH (1,1)-t	EGARCH (1,1)-GED
α_0	0.002 04*** (4.13)	0.001 89*** (4.72)	0.002 16*** (4.40)	0.002 14*** (5.46)	0.021 9*** (4.45)	0.002 06*** (5.15)
α	0.311*** (4.27)	0.194*** (6.83)	0.255*** (4.02)	0.122*** (4.83)	0.392*** (7.65)	0.314*** (9.39)
β	0.822*** (48.75)	0.827*** (43.30)	0.828*** (50.43)	0.850*** (45.60)	0.978*** (154.24)	0.970*** (130.04)
λ	—	—	0.091 1 (1.55)	0.091 7** (2.88)	0.042 6 (1.88)	0.023 4 (1.18)
aic	−7 951.7	−7 952.3	−7 952.8	−7 896.2	−7 961.3	−7 959.2
bic	−7 923.6	−7 924.2	−7 919.1	−7 862.4	−7 927.6	−7 925.5

注：括号中是 Z 检验统计量，* p<0.05，** p<0.01，*** p<0.001。

在以上 6 个模型中，α 值均大于零，反映出外部事件会加剧比特币收益率的波动效应，收益率波动具有时变性、丛聚性。α 值均在 1%的置信水平下显著，同时除去 GARCH(1,1)-GED 和 TARCH(1,1)-GED 外均大于 0.2，说明比特币收益率波动十分剧烈，反映出比特币价格方差较大。β 表示 t 期收益率方差与上一期方差之间的关系，β 均在 1% 的置信水平下显著且 $0.8<\beta<1$，说明收益率波动和比特币价格波动具有强烈的记忆性，即波动具有一定的时间持续性。除去 TARCH(1,1)-GED 外，$\alpha+\beta$（衰减系数）值均大于 1，说明在外部事件的冲击下，比特币价格和收益率会出现大幅度的波动，并需要长时间的调整，这与事件研究法得出的结论相一致。λ 表示非对称模型的非对称效应系数，其值并均不显著，说明比特币日收益率的条件方差的杠杆效应并不明显，即好消息与坏消息对比特币价格和收益率的影响水平并不存在显著性的差别。

从显著性水平上，TARCH（1，1）-GED 模拟效果较好，但是根据 aic 和 bic 准则，选取 EGARCH（1，1）-t 模型更好，这与李靖和徐黎明（2016）的结论有一定的差异。我们认为，这是因为选择的数据来源和选择的样本期间不一致。但是，这些差异对我们所论证的结果并无实质性的影响。

四、补充性货币监管效应的启示

上述分析，我们以比特币为例，从理论与实证角度说明补充性货币被监管的重要性。显然，补充性货币价格例如比特币价格受到世界范围内各个国家政策的影响，并不能反映其真正的内在价值。本书选取了对比特币的价格影响较大的三个事件，采用事件研究法，分析了不同的典型国家在不同时间发布的政策对比特币异常收益率和累积异常收益率的影响，同时结合 GRACH 族模型分析了比特币日度收益率的波动情况，通过分析得出以下结论：

（1）比特币市场占据份额较大的美国、中国和韩国的国家政策深刻影响着比特币市场的发展。美国召开比特币听证会正式承认其合法地位对比特币市场发展产生了显著的正面影响；中国在继颁布《关于防范比特币风险的通知》后发布《关于防范代币发行融资风险的公告》，正式将数字货币 ICO 定性为非法融资，否认了比特币的合法地位，使投资者对比特币市场的发展产生了负面预期；韩国作为第三大数字货币交易国，虽然早已承认了比特币的合法地位，但仍存在众多监管漏洞，因此为了防范风险，韩国禁止匿名性数字货币交易，这对比特币产生了利空的影响。

（2）在利空和利好消息发布之后，比特币交易市场迅速做出了回应，但是同为利空消息的事件二和事件三，产生的效果也不相同。前者直接导致比特币价格持续下跌，后者造成比特币价格下跌后触底反弹。事件一中，美国承认比特币合法地位后先暴涨后暴跌，但暴跌后的价格仍高于暴涨之前的价格，说明这一现象与政府初衷背道而驰，进一步揭示了比特币在现阶段并不具有完全的货币基础职能。

（3）美、韩两国发布政策的初衷是为了维持数字货币的平稳发展，但是在政策发布之后先后出现暴涨暴跌的情况，可以推测其中有众多的投机者在套取利润，这与国家政策共同导致了比特币市场的剧烈波动，说明比特币存在较大的政策性风险和投机风险。

（4）比特币收益序列存在尖峰后尾的特征，使用 EGARCH(1,1)-t 模型模拟效果较好，可以验证事件研究法的结论。根据模型可知，外部事件会对比特币市场产生剧烈波动，同时该波动具有一定的记忆性。从非对称模型的非对称效应可知，利好与利空消息对比特币市场产生的影响并无显著差异，这与事件研究法得出的结论相一致。

综上所述，无论是利好与利空消息，作为典型的补充性货币，比特币市场都会产生剧烈的波动——暴涨后暴跌或暴跌后暴涨，同时利好与利空消息产生的效应基本相同。这说明比特币市场尚未成熟，存在较大的政策风险，并在政策发布后存在较多的投机行为。现阶段将比特币推入货币市场的条件尚未成熟，风险较大，但是政府如果允许其作为虚拟商品进行市场交易将有利于比特币的进一步发展，这给我们如何根据补充性货币的不同特点，灵活地对其监管提供了启示。

第九章　结论、展望与对策

当代社会不断涌现的补充性货币及与之相关的新活动、新业态、新现象，给中国乃至全球金融界提出了新的理论与实践课题。其在给经济社会带来巨大发展红利之时，也带来了极大的风险。故而，尽快构建其风险防范的机制、体制，采取积极的政策与措施，用其长、避其短，是我们面临的艰巨任务。本书第一次为此付出了努力。

一、结论

通过上述研究，我们应当认为，国内学者同样对整个补充性货币体系的监管问题研究很少，只对法定货币虚拟形式或法定货币框架下的虚拟货币监管有一定的研究。其主要的研究成果具体有：①关于虚拟货币发行的监管；②关于虚拟货币回赎的监管；③关于虚拟货币持有的监管；④关于虚拟货币流通的监管；⑤关于法律救济的监管。

上述研究虽已提出了较多研究虚拟货币监管问题的一些具体设想，但真正对补充性货币的监管问题却很少涉及，且较多的研究侧重于借鉴欧美国家的虚拟货币监管方式来改进我国的虚拟货币监管方式，却忽视了在中国国情下，补充性货币监管的特殊表现形式及作用方式。特别是没有涉及补充性货币对经济社会产生作用的具体途径，从而无法提出具体的监管措施。上述研究基本上只从宏观层面的少数领域如发行、流通、持有、回赎等方面对法定货币框架下的虚拟形态货币进行监管，而未能真正形成既有宏观又有微观，既有形式上又有内容上，既有理论上又有操作上的补充性货币监管内容。

关于补充性货币的内涵研究方面，学术界对补充性货币的概念至今没有统一的认识。为了更深入地分析补充性货币的本质和相关范畴，我们将补充性货币与其他货币类型进行对比分析，认为代用货币属于金属货币与信用货币之间的过渡阶段，是人们在探索货币本质和职能的过程中的必然历史产物。代用货币属于补充性货币到法定货币的过渡形态。电子货币不属于补充性货币的范畴。电子货币仅仅是法定货币以互联网和电子信息技术为载体的另一种表现形式，本质上是物化法定货币的信息化和虚拟化，属于法定货币的范畴。泛信用货币对商品所有权和处置权分割比例的自由购买，也必然属于补充性货币的范畴。虚拟货币属于补充性货币的范畴，补充性货币包含了所有的虚拟货币类型，虚拟货币应该归于虚拟形态的补充性货币。法定数字货币与一般的非法定数字货币是两个不同的概念。法定数字货币属于法定货币的范畴，一般非法定数字货币属于补充性货币的范畴。能源币属于补充性货币的范畴，且具有较大的实用可行性。

阶段性货币在不同的时间和空间，由于所处的地位、发挥的作用和功能发生改变，可能会出现阶段性地交替充当法定货币和补充性货币的现象。易货贸易与补充性货币虽然具有共性，但在本质上具有明显差异。易货贸易并不属于货币范畴，更不属于补充性货币的范畴。广义的代币券都是以信用为价值基础的，完全符合补充性货币的内涵特征，属于补充性货币的范畴。狭义的代币券本质上也是建立在信用基础之上的，也属于补充性货币的范畴。只作为支付手段的金融工具也应该属于补充性货币的范畴。无论从信用货币角度，还是从广义代币券角度，金融工具都应该包括在补充性货币的范畴内，且属于实体形态和虚拟形态并存的补充性货币。准货币就是指属于广义货币范畴，不属于狭义货币范畴的那部分定期存款的总和。从这个意义上看，定期存款（准货币）应该属于法定货币的范畴，劳动券应该属于补充性货币的范畴，社区货币属于补充性货币的范畴，而绿色货币属于法定货币的范畴。

在中国封建社会及以前时期，补充性货币主要以实体形式出现。在法定货币出现后，补充性货币主要辅助法定货币的使用，以补充及替代法定货币的一些职能。在这一漫长的历史时期，补充性货币很少对当时的经济社会发展造成冲击。补充性货币对经济社会造成较大的冲击，是在商品经济发展到相当的阶段后形成的。号称“中华红色经济之都”补充性货币的实践特别具有代表性和典型性。

补充性货币能在20世纪30年代活跃于“中华红色经济之都”乃至整个苏区，且能对当时社会经济产生积极作用，没有因监管失控造成对经济社会的影响，是基于当时的社会基础及经济基础的。①国营企业的发展是补充性货币存在的支持力量及监管基础。②私营经济的发展成为补充性货币形成的又一经济条件及监管基础。③合作经济的发展为补充性货币的形成提供了直接的平台及辅助性监管基础。④大量的民间互济促进了补充性货币的运行及监管基础发挥作用。⑤活跃的外贸加速了补充性货币的运用及监管基础作用的发挥。⑥系统的苏区财政金融体系形成了补充性货币的运行辅助机制及监管基础的保证。⑦完整系统的经济制度提供了补充性货币运行的安全保障和监管保障。⑧人民群众的稳定收入是补充性货币形成及监管基础形成的重要前提。

通过对“中华红色经济之都”补充性货币发展及监管的观察及分析，对照当今社会补充性货币的状况，我们还可以得出下列结论：①补充性货币是从低级向高级发展的。②补充性货币的形式和内容以及监管状况都是由社会经济状况所决定的。③补充性货币的运行风险会随着自身的发展阶段不断高级化而增加。④补充性货币可以作为政府调控经济的有效手段或工具。实体形态的补充性货币在中国的发展历史较长。1955年的中华人民共和国粮票是一个新的阶段性标志。而虚拟形态的补充性货币，则是近年来在互联网金融高速发展的过程中在中国兴起的新生事物。虚拟形态的补充性货币在外国具有较长的发展历史，但其在当代中国的发展历史相对较短，且处于不成熟的探索期，有待进一步自我完善和扩张，当然，对其的监管更为重要。金属补充性货币在当前的中国少数地区仍然存在，但并不是主流，其发展的潜力和空间也不大。

在监管方面，国家通过有关法律进行管控，但因金属补充性货币在当代中国影响较为有限，故监管较为容易。实物信用卡在中国金融市场上已经全面流行且开始趋于充足，虚拟信用卡正逐渐取代实物信用卡的地位。而国家的监管，则是通过金融法规予以约束。实体社区货币在中国的实践很多，近年来其发展也很迅猛，具有典型性。实体社区货币的表现形式丰富多样，而在这种情况下，对补充性货币的监管面临多个主体、多个客体、多种途径、多种方法等问题，必须要综合治理。

虚拟社区货币在中国的发展存在着较大的障碍，不仅是因为其内在的本身缺陷，也存在着国家宏观制度环境等限制因素。这些因素决定了虚拟社区货币只能是初级虚拟形态的补充性货币，对中国金融市场的影响有限，因而较为容易对其实行监管。信用支付手段在中国的扩张和完善，还有待时日。

中国的一些农村社区还流行着一种观念上的信用券证。但即使如此，这类信用支付手段的影响有限，较受约束，政府对这类补充性货币监管较有效。密码支付手段属于高级发展阶段的虚拟补充性货币，在发达国家尚处于探索和实践阶段，在中国更是刚刚起步，且存在着很多技术和制度上的问题和障碍有待解决。

比特币这类虚拟形态补充性货币在中国具有强大发展潜力。在这类补充性货币的监管过程中，除传统的方法、政府的保障、制度的约束之外，还必须特别注重在技术层面加强工作。2017 年以后，随着政府对比特币态度的转变，投资者对比特币价值及区块链技术已经慢慢认可。补充性货币的发展更为迅速，在对经济社会起着积极作用的同时，也带来不少消极因素，甚至出现了不少利用补充性货币进行投机及诈骗的事件，中国政府已不断制定相关的政策，制止这些行为。当然，面对复杂的补充性货币问题，有关监管政策还需要进一步加强与完善。

西方国家对补充性货币的监管经验是随着其补充性货币的发展历史而不断积累的。美国对补充性货币主要是通过法律法规等手段进行常规性监管的。这种监管，对于比特币是最好的说明。纽约金融监管局推动的美国数字货币立法进程，在交易、税收、监管等环节的基本定位和法律规制大致成型。随着比特币在美国的盛行，英国政府也意识到了比特币、类比特币以及其他形式的虚拟性补充性货币对银行业国际化发展的重要性。英国政府对“RSCoin”大力支持和推动的另外一个原因，是由于他们已经意识到传统银行金融业务服务系统存在着很严重的缺陷和不足，而这些缺陷和不足将成为其海外经营和国际化发展的巨大阻碍，于是相关行业大幅度扩大了从事虚拟性补充性货币研发工作的优秀技术人员的招聘规模。英国对补充性货币的监管仍是以法律法规为途径的常规性监督，但已经开始关注对技术性监管途径的运用，可资我们借鉴。瑞典、瑞士及西班牙等国已经通过司法决定不对虚拟货币征收增值税，所以某种程度上该裁决只是欧盟顺从其成员国的政策。某种程度上欧盟法院有效承认比特币货币属性的合法性，至少在欧盟范围内使其成为一种合法的支付手段，据此在税收上等同于其他货币。欧洲国家对补充性货币的监管，仍然是常规途径的法律法规监管，也结合技术途径监管，由于这些国家大多是欧盟国家，故而也采用跨时空监管及国际协议监管途径，使补充性货币的监管更为有效。日本与其他亚洲国家相比有着更为宽松的金融政策环境和创新激励制度，为虚拟性补充性货币的生存和发展提供了更肥沃的土壤。日本政府对补充性货币的探索和实践由来已久，也充分意识到虚拟性补充性货币对商业银行国际化的重要意义。日本政府给予虚拟性补充性货币很宽松的偏向性政策支持。日本商业银行通过金融创新，将虚拟性补充性货币运用于银行国际化的实践中，可以说已经走在了世界前列。同时，日本在补充性货币的监管方面，将常规性途径、超时空途径、技术途径相结合，且也有国际协议途径实现的现实可能，值得我国认真地研究与借鉴。新加坡商业银行国际化战略的顺利实施，不仅是因为它们具有独到的战略眼光、先进的金融创新理念、与时俱进的跨国经营管理技术，更是因为新加坡政府给予的重视和支持。与此同时，新加坡政府进一步表明态度，为虚拟性补充性货币在新加坡的发展给予了利好政策性倾斜。新加坡的商业银行均对虚拟性补充性货币的未来发展持较乐观的态度，对其监管也较自信。它们综合各方的技术力量和资源，借助金融市场的多方平台，大有将虚拟性补充性货币运用于跨国经营管理及监管的优势发挥到极致的趋势。

由于在监管过程中，不同国家在各个方面毕竟存在较大的差异，特别是人文、历史、市场、制度、传统习俗均不同，可能会形成对补充性货币监管的不同模式。在当代中国，由于外国的模式毕竟不能照搬，故有必要建立中国特色的补充性货币监管模式。补充性货币的监管模式，是指在补充性货币的监管过程中，根据其内在规律形成的一种稳定的监管形式。当然，这种形式在不同历史文化、制度习俗的国家是不相同的，而在同一国家发展的不同时期，补充性货币的监管模式也有不同的特点。一般而言，一个国家的历史文化、制度习俗等是难以改变的。这就决定了这个国家补充性货币的监管模式整体框架的稳定性。在这个稳定框架中，我们可采用相应的应对的模式，对补充性货币监管的目标进行调整。当然，我国补充性货币当前正处于从初级发展阶段向中级发展阶段的过渡期，补充性货币监管模式也随着政府的监管目标变化而调整。同时，我们正处于当代高新科技迅猛发展，补充性货币迅猛发展的阶段，处于补充性货币从货币低级发展阶段向中级发展阶段演进的过渡时期，中国的补充性货币的监管模式应有这种时期的适应性，并随着补充性货币发展而发展。所以，我们以补充性货币引发法定货币扩张的原理作为研究补充性货币监管模式的切入点，找到它们彼此联系的紧密程度的规律，并根据它们两两联系的特点，确定不同的补充性货币监管模式，调整补充性货币监管力度，改善补充性货币监管的传导机制。这些都是十分必要且重要的。

补充性货币由于对法定货币职能的补充及替代效应，使金融系统受到冲击和扩张，从而带来经济社会的震荡和危机。各国对补充性货币的监管模式存在较大差异，但具有中国特色、适合中国国情的监管模式，是动态的、阶段性的、灵活的监管模式。我们应该按照中国金融市场的三个发展阶段，动态地采用适合中国金融发展情况的补充性货币监管模式。具体来说，即是从第一阶段的“严令禁止”模式（将补充性货币完全排除在本国金融体系之外）转变到第二阶段的“双峰”监管模式（将补充性货币监管纳入现行“双峰”监管模式框架，并注重宏微观审慎监管和行为监管的结合)，再最终过渡到“并行”监管模式（建立独立于现行金融监管框架之外，与法定货币监管并行的补充性货币监管框架)。

补充性货币的监管包含多个方面，可分为广义的监管和狭义的监管。对于补充性货币的监管，从广义的或大的方面有四种：①常规性监管的机理。②国际协议监管机理。③跨时空监管机理。④国际化监管机理。由于中国补充性货币的扩张和发展与中国商业银行的国际化有十分密切的相关性，因此有一条最可行的广义的监管路径（国际化监管路径)，则是可以通过对商业银行人民币的国际化进程的监管，传导至对补充性货币的监管。

狭义的监管主要是微观金融主体（如银行、企业、金融机构、个人等）通过内部的相应环节和特定的具体措施所实施的对补充性货币的监管。狭义的补充性货币监管机理在于遏制补充性货币对特定稳定指标的冲击，且也有多种具体机理：①监管的“权力制衡”机理。②监管的委托代理机理。③监管的组织架构改善机理。广义的补充性货币监管主要是从宏观层面按时空、网络、协议及国际合作等方面进行的监管，具有更大的复杂性及系统性。这里侧重对狭义补充性货币监管提出对策建议。对狭义补充性货币监管机制的分析，显然，无论是权力制衡机制、委托代理机制还是组织架构改善机制的正常运行，都可选择下列的对策对补充性货币监管发挥作用：①所有权设置；②发挥市场约束作用；③组织架构变革。

补充性货币的监管实质，在于防止过分的金融扩张及消除金融的脆弱性，避免补充性货币弱化积极金融政策的效应。而补充性货币之所以有此双重作用，在于它本身的特征：①从最初单纯依赖法定货币作为自身的价值尺度，逐渐演变为具有独立的价值尺度和体系；②补充性货币的发行呈现多元化、分散化和去中心化的特点，在很大程度上加深了补充性货币在形态上的多样性和流通中的灵活性；③补充性货币的发行、流通、适用范围、适用对象、存在形式、功能、运行规则等都建立在发行者的信用基础上；④补充性货币作为法定货币的补充和附属形式，能在特殊的条件下满足被法定货币忽略掉的各种社会需求，弥补法定货币在市场交易中存在的功能缺陷，从而增加交易的发生频率和成功率；⑤补充性货币的产生和长期存在，更来源于整个社会的伦理道德观的体现；⑥大多数传统的补充性货币可以自行调节供需比例，一般不会引发通货膨胀，同时对通货膨胀还有抑制作用，可以成为国家政府宏观调控的有效工具；⑦相较于法定货币，补充性货币在流通和使用过程中的交易成本要低很多，也不会产生利息；⑧补充性货币不一定完全具有法定货币的五大货币职能（价值尺度、流通手段、储藏手段、支付手段和世界货币），但也具有法定货币所不具备的新的职能，如补充性、适应性、多领域性和高科技性等；⑨ 补充性货币与法定货币在某一特定时期，可以相互转化，法定货币与补充性货币虽然有明显的区别和界限，但也有补充性货币与法定货币相互转化的可能；⑩处于高级发展阶段的补充性货币，有着引领未来新型货币发展趋势的无限潜力。新的科技革命促使补充性货币发展势头越来越迅猛，这除了会直接或间接地迅速提升中国商业银行的国际化水平外，也会打破传统补充性货币对经济社会冲击不大而易于监管的状况，并迅速形成风险。

补充性货币的监管，实际是对内通过法定金融部门，经法定货币扩张效应传导的；对外则是通过企业特别是商业银行国际化途径，由人民币国际化来传导的。因此，必须对人民币国际化予以高度重视。补充性货币的监管要通过人民币扩张及国际化传导。补充货币的发行不仅可以拓宽人民币向外输出的渠道，增加使用和拥有人民币的主体，对我国创新金融工具、完善国内金融体系、加速资本市场的成熟和实现人民币国际化都有具有重大意义。

补充性货币监管通过人民币国际化传导，其积极作用在当代更易凸显。那么补充性货币的加入，实际上一方面会推动人民币国际化的进程，另一方面会推动人民币扩张。这种扩张效应除了因补充性货币增加了人民币职能的范围及数量之外，更扩大了人民币这种法定货币的乘数效应。故而无论采取何种机制运行，实施对补充性货币的监管，不外乎都是对补充性货币对法定货币的扩张的监管。即是说，对补充性货币的监管机制，实质是使用各种方法、运用各种途径、借鉴先进经验，从各个方面监管补充性货币对法定货币的冲击。

而补充性货币造成的经济社会冲击及风险促使我们探索对补充性货币的监管对策和方法。当然，就大的分类，风险可分为系统性风险和非系统性风险。但我们这里主要从风险的具体内容来考虑。这些具体风险主要有政策性风险、技术性风险、心理性风险、经济性风险、社会安全性风险等，对应这些风险应有相应的措施和方法。

研究一个国家对比特币监管效应与其风险程度的关系，十分必要。因为对比特币的监管对整个补充性货币的监管也具有启示意义。无论是利好还是利空消息，作为典型的补充性货币，比特币市场都会产生剧烈的波动——暴涨后暴跌或暴跌后暴涨，同时利好与利空消息产生的效应基本相同。这说明比特币市场尚未成熟，存在较大的政策风险，并在政策发布后存在较多的投机行为。现阶段将比特币推入货币市场条件尚未成熟，风险较大，但是政府如果允许其作为虚拟商品进行市场交易将有利于比特币的进一步发展，这给我们如何根据补充性货币的不同特点，灵活地对其监管提供了有益的启示。

二、展望

补充性货币通过金融体制创新，在科技进步的促进下，突飞猛进地发展，这是一个不争的事实。中国市场经济的深入发展，使得补充性货币的扩张形成了强大的社会冲击，将引发严重的社会动荡。特别是补充性货币种类繁多，形态各异，变化层出不穷，更会引发社会冲击。当代补充性货币的形式，大多以区块链为基础。它一方面可以提高交易的效率，另一方面会带来极大的风险。早在 2016 年高盛公司在一份报告中就宣称，补充性货币的区块链技术，“有望为资本市场的清算环节省下近20亿美元的成本”[①]。而全球知名的咨询公司埃森哲公司认为，区块链技术“使大部分交易在24小时内完成清算，效率大为提升”[②]。因此，必须对其未来发展趋势给予高度关注。

补充性货币理论的提出，尽管时间不长，在中国的兴起也不过是最近10多年时间，而学术界对此方面的系统研究成果更少。但补充性货币的历史却漫长而悠久。随着现代科技的发展，特别是网络科技的发展，补充性货币的类型更多，情况更复杂，形成的内容更丰富，因而对经济社会的影响也更大，更会在一定条件下造成对社会的冲击。未来的补充性货币状况，会以一个全新的面貌出现在人们眼前。

（1）补充性货币将与传统法定货币长期共存。我们正处于一个特殊的历史时期，一方面市场经济还在深化，另一方面非市场经济的因素仍在不断增长。在这种情况下，货币特别是传统货币将会长期存在。然而，在非市场经济、半商品经济、科技发达的市场经济等因素共同作用下，非传统货币的补充性货币也会长期存在。从而补充性货币与传统货币这两者将长期共存，互相促进。

（2）补充性货币的类型与形式更为多样。从补充性货币的发展趋势来看，有小部分已经进入中高级阶段，特别是高科技的催生，将使实体补充性货币完成向虚拟补充性货币的飞跃。现实市场经济的不确定性及虚拟空间的多变性，将会使补充性货币的类型与形式更为多样、更为多变，也更易从多个方面引发社会冲击问题。

（3）补充性货币的初级形式还会在一定条件下出现。尽管市场经济伴随的补充性货币形式越来越高级，但在一定条件下，如产品独特区、特定对象区等，仍会出现当代社会的初级形式的补充性货币。例如2016年12月下旬某公司就推出了“粮油本”这种初级形式的补充性货币[③]，在当时产生了较大的社会反响。

---

① 李涛，丹华，邬烈瀚. 区块链数字货币投资指南［M］. 北京：中国人民大学出版社，2017：178.

② 同①.

③ 中国粮油信息网，《粮油早间行情简析》，2016年12月16日，http://www.chinagrain.cn/nh/2016/12/16/2016121695413243.shtml.

（4）补充性货币社会性冲击是主要的经济危机表现形式。补充性货币种类繁多，内容丰富，难以控制，且会在社会各个领域如政治、文化、军事、教育、科技对经济造成影响，从而产生强大的社会冲击，由此造成的经济问题会更为严重，更容易成为经济危机的导火索。我国2015年上半年的股灾造成的巨大社会冲击，至今令人心惊。显然，仅仅股票这一种补充性货币形式就产生了如此大的冲击力，可以想象，多种形式的补充性货币共同作用，将会带来如何的后果。

三、对策

根据专家们的预测，以区块链技术为基础发展起来的当代补充性货币发展十分迅猛。补充性货币“2016年至2017年只是流行早期，2018年至2020年间将迎来运用的大爆发。2025年将成为资本市场中的主流应用，并成为生态系统中的重要部分”[①]。既然补充性货币的发展在中国乃至全世界是一个不可回避的经济现象，它对经济社会的冲击又不可轻视，因此未雨绸缪是必要且重要的。

（1）树立多货币职能观念。补充性货币在当今社会越来越显现出巨大的作用及更高的地位，就必然会对社会产生强大冲击，这是毋庸置疑的。然而，尽管补充性货币的历史悠久，且大量出现，但仍未引起人们的广泛关注。补充性货币存在久远而其形成的理论却十分年轻足以说明这一点。因此，应提倡在社会成员中树立“传统法定货币+补充性货币”的多货币职能观，以在民众观念中形成对其冲击的防范意识。

（2）尽快加强对补充性货币的理论研究。由于补充性货币的理论研究在国内外处于方兴未艾的时期，而补充性货币的地位、作用又十分重要，如不能加强对补充性货币的研究，极易造成理论与现实的脱节而

① 搜狐，《未来金融与科技的融合将成为商业生态系统里面最重要的环节》，2019年6月18日，https://www.sohu.com/a/321284548_100268076.

形成“理论空洞”。所以，为了深化改革，我们应尽快加强对补充性货币的理论研究。

（3）实行“疏堵兼备”的策略。既然补充性货币会造成经济冲击从而形成社会冲击，那么是否补充性货币就应消失？其实不然。这是因为：其一，补充性货币是一种客观经济现象，人为是无法使其消失的。其二，补充性货币既有冲击的负效应，但又有促进经济发展与繁荣的正效应。所以，我们在对待补充性货币问题时，不应简单肯定或否定，应实行“疏堵兼备”的策略，防止其负效应，扩大其正向作用。

（4）尽早建立补充性货币风险防范机制系统。鉴于补充性货币存在着通过传导机制对金融系统造成冲击从而对整个社会造成冲击的可能性风险，我们应该在总结经验教训，如特别是总结 2015 年上半年股灾的经验教训的基础上，尽早建立补充性货币的风险防范机制系统，以更好地防范补充性货币可能对各个领域带来的风险，使中国经济健康快速持续地发展。

参考文献

[1] 纳拉亚南，贝努，等. 区块链技术驱动金融：数字货币与智能合约技术［M］. 林华，王勇，帅初，等译. 北京：中信出版社，2016.

[2] 科雷，赵廷辰. 数字货币的崛起：对国际货币体系和金融系统的挑战［J］. 国际金融，2020（1）：3-7.

[3] 曹远征，陈世波，林晖. 三元悖论非角点解与人民币国际化路径选择：理论与实证［J］. 国际金融研究，2018（3）：3-13.

[4] 曾繁荣. 基于分布式账本技术的数字货币发展研究［J］. 西南金融，2016（5）：63-68.

[5] 曾俭华. 国际化经营对中国商业银行效率的影响研究［J］. 国际金融研究，2011（1）：76-82.

[6] 陈丽霜. 东盟区域经济一体化的贸易效应：基于引力模型"多国模式"与"单国模式"的实证分析［J］. 经济问题探索，2015（5）：80-85.

[7] 陈小康. 基于区块链的域名系统的设计与实现［D］. 天津：天津大学，2019.

[8] 单建军. 数字货币国外监管分析及对我国的启示［J］. 金融科技时代，2019（7）：18-22.

[9] 丁俊峰，蓝美静. 中国商业银行国际化：机遇，挑战与战略［J］. 农村金融研究，2013（2）：16-22.

[10] 封思贤，丁佳. 数字加密货币交易活动中的洗钱风险：来源、证据与启示［J］. 国际金融研究，2019（7）：25-35.

［11］付蓉. 数字货币监管的国际经验借鉴和启示［J］. 金融科技时代，2017（2）：25-29.

［12］傅京燕，赵春梅. 环境规制会影响污染密集型行业出口贸易吗?：基于中国面板数据和贸易引力模型的分析［J］. 经济学家，2014（2）：47-58.

［13］郭栋. 中美大国货币政策效应对数字货币影响评测：基于两国模型下利差和汇率时变冲击检验［J］. 金融理论与实践，2020（1）：1-10.

［14］郝毅. 法定数字货币发展的国别经验及我国商业银行应对之策［J］. 国际金融，2019，452（2）：75-82.

［15］贺书锋，平瑛，张伟华. 北极航道对中国贸易潜力的影响：基于随机前沿引力模型的实证研究［J］. 国际贸易问题，2013（8）：3-12.

［16］洪菊花，骆华松. 地缘政治与地缘经济之争及中国地缘战略方向［J］. 经济地理，2015（12）：26-35.

［17］黄震，王雪冰. 基于国际经验的数字货币监管机制探索［J］. 中国农村金融，2018（22）：92-94.

［18］惠志斌. 数字加密货币的形成机制与风险监管研究［J］. 探索与争鸣，2018，347（9）：91-95.

［19］姜薇，陶士贵. 人民币国际化背景下中资银行"走出去"能提高自身效率吗：基于异质性视角的 Malmquist 指数实证分析［J］. 现代经济探讨，2019（3）：34-43.

［20］蒋海曦，蒋瑛. 对中国国有商业银行国际化发展阶段的研究［J］. 经济学动态，2014（8）：90-96.

［21］蒋海曦，蒋瑛. 实现高效社会关系网络与中国国有商业银行国际化的探讨［J］. 经济师，2014（9）：168-170，211.

［22］蒋海曦，蒋瑛. 新经济社会学的社会关系网络理论述评［J］. 河北经贸大学学报，2014，35（6）：150-158.

［23］蒋海曦，李晓玮. 马克思货币理论与新时代中国特色补充性货

币理论体系的发展［J］. 河北经贸大学学报，2019（4）：10-15.

［24］蒋海曦，佘赛男. 当代货币的权力：大卫·哈维的货币理论研究［J］. 当代经济研究，2020（5）：48-57.

［25］蒋海曦，王明哲，李天德. 商业银行国际化的“适当区间”与“天花板值”测算［J］. 江汉论坛，2020（3）：29-37.

［26］蒋海曦，王明哲，李天德. 商业银行国际化水平测算模型的改进与应用［J］. 数量经济技术经济研究，2019，36（7）：137-155.

［27］蒋海曦，吴震宇. 适应性与补充性：货币功能理论的新发展［J］. 社会科学战线，2016（6）：46-53.

［28］蒋海曦，余声启，李天德. 货币电子化与企业供求成本的关联［J］. 改革，2018（11）：99-107.

［29］蒋海曦，蒋瑛. 对中国国有商业银行国际化发展阶段的研究［J］. 经济学动态，2014（8）：90-96.

［30］蒋海曦，吴震宇.“企业+银行”的国际化与经济学期刊国际化的测算［J］. 浙江工商大学学报，2016.

［31］蒋海曦，蒋瑛. 毛泽东在中国土地革命时期的经济学贡献［J］. 政治经济学评论，2014（3）：57-74.

［32］蒋海曦. 比较与演进：补充性货币与货币多样性［J］. 社会科学动态，2019（8）：69-76.

［33］蒋海曦. 补充性货币与商业银行的国际化途径［J］. 江汉论坛，2017（11）：48-52.

［34］蒋海曦. 补充性货币与商业银行国际化途径的间接相关性［J］. 四川大学学报：哲学社会科学版，2017（6）：120-130.

［35］蒋海曦. 补充性货币与中国国有商业银行国际化［M］. 北京：北京理工大学出版社，2018.

［36］蒋海曦. 当代货币形式的演变及成本：基于马克思货币理论视角［J］. 政治经济学评论，2018，9（5）：3-19.

［37］蒋海曦. 国际化与社会关系网络：中国国有商业银行的发展［M］. 北京：北京理工大学出版社，2018.

[38] 蒋海曦. 机制与风险：补充性货币如何提升中国国有商业银行国际化水平 [J]. 中国西部, 2018 (4)：60-69.

[39] 蒋海曦. 马克思补充性货币理论与“中华红色经济之都”的实践 [J]. 政治经济学评论, 2017 (4)：89-103.

[40] 蒋海曦. 虚拟形态补充性货币在中国的发展 [J]. 江汉论坛, 2018 (11)：53-57.

[41] 蒋海曦. 银行国际化发展阶段及实现途径的理论比较与评析 [J]. 经济学家, 2014 (4)：91-97.

[42] 蒋海曦. 中国国有商业银行国际化水平的国际比较：2008—2013 [J]. 当代经济研究, 2015 (12)：76-81.

[43] 蒋明, 蒋海曦. 现阶段全球经济新秩序初论 [J]. 当代经济研究, 2013 (7)：57-60.

[44] 柯达. 论补充性货币的法律规制：兼论数字货币的补充性监管 [J]. 中南大学学报：社会科学版, 2019 (5)：30-37.

[45] 柯达. 数字货币监管路径的反思与重构：从“货币的法律”到“作为法律的货币” [J]. 商业研究, 2019 (7)：133-143.

[46] 李昂. 以比特币为例探讨我国数字货币监管模式的构建思路 [J]. 时代金融, 2019 (18)：86-88.

[47] 李菲雅, 蒋若凡, 陈泽明. 我国商业银行国际化发展指标体系构建研究：兼议四大国有银行国际化程度的比较 [J]. 金融理论与实践, 2017 (12)：12-16.

[48] 李建军, 朱烨辰. 数字货币理论与实践研究进展 [J]. 经济学动态, 2017 (10)：115-127.

[49] 李麟, 冯军政, 薛求知. 商业银行国际化的市场拉动与监管助推 [J]. 金融论坛, 2014 (5)：58-65.

[50] 李帅. 数字货币的国际监管法律研究 [D]. 沈阳：辽宁大学, 2017.

[51] 李拓, 乔忠. 从国际银行的全球布局分析中国大型商业银行的国际化战略转型 [J]. 国际金融, 2015 (1)：13-17.

[52] 李志杰，李一丁，李付雷. 法定与非法定数字货币的界定与发展前景［J］. 清华金融评论，2017（4）：30-33.

［53］李智，黄琳芳. 数字货币监管的国际合作［J］. 电子科技大学学报（社科版），2020.

［54］林景臻. 以外储战略性注资推动中国商业银行国际化研究［J］. 国际金融研究，2012（8）：70-76.

［55］刘博涵. 普罗透斯之脸：加密数字货币的双重属性、法律风险与刑法控制：以比特币和首次代币发行（ICO）的分析为视角［J］. 证券法律评论，2019（1）：337-350.

［56］刘森. 云计算技术的价值创造及作用机理研究［D］. 杭州：浙江大学，2014.

［57］库尔姆斯，廖凡，魏娜. 比特币：自我监管与强制法律之间的数字货币［J］. 国际法研究，2015（4）：110-128.

［58］罗杨. 论军事与经济的和谐发展［J］. 经济研究导刊，2012（19）：230-231.

［59］牟逸飞. 银行危机对贸易波动的双边效应：基于引力模型的分析［J］. 财经问题研究，2016（7）：91-97.

［60］穆杰. 央行推行法定数字货币 DCEP 的机遇、挑战及展望［J］. 经济学家，2020（3）：95-105.

［61］潘安，魏龙. 制度距离对中国稀土出口贸易的影响：基于18个国家和地区贸易数据的引力模型分析［J］. 国际贸易问题，2013（4）：96-104.

［62］乔海曙，王鹏，谢姗珊. 法定数字货币：发行逻辑与替代效应［J］. 南方金融，2018，499（3）：71-77.

［63］阮建平，江涌. 军事经济学领域再现争鸣［J］. 国际问题研究，2004（3）：61-64.

［64］沙钱，姬明佳. 无主货币：2014 年中国数字货币研究报告［M］. 上海：上海社会科学院出版社，2014.

［65］SUN Y X. Research on the Disadvantages of Sovereign Currency as

World Currency from the View of Marx's International Monetary Function [J]. 经济学家, 2019 (3): 94-101.

[66] 谭秀杰，周茂荣. 21世纪“海上丝绸之路”贸易潜力及其影响因素：基于随机前沿引力模型的实证研究 [J]. 国际贸易问题，2015 (2): 3-12.

[67] 唐未兵，傅元海，王展祥. 技术创新、技术引进与经济增长方式转变 [J]. 经济研究，2014 (7): 31-43.

[68] 王刚. 我国商业银行国际化路径选择问题研究 [J]. 生产力研究，2011 (1): 61-64.

[69] 王小鲁，樊纲，刘鹏. 中国经济增长方式转换和增长可持续性 [J]. 经济研究，2009 (1): 4-16.

[70] 王晓东. 中国商业银行国际化发展战略 [J]. 学术交流，2014 (2): 103-106.

[71] 吴斌. 走适合中资银行特点的国际化之路 [J]. 中国金融. 2013 (5): 49-51.

[72] 谢露，韦小颖，李叶乔. 英国数字货币反洗钱监管的主要做法及启示 [J]. 区域金融研究, 2017: 54-56.

[73] 谢平，石午光. 数字货币新论 [M]. 北京：中国人民大学出版社, 2019.

[74] 谢星，封思贤. 法定数字货币对我国货币政策影响的理论研究 [J]. 经济学家, 2019 (9).

[75] 熊俊. 非法定数字货币的界定与监管 [J]. 中国金融，2016 (17): 26-27.

[76] 宿玉海，姜明蕾，刘海莹. 短期资本流动、人民币国际化与汇率变动关系研究 [J]. 经济与管理评论, 2018, 205 (2): 109-118.

[77] 姚前，汤莹玮. 关于央行法定数字货币的若干思考 [J]. 金融研究, 2017 (7): 78-85.

[78] 姚前，陈华. 数字货币经济分析 [M]. 北京：中国金融出版社, 2018.

[79] 姚前. 法定数字货币的经济效应分析：理论与实证 [J]. 国际金融研究，2019 (1)：16-27.

[80] 姚前. 共识规则下的货币演化逻辑与法定数字货币的人工智能发行 [J]. 金融研究，2018 (9)：37-55.

[81] 姚前. 数字货币初探 [M]. 北京：中国金融出版社，2018.

[82] 姚前. 数字货币的发展与监管 [J]. 中国金融，2017 (14)：38-40.

[83] 姚前. 数字货币研究前沿 [M]. 北京：中国金融出版社，2018.

[84] 姚前. 法定数字货币对现行货币体制的优化及其发行设计 [J]. 国际金融研究，2018 (4)：3-11.

[85] 叶亚飞，石建勋. 人民币国际化进程中的货币替代效应研究：以香港地区离岸人民币为例 [J]. 经济问题，2018 (3)：28-35.

[86] 尹洪石，曹兰亭. 信息技术对经济的影响分析 [J]. 硅谷，2013 (17)：14-16.

[87] 于文菊. 数字货币的法律界定与风险防范 [J]. 北方金融，2017 (8)：51-54.

[88] 张楚昕. 人民币国际化的金融风险及防范对策探析 [J]. 中国商论，2018，754 (15)：63-64.

[89] 张邯玥，田高良. 中国商业银行国际化发展的现状、存在问题及对策研究 [J]. 经济问题探索，2006 (2)：134-138.

[90] 张纪腾. 区块链及超主权数字货币视角下的国际货币体系改革：以 E-SDR 的创新与尝试为例 [J]. 国际展望，2019 (6)：20-45.

[91] 张健毅，王志强，徐治理，等. 基于区块链的可监管数字货币模型 [J]. 计算机研究与发展，2018，55 (10)：2219-2232.

[92] 张明，李曦晨. 人民币国际化的策略转变：从旧“三位一体”到新“三位一体” [J]. 国际经济评论，2019 (5)：80-98.

[93] 张亚斌. “一带一路”投资便利化与中国对外直接投资选择：基于跨国面板数据及投资引力模型的实证分析 [J]. 国际贸易问题，

2016 (9): 165-176.

[94] 张运峰, 曾艳, 肖文昊. 数字加密货币交易平台监管研究 [M]. 北京: 光明日报出版社, 2020.

[95] 钟伟. 数字货币: 金融科技与货币重构 [M]. 北京: 中信出版社, 2018.

[96] 庄雷, 郭宗薇, 郭嘉仁. 数字货币的发行模式与风险控制研究 [J]. 武汉金融, 2019, 231 (3): 57-63.

[97] FRANKEL J. Internationalization of the RMB and Historical Precedents [J]. Journal of Economic Integration, 2012, 27 (3): 329-365.

[98] SEYFANG G, CONSUMPTION S. The New Economics and Community Currencies: Developing New Institutions for Environmental Governance [J]. Regional Studies, 2006, 40 (7): 781-791.

[99] GUTTMANN R, RODGERS D. International Banking and Liquidity Risk Transmission: Evidence from Australia [J]. Information Economic Review, 2015, 63 (3): 411-425.

[100] NAKAZATO H, LIM S. Evolutionary Process of Social Capital Formation through Community Currency Organizations: The Japanese Case [J]. Voluntas, 2016, 27: 1171-1194.

[101] BLANC J, FARE M. Understanding the Role of Governments and Administrations in the Implementation of Community and Complementary Currencies [J]. Annals of Public and Cooperative Economics, 2013, 84 (1): 63-81.

[102] KATAI O, KAWAKAMI H, SHIOSE T. Fuzzy Local Currency Based on Social Network Analysis for Promoting Community Businesses [M] // Intelligent and Evolutionary Systems. Springer Berlin Heidelberg, 2009.

[103] Kerl C, Niepmann F. What Determines the Composition of International Bank Flows? [J]. Imformation Economic Review, 2015, 63.

[104] NISHIBE M. The Present Problem of the Hokkaido Regional

Economy and a Remedy: A Reform Plan of the Institution of Money and Finance by Using Hokkaido Community Currency [J]. Evol. Inst. Econ. Rev., 2012, 9: 113-133.

[105] KICHIJI N, NISHIBE M. Network Analyses of the Circulation Flow of Community Currency [J]. Evol. Inst. Econ. Rev., 2008, 4 (2): 267-300.

[106] RICHEY S. Manufacturing Trust: Community Currencies and the Creation of Social Capital [J]. Polit Behav, 2007, 29: 69-88.

[107] YOTOV Y V. A simple solution to the distance puzzle in international trade [J]. Economics Letters, 2012, 117 (3): 794-798.

后记

耗时10年，终成此书。这10年是火热的10年，是艰苦探索的10年。这10年，正值中国特色社会主义迈进新时代，中国正面临奔向中华民族伟大复兴的战略全局，世界正面临百年未有之大变局。故而，补充性货币在经济社会中扮演着越来越重要的角色。鉴于此，研究补充性货币及其监管问题，具有极为重要的理论及现实意义。希望本专著能为中国经济的发展做出应有的贡献。

笔者长期坚守在教学科研工作的第一线，出于对中国现代化事业的热爱，出于对补充性货币在新经济中发挥重要作用的关注，潜心研究近10年，完成了这本通过国家社会科学基金项目立项并结项后形成的专著。该专著从各个方面研究了补充性货币的内涵、特征、种类及发展历史，对各种类型的补充性货币进行了比较，对其风险类型形成机制进行了甄别，对国内外运用补充性货币的经验及其监管方法进行了归纳和总结，对补充性货币运用的现状及未来的发展前景做了深入的分析。作为第一次系统性研究补充性货币及其监管问题的理论成果，相信其能够为理论宝库增添一抹光辉。

本专著的顺利出版，受到不少学术界前辈及同行的鼓励和帮助，得到单位同仁们的关心和支持，在此表示衷心的感谢！西南财经大学出版社的林伶为本专著的出版呕心沥血，在此也向她表示衷心的感谢！

蒋海曦

2022年8月22日于光华园